法藏知津

五編：佛教思想・文化・語言研究專輯

杜潔祥 主編

第13冊

佛教因素對南北朝史學發展之研究
——以四部史書爲例（下）

劉玉菁 著

花木蘭文化出版社

國家圖書館出版品預行編目資料

佛教因素對南北朝史學發展之研究——以四部史書為例（下）
／劉玉菁 著 -- 初版 -- 新北市：花木蘭文化出版社，2017〔
民 106〕
目 4+178 面：19×26 公分
（法藏知津五編：佛教思想・文化・語言研究專輯　第 13 冊）
ISBN 978-986-404-619-5（精裝）
1. 南北朝史 2. 史學評論 3. 佛教
618　　　　　　　　　　　　　　　　　105002229

ISBN-978-986-404-619-5

9 789864 046195

法藏知津五編：佛教思想・文化・語言研究專輯
五　編　第十三冊　　　　ISBN：978-986-404-619-5

佛教因素對南北朝史學發展之研究
——以四部史書為例（下）

作　　者　劉玉菁
主　　編　杜潔祥
副總編輯　楊嘉樂
編　　輯　許郁翎
出　　版　花木蘭文化出版社
社　　長　高小娟
聯絡地址　235 新北市中和區中安街七二號十三樓
　　　　　電話：02-2923-1455／傳眞：02-2923-1452
網　　址　http://www.huamulan.tw 信箱 hml 810518@gmail.com
印　　刷　普羅文化出版廣告事業
初　　版　2017 年 3 月
定　　價　五編 25 冊（精裝）新台幣 48,000 元

佛教因素對南北朝史學發展之研究
——以四部史書爲例（下）

劉玉菁　著

目
次

第四章　佛教對南北朝正史的影響
——以《南齊書》和《魏書》 為例

　　《南齊書》和《魏書》皆為中國傳統史書中的正史，《南齊書》記載南朝蕭齊一代的史事，《魏書》記述北朝北魏的歷史，以下先論《南齊書》，次論《魏書》，依序探討南北朝時期佛教與史學發展之關係。

第一節　蕭子顯《南齊書》所受佛教之影響

　　《南齊書》，南朝梁蕭子顯（487～537 年）撰，記述南朝蕭齊王朝自齊高帝建元元年（479）至齊和帝中興二年（502），共二十三年史事，是現存關於南齊最早的紀傳體斷代史。本節擬將《南齊書》的撰述情形先作一介紹，再說明《南齊書》所受到的佛教影響。

一、蕭子顯撰述《南齊書》的緣由

　　《南齊書》作者蕭子顯，字景陽，梁南蘭陵（今江蘇常州）人，為南齊皇族，祖父為齊高帝蕭道成，父為高帝次子豫章文獻王蕭嶷。蕭道成雖為武將出身，依恃軍功崛起、掌權、得位，〔註1〕然蕭齊宗室整體的文化素養卻奠基於蕭道成。史載蕭道成「博涉經史，善屬文，工草隸書，弈棋第二品。」

〔註1〕有關蕭道成憑恃軍功崛起、稱帝的過程，詳見〔南朝梁〕蕭子顯，《南齊書》
　　　　（臺北：鼎文，1978 年）卷一〈高帝本紀上〉，頁 2～3。

〔註 2〕王淑嫻在其碩士論文〈蕭子顯與《南齊書》研究〉爲解明蕭子顯的家學教育，特將蕭道成家庭成員在學術文藝方面的表現梳理列表，研究得知蕭道成的學問程度當非泛泛，且其子孫多數好文，與劉宋皇室相比，蕭道成家族的文化素養顯然高出甚多，此與蕭道成久與世族相接（如褚淵、王儉等），頗受世族門第風氣之沾染不無關係。〔註 3〕在齊武帝永明年間，分別以王儉、蕭子良、蕭子隆爲首，各自形成文人集團活躍當時，〔註 4〕蕭子良、蕭子隆爲蕭子顯的堂兄弟，喜愛文學，禮才好士，史有明載：

> 竟陵王蕭子良開西邸，招文學，高祖（蕭衍）與沈約、謝朓、王融、蕭琛、范雲、任昉、陸倕等並遊焉，號曰八友。〔註 5〕

> （蕭）子隆在荊州，好辭賦，數集僚友，（謝）朓以文才，尤被賞愛。〔註 6〕

其中蕭子良的文學集團，名盛一時，「天下才學皆遊集焉」。〔註 7〕蕭齊宗室子弟的文采雖以蕭子良爲箇中翹楚，最富盛名，不過蕭齊宗室整體的學術素養，仍可見一斑。以蕭子顯而言，父親蕭嶷在劉宋時起家官爲太學博士，又曾於齊高帝建元二年於南蠻園開館立學，延攬才學之士，〔註 8〕知蕭嶷爲頗具學識，重視教育、文化之人。依此家教，子顯兄弟不乏有文學者，見重於世。〔註 9〕除了文學外，史載蕭道成幼時嘗受業於雷次宗，「治《禮》及《左

〔註 2〕 《南齊書》卷一〈高帝本紀下〉，頁 38。

〔註 3〕 參見王淑嫻，〈蕭子顯與《南齊書》研究〉（嘉義：國立中正大學歷史所碩士論文，1998 年），頁 31～32。

〔註 4〕 一般學者多認爲永明年間的文學集團有四，除上述三集團外，尚有蕭嶷集團，如劉躍進，《門閥士族與永明文學》（北京：三聯書店，1996 年 3 月第一版）第一章第二節；及詹秀惠，《蕭子顯及其文學批評》（臺北：文史哲出版社，1994 年）第一節第二節，均持此主張。而王淑嫻則認爲蕭嶷文學集團應該不存在，因爲蕭嶷於齊高帝建元二年於南蠻園開館立學，曾延攬才學之士，樂藹、劉繪、張稷雖被蕭嶷親禮，但並未見其有任何文學活動，反而是與蕭子良文學集團的來往較爲密切，劉繪甚至爲西邸後進領袖。故充其量只能說蕭嶷曾禮重文士，但並未形成如王儉、蕭子良之類的文學集團。王淑嫻，〈蕭子顯與《南齊書》研究〉，頁 32。筆者翻閱《南齊書·豫章文獻王蕭嶷傳》所敘蕭嶷的才學以及和文人交遊的情形，不認爲有以蕭嶷爲首的文學集團，故贊同王淑嫻之說。

〔註 5〕 《梁書》卷一〈武帝本紀上〉，頁 2。

〔註 6〕 《南齊書》卷四十七〈謝朓列傳〉，頁 825。

〔註 7〕 《南齊書》卷四十〈竟陵文宣王子良列傳〉，頁 694。

〔註 8〕 見《南齊書》卷二十二〈豫章文獻王蕭嶷列傳〉，頁 405～406。

〔註 9〕 《梁書》載：「（蕭）子恪兄弟十六人，並仕梁，有文學者，子恪、子質、子

氏春秋》」，〔註10〕對《左氏春秋》的喜好，尤其影響蕭齊宗室子弟，故經、史之學乃蕭齊宗室的家學。〔註11〕在蕭嶷諸子中，蕭子顯與蕭子雲的史學成就甚爲可觀，〔註12〕尤以子顯爲最。據《梁書》蕭子顯本傳及《隋書·經籍志》所載，蕭子顯所撰述的史書包括《後漢書》一百卷、《南齊書》六十卷、《晉史草》三十卷、《普通北伐記》五卷，在蕭子顯四十九年的有限生命中能完成史著近二百卷，其重視史學，有志於史學是顯然可知的。

　　《南齊書》的寫作時間在天監六年（507）以後，而最可能的成書時間則應爲天監九年（510）前後。〔註13〕在蕭子顯撰寫齊史之前，已有多部齊史問世，如熊襄著《齊典》十卷、何點撰《齊書》、江淹著《齊史》十志、沈約撰《齊紀》以及吳均著《齊春秋》等，今只有蕭子顯的《南齊書》流傳下來。蕭子顯身爲齊之宗室、梁之寵臣而撰寫齊史，身份特殊，之所以不顧前朝宗室的敏感身份，向梁武帝主動請修齊史，箇中因素，與蕭子顯個人有志於史學密切相關。其曾表明因不滿後漢史未能實證定論，遂「採眾家後漢，考正同異，爲一家之書」；〔註14〕且《隋書·經籍志》云：「靈、獻之世天下大亂，史官失其常守。博達之士，愍其廢絕，各記聞見，以備遺亡。是後群才景慕，作者甚眾。」〔註15〕在憂慮史文廢絕之史不可亡意識下，刺激時人重視修史；以及認識到史需要及時而書，並追求完美主義的史學等背景下，故魏晉南北朝時期私修及官修史書的風氣皆盛。〔註16〕據此皆促使蕭子顯主動請修齊

顯、子雲、子暉五人。」《梁書》卷三十五〈蕭子恪列傳〉，頁509。
〔註10〕《南齊書》卷一〈高帝本紀上〉，頁3。
〔註11〕《南齊書》云：「（關康之）尤善《左氏春秋》。太祖爲領軍，素好此學，送《春秋》、《五經》。」見《南齊書》卷五十四〈高逸列傳·臧榮緒傳〉，頁937。以及「太祖好《左氏春秋》，太子承旨諷誦，以爲口實。」《南齊書》卷二十一〈文惠太子列傳〉，頁399。又蕭子懋「撰《春秋例苑》三十卷奏之，世祖嘉之」、「賜子懋杜預手所定《左傳》及古今善言」分見《南齊書》卷四十〈晉安王子懋列傳〉，頁708、710。
〔註12〕《梁書》載：「（蕭子雲）既長勤學，以晉代竟無全書，弱冠便留心撰著，至年二十六，書成，表奏之，詔付祕閣。」《梁書》卷三十五〈蕭子恪列傳附子雲傳〉，頁513。
〔註13〕王淑嫻，〈蕭子顯與《南齊書》研究〉，頁97。
〔註14〕《梁書》卷三十五〈蕭子恪列傳附子顯傳〉，頁511。
〔註15〕《隋書》卷三十三〈經籍志二〉，頁962。
〔註16〕國可亡而史不可亡，這是中國傳統史家的共識。這種觀念意識實爲中國史學特色之一。而此種觀念意識實栽植於「不朽」的理念層次。有關史不可亡意識對魏晉南北朝史學的影響，請參考雷家驥先生，《中古史學觀念史》第九章〈正史及其形成理念（上）〉，頁429～493。

史。此外，熱切史學者，多少具有堅持史學求眞、存眞的精神，以及「史文絕續在己」的自負與觀念，因此蕭子顯抑或不願己之先祖成爲沈約取媚梁武帝的犧牲品，自作齊史是不使前事泯滅的唯一途徑。〔註17〕儘管蕭子顯所作之《南齊書》仍有隱諱處，但不願史德有虧的史家撰齊史以誣其家，應是其不避嫌疑作《南齊書》的另一動機。〔註18〕

由於是在梁武帝的同意下修撰齊史，蕭子顯在撰寫《南齊書》的過程中，可以參考的官方文獻檔案資料頗爲豐富；而且早在齊明帝時，史學家檀超和江淹奉詔修本朝史，他們制訂了齊史的體例，但並沒有完成修撰工作。蕭子顯在齊史官檀超、江淹所修齊史的基礎上，「本超、淹之舊而小變之」，〔註19〕以及參考大量起居注和職儀，在史書材料上又能汲取諸家成果，終於著成《南齊書》六十卷。南北朝時，無論南方或北方，皆自視正統，故《南齊書》成書時原名《齊書》，至北宋，爲區別於唐代李百藥所撰的《齊書》，始改稱爲《南齊書》，而稱後者爲《北齊書》。《南齊書》原有六十卷，今存五十九卷，計有帝紀八卷、志十一卷、傳四十卷。另有敘傳一卷，表述其撰作《齊書》之旨義，惜亡佚甚早。雖然該書之敘傳已失，幸尚能藉由《南齊書》體例之編排、架構，史書之撰述、取材，各篇之論、贊或序，得窺蕭子顯著作之意，明其撰述之旨。

二、「服膺釋氏，深信冥緣」的蕭子顯

蕭子顯在《南齊書・高逸列傳》末史臣曰：「史臣服膺釋氏，深信冥緣，謂斯道之莫貴也。」〔註20〕爲自己與佛教的關係做了公開說明，也爲自己推崇佛教的心意做了清楚表示。史家若對其書其學有所言，推言之見思，由思而論學，則是直接易爲之捷徑，〔註21〕如此使我們不難理解佛教對蕭子顯的

〔註17〕王淑嫻，〈蕭子顯與《南齊書》研究〉，頁111。

〔註18〕詹秀惠研究指出，蕭子顯之所以敢上表請撰齊史的最重要因素，可能是沈約在齊世掌國史，已著手進行寫作《齊紀》。蕭子顯恐由沈約或其他學者撰寫齊史時，會如沈約撰《宋書》一般，爲諂媚附和蕭梁，而辱沒他的祖先，因此寧可由他自己著作齊史，較爲安全。因此《南齊書》成爲中國正史中唯一由亡國子孫自撰的史書。詳見詹秀惠，《蕭子顯及其文學批評》第二章第二節，頁80。

〔註19〕〔清〕趙翼，《廿二史劄記》（臺北：華世出版社，1977年）卷九「宋齊梁陳書」條，頁187。

〔註20〕《南齊書》卷五十四〈高逸列傳・史臣曰〉，頁948。

〔註21〕雷家驥先生，《中古史學觀念史》，頁11。

思想、治學應當有所影響。

　　蕭子顯生活的南朝齊、梁時期，佛教在皇室大力扶植支持下，勢力更形壯大（有關南朝佛教發展的盛況請參見本文第二章）。蕭齊皇室大多篤信佛教，如齊高帝曾建造建元寺，齊武帝曾造齊安寺、禪靈寺等，齊文惠太子蕭長懋、竟陵王蕭子良更是著名奉佛者，蕭子顯的父親齊豫章王蕭嶷亦不例外，其死前曾遺言曰：「後堂樓可安佛，供養外國二僧。」〔註22〕在耳濡目染、潛移默化下，蕭子顯自然深受佛教影響，且從他不諱言自己「服膺釋氏，深信冥緣」，更顯見他由衷信服佛教的思想，推崇備至。在《南齊書·高逸列傳》中，蕭子顯分析、比較各種思想流派的優劣云：

> 儒家之教，憲章祖述，引古證今，于學易悟；今樹以前因，報以後果，業行交酬，連環相襲。陰陽之教，占氣步景，授民以時，知其利害；今則耳眼洞達，心智他通，身爲奎井，豈俟甘石。法家之教，出自刑理，禁奸止邪，明用賞罰；今則十惡所墜，五及無間，刀樹劍出，焦湯猛火，造受自貽，罔或差貳。墨家之教，遵上儉薄，磨踵滅頂，且猶非吝；今則膚同斷孤，目如井星，授子捐妻，在鷹庇鴿。從橫之教，所貴權謀，天口連環，歸乎適變；今則一音萬解，無待戶說，四辯三會，咸得吾師。雜家之教，兼有儒墨；今則五時所宣，于何不盡。農家之教，播植耕耘，善相五事，以藝九穀；今則郁單粳稻，已異閻浮，生天果報，自然飲食。道家之教，執一虛無，得性亡情，凝神勿擾；今則波若無照，萬法皆空，豈有道之可名，寧餘一之可得。〔註23〕

上文論述的風格筆致，不禁令人想到司馬遷《史記·太史公自序》、班固《漢書·藝文志》等篇章中對古代學術諸家之學的評論。依子顯之見，無論是儒家、陰陽家、法家、墨家，還是縱橫家、雜家、農家、道家，這些思想流派儘管各有所長，發展的初始各有自己的歷史合理性，然而時移世異，其發展末流在當時社會已出現流弊。且值得注意的是，蕭子顯多擷取佛教的觀點、詞彙來加以論斷諸學派的弊病，如以「樹以前因，報以後果」質疑儒家，以「十惡所墜，五及無間，刀樹劍出，焦湯猛火」〔註24〕非難法家，以「四辯

〔註22〕《南齊書》卷二十二〈豫章文獻王列傳〉，頁424

〔註23〕《南齊書》卷五十四〈高逸列傳·史臣曰〉，頁948。

〔註24〕佛教以殺生、偷盜、邪婬、妄語、兩舌、惡口、綺語、貪慾、瞋恚、邪見爲十惡。五及無間指佛教「五無間」，即阿鼻地獄，又作五無間獄。法界有情眾

三會」〔註25〕批駁縱橫家，以「已異閻浮，生天果報」批評農家，和以《般若經》的要旨精髓——「波若無照，萬法皆空」來論議道家。相對而言，蕭子顯在批評眾家學派的同時，對於佛教則是給予高度的肯定。其云：

> 佛法者，理寂乎萬古，跡兆乎中世，淵源浩博，無始無邊，宇宙之所不知，數量之所不盡，盛乎哉！眞大士之立言也。探機扣寂，有感必應，以大苞小，無細不容。若乃儒家之教，仁義禮樂，仁愛義宜，禮順樂和而已；今則慈悲爲本，常樂爲宗，施捨惟機，低舉成敬。〔註26〕

以佛家教義來貶抑諸家學派，反之即是對佛教的推崇。將儒家和佛教相比的結果，儒家之教「仁義禮樂，仁愛義宜，禮順樂和而已」；但佛教則是「慈悲爲本，常樂爲宗，施捨惟機，低舉成敬」，更勝一籌。至於道家和佛教相較的結果，則是「道本虛無，非由學至，絕聖棄智，已成有爲。有爲之無，終非道本。若使本末同無，曾何等級。佛則不然，具縛爲種，轉暗成明，梯愚入聖。途雖遠而可踐，業雖曠而有期。」〔註27〕明顯是佛勝於道的思想。最後，蕭子顯對佛法的博大精深、奇妙無比由衷讚嘆曰：「佛理玄曠，實智妙有，一物不知，不成圓聖。若夫神道應現之力，感會變化之奇，不可思議，難用言象。」〔註28〕儒、釋、道之爭是南北朝思想界非常顯著的特色，隨著佛教在南北朝的地位、勢力與影響達到前所未有的程度，其對儒、道的威脅也愈甚，是以三教之爭遂成爲時代課題。不過，在北朝往往夾雜政治因素的介入，使得儒、釋、道的衝突常以非理性力量、大規模破壞的方式來處理、解決；但是南朝則是採論理辯難，或文章、或辯論，以理較理，以論較論，三方你來我往，大抵是在理性的對話平臺上進行交流。生活在南朝的蕭子顯，自然無法忽視儒、釋、道之爭的現實，他的處理方式當時一貫是南朝的理性論辯。

生隨所造業，墮此地獄，受苦報無有間斷。爲八大地獄中之最苦處，「時無間、形無間、受苦無間、趣果無間、命無間」，乃極惡之人所受之果報。

〔註25〕佛教「四辯」指四無礙辯，包括義無礙辯、法無礙辯、辭無礙辯和樂說無礙辯。佛教「三會」爲佛救度眾生而說之三次法會，過去諸佛如毗婆屍如來、屍棄如來、毗舍婆如來、拘樓孫如來、拘那含如來、迦葉如來等，經典均載其三會說法及與會聽法之眾數。當來下生之彌勒佛亦有三會說法，稱爲彌勒三會，又稱龍華三會，以教化釋尊未度化之眾生。據經載，此會約在釋迦佛滅度後五十六億七千萬年之後。

〔註26〕《南齊書》卷五十四〈高逸列傳·史臣曰〉，頁946。

〔註27〕同上註，頁947。

〔註28〕同上註。

就蕭子顯的立場、見解，雖然肯定儒、道有其重要性，但儒、釋、道相比，終究是釋家勝出，儒、道在後。

　　《南齊書‧高逸列傳》中給予佛教如此高度的關注和頌揚，在正史中是非常罕見。〔註29〕當時「佛道二家，立教既異，學者互相非毀」，〔註30〕因爲護佛心切，對於批判佛教的言論，蕭子顯自當不會坐視不管，故在〈高逸列傳〉記載反佛立場顯明的顧歡，其記敘方式先是介紹顧歡的事跡，次錄其著名的〈夷夏論〉，再旁及其他學者文士之論，最後於傳末申明蕭子顯個人護佛之觀點。顧歡事黃老道，是南朝著名的道士，著〈夷夏論〉以表示排佛之心，曰：

> 國師道士，無過老、莊，儒林之宗，孰出周、孔？若孔、老非佛，誰則當之？然二經所說，如合符契。道則佛也，佛則道也。……棺殯槨葬，中夏之制；火焚水沈，西戎之俗。全形守禮，繼善之教；毀貌易性，絕惡之學。豈伊同人，爰及異物。鳥王獸長，往往是佛，無窮世界，聖人代興。或昭五典，或布三乘。在鳥而鳥鳴，在獸而獸吼；教華而華言，化夷而夷語耳。雖舟車均於致遠，而有川陸之節；佛道齊乎達化，而有夷夏之別。若謂其致既均，其法可換者，而車可涉川，舟可行陸乎？今以中夏之性，效西戎之法，……舍華效夷，義將安取？若以道邪，道固符合矣；若以俗邪，俗則大乖矣。……尋聖道雖同，而法有左右。始乎無端，終乎無末。泥洹仙化，各是一術。佛號正眞，道稱正一。一歸無死，眞會無生。在名則反，在實則合。……佛教文而博，道教質而精；精非粗人所信，博非精人所能。佛言華而引，道言實而抑；抑則明者獨進，引則昧者競前。佛經繁而顯，道經簡而幽；幽則妙門難見，顯則正路易遵。此二法之辨也。聖匠無心，方圓有體，器既殊用，教亦異施。佛是破惡之方，道是興善之術。興善則自然爲高，破惡則勇猛爲貴。佛跡光大，宜以化物；道跡密微，利用爲己。優劣之分，大略在茲。
> 〔註31〕

顧歡雖相信佛、道二教同出一源，但道教遠勝於佛教，且夷夏性情有別，風土不同，佛教不宜行於中土。蕭子顯謂顧歡「雖同二法，而意黨道教」，在載

〔註29〕 汪增相，〈佛教與南朝史學〉，《學習與探索》2012 年第 10 期，頁 149。

〔註30〕《南齊書》卷五十四〈高逸列傳‧顧歡傳〉，頁 931。

〔註31〕 同上註。

錄顧歡的事跡思想後，陸續敘及明僧紹崇佛排道的〈正二教論〉、拒絕禮佛之孟景翼的〈正一論〉、[註 32] 主張佛道合一之張融所撰〈門律〉，以及站在佛家立場反駁張融的周顒之言。推蕭子顯之意，應是對當時沸騰不斷之佛、道爭議如實記錄，欲將時代現況保存於史籍。

　　蕭子顯「服膺釋氏」，其中尤對佛教的因果報應堅信不疑，故言「深信冥緣」。[註 33] 在《南齊書·高逸列傳》中，他僅對釋氏之優，爲何自身如此信服，以佛教和其他思想流派互比作了分析說明；但是並沒有針對爲何深信冥緣，進一步舉出具體事例論述。以下筆者就此佛教因果報應思想在《南齊書》的呈現，以及書中和佛教相關人物事蹟、佛學思想的記載進行探討。

三、《南齊書》中的佛教思想

　　清人趙翼論佛教云：「蓋一教之興，能聳動天下後世者，其始亦必有異人異術，神奇靈驗，……能使人主信之，士大夫亦趨之，是以震耀遍天下，而流布於無窮，不然則何以起人皈依也。」[註 34] 趙翼之論頗有心得，然雖未完全失實，卻也未稱全是。因爲奇人異術，靈驗之事固然會影響人主、士大夫，不過更貼近事實的情況是，士大夫爲奇人異術所動者並不如一般廣大民眾。佛教對於民眾的宣傳，最有效也是最重要的，是它的因果報應、天堂地獄之理，其看似淺薄，無法和深奧的佛學義理相比，然而往往影響人心最深的道理就是最淺顯的道理。或許果報、天堂地獄相對於上層知識界的意義和吸引力，殆不如急需精神慰藉的普通民眾。《高僧傳》云：

　　　　入道入以智慧爲本，智慧必以福德爲基，譬猶鳥備二翼，倏舉千尋，
　　　　車足兩輪，一馳千里。[註 35]

意指理解（這是智慧）和信仰（這是因果）必須兼而有之，而且信仰是基礎，

[註 32] 《南齊書》卷五十四〈高逸列傳〉云：「文惠太子、竟陵王子良並好釋法。吳興孟景翼爲道士，太子召入玄圃園。眾僧大會，子良使景翼禮佛，景翼不肯。子良送《十地經》與之。景翼造《正一論》，曰：『老、釋未始於嘗分，迷者分之而未合。』」，見頁 934。

[註 33] 「冥緣」是指隱微難見的三世因緣果報。東晉高僧慧遠《沙門不敬王者論·形盡神不滅》：「因知冥緣之搆，著於在昔；明闇之分，定於形初」；宗炳《明佛論》：「至於聖人之所存而不論者，亦一理相貫耳，豈獨可議哉？皆由冥緣隨宇宙而無窮，物情所感者有限故也。」分見釋僧祐，《弘明集》卷五，T52/2102，頁 32a，以及卷二，T52/2102，頁 11c。

[註 34] 趙翼，《廿二史箚記》卷十五「誦經獲報條」，頁 326。

[註 35] 釋慧皎撰，湯用彤校注，《高僧傳》）卷十三〈興福篇論曰〉，頁 496。

對士大夫來說，要用智慧理解道理，對於民眾來說，要讓他信仰，就要靠因果報應。〔註36〕

　　佛教傳揚過程中，因中土文化根深蒂固，故不得不兼取本土資源，民眾接受佛教也無法擺脫中土觀念的影響，雜糅中外之說遂不可避免。〔註37〕首先，佛教要在中國爭取信徒，必須展現更有吸引力的異術、異人與更高的靈驗性，惟此，才有可能使中土民眾感受到佛教的力量。當佛教可以證明較其他信仰更具靈驗時，民眾便會趨之若鶩，皈依佛教。〔註38〕再者，在承認人必死的前提下，佛教誘以天堂和美好來生的觀念，在中國固有之人死靈魂不滅的觀念上轉接出「輪迴轉世」，對於中國民眾而言是相當熟悉且頗具誘惑力。使現實生活中無法實現的問題留待來生解決，以及此生無法實現的願望寄託於來世，因而給予亂世中的人心極大的慰藉。而且因爲佛教講求的實踐方式強調持戒、勤修功德等，較之道教的服食仙藥、修煉法門更平易近人，自然容易吸引人。最後，作爲佛教倫理理論基礎的善惡果報說，一經傳入中國便與中國固有的「積善餘慶」、「積惡餘殃」思想相吻合。佛教強調的業報輪迴觀念，使善惡果報理論更能加強對民眾道德生活的約束，從而豐富了中國的善惡報應思想，也形成了中國化佛教特有的善惡報應論。〔註39〕以上皆爲佛教傳入中國，將中國固有思想觀念與自身教義的交集部分加以利用、強化，俾使佛教在中國的傳播更爲易速。

　　佛教傳入中國之後，給中國的文人帶來的最具有衝擊力的思想是佛教的輪迴報應說。〔註40〕接觸到該思想的文人的反應，可以袁宏《後漢紀》卷十〈孝明皇帝紀下〉所載可充分可知：

　　　　王公大人觀死生報應之際，莫不瞿然自失。〔註41〕

〔註36〕葛兆光，〈《魏書‧釋老志》與初期中國佛教史的研究方法〉，《世界宗教研究》2009 年第 1 期，頁 30。
〔註37〕侯旭東，《五、六世紀北方民眾佛教信仰》，頁 86。
〔註38〕侯旭東認爲靈驗乃維持中土之人已有之信仰以及確立新信仰的重要標準。所謂「靈驗」具體說來就是人們的某種期待能在信仰活動中得到滿足。某一對象能否得到信奉，對信仰者而言，取決於它是否靈驗。即使信奉了某一對象，信徒同樣會不斷地對其有效性加以驗證。參見侯旭東，《五、六世紀北方民眾佛教信仰》，頁 61。
〔註39〕魏承思，《中國佛教文化論稿》，頁 108。
〔註40〕小林正美著，王皓月譯，《六朝佛教思想研究》（濟南：齊魯書社，2013 年）〈序言〉，頁 17。
〔註41〕《後漢紀》卷十〈孝明皇帝紀下〉「永平十三年十二月條」，頁 122。

輪迴報應主要是指眾生由於起感造業的影響，而在三世、三界、六道中流轉生死，循環不已。而關於業報的種類，據慧遠〈三報論〉曰：

> 經說業有三報。一曰現報，二曰生報，三曰後報。現報者，善惡始於此身，即此身受。生報者，來生便受。後報者，或經二生三生百生千生，然後乃受。〔註42〕

佛教的輪迴報應思想認爲，人不是結束於一生，而是不斷重複生死流轉，循環於地獄、餓鬼、畜生、阿修羅、人間、天上等六道，作爲對應行爲善惡的果報，在今世、來世或者來來世由該身所承受，而未來轉生六道的哪一個也是過去的行爲的報應，在那個世界有怎樣的糟遇，也是自己行爲的報應。因此，輪迴這個生存上的事實與報應這個道德上的事實相結合，很難將輪迴和報應分開討論。〔註43〕而中土看重此岸世界，理性務實的世界觀常占上風，故而特別重視現世報。〔註44〕小林正美研究六朝士大夫文人的佛教思想，認爲六朝士大夫們正是將輪迴報應說接受爲佛教的根本思想，相信輪迴報應是真實的，藉此來解決自身的精神上苦悶和心理上不安。〔註45〕我們可以在《南齊書》中發現多則與佛教「因、果、因果、因緣、果報」等明顯相關字眼的記載，筆者蒐羅整理的結果，除了上述《南齊書》卷五十四〈高逸列傳〉中，蕭子顯比較佛教與儒家、農家之優劣，認爲：

> 儒家之教，憲章祖述，引古證今，于學易悟：今樹以前因，報以後果，業行交酬，連璅相襲。
>
> 農家之教，播植耕耘，善相五事，以藝九穀：今則郁單粳稻，已異閻浮，生天果報。〔註46〕

此外〈高逸列傳〉記徐伯珍云：

> 世途揆度，因果二門。雞鳴爲善，未必餘慶。〔註47〕

又〈高逸列傳〉傳末史臣曰：

> 今樹以前因，報以後果，業行交酬，連鎖相襲。〔註48〕

〔註42〕釋慧遠〈三報論〉收入釋僧祐，《弘明集》卷五，T52/2102，頁34b。
〔註43〕小林正美著，王皓月譯，《六朝佛教思想研究》〈序言〉，頁18。
〔註44〕紀贇，《慧皎《高僧傳》研究》，頁284。
〔註45〕小林正美著，王皓月譯，《六朝佛教思想研究》〈序言〉，頁7。
〔註46〕《南齊書》卷五十四〈高逸列傳〉，頁946。
〔註47〕同上註，頁947
〔註48〕同上註，頁948。

此外，《南齊書》卷四十〈竟陵文宣王子良列傳〉載：

> 臣見功德有此果報，所以日夜劬勤，屬身奉法，實願聖躬康豫若此。
[註49]

《南齊書》卷四十一〈周顒列傳〉云：

> 顒不敢顯諫，輒誦經中因緣罪福事，帝亦為之小止。[註50]

以及《南齊書》載茹法亮曰：

> 至南州，得鞭者過半。法亮憂懼，因緣啟出家得為道人。[註51]

或是和因果報應思想相關的記載，《南齊書》卷五十七〈魏虜列傳〉載：

> 初，佛狸討羯胡於長安，殺道人且盡。及元嘉南寇，獲道人，以鐵
> 籠盛之。後佛狸感惡疾，自是敬畏佛教，立塔寺浮圖。[註52]

這是一種毀壞三寶以致釀禍的因果報應。《南齊書》卷四〈鬱林王本紀〉云：

> 謂豫章王妃庾氏曰：「阿婆，佛法言，有福德生帝王家。今日見作天王，
> 便是大罪，左右主帥，動見拘執，不如作市邊屠酤富兒百倍矣。」[註53]

依據「佛法」所言，生於帝王之家是前世所修，為「有福德」之表現。
又如《南齊書》卷五十四〈高逸列傳〉記盧度云：

> 始興人盧度，亦有道術。少隨張永北征。永敗，虜追急，阻淮水不
> 得過。度心誓曰：「若得免死，從今不復殺生。」須臾見兩櫓流來，
> 接之得過。[註52]

盧度能化險為夷，是因其發誓「從今不復殺生」，而不殺生乃佛教五戒[註55]
之首，殺生積惡因，不殺生則是累積福報。類似盧度以佛教內容的祈禱最後
出現神異、靈驗的結果，是當時佛教靈驗記相當常見的題材。藉由這些神奇
的應驗事蹟來催化佛教因果報應等重要思想的傳佈，是蕭子顯生活時代，社
會上常見的情形，是該時代的精神、特色。

再者，這些佛教神奇、神異現象的表現不少與卜、讖有關。先秦以來，
中國社會本已流傳著各種方術迷信，如鬼神、卜筮、占星、風角、望氣等，

〔註49〕同上註，卷四十〈竟陵文宣王子良列傳〉，頁699。
〔註50〕同上註，卷四十一〈周顒列傳〉，頁730。
〔註51〕同上註，卷五十六〈恩倖列傳·茹法亮傳〉，頁976。
〔註52〕同上註，卷五十七〈魏虜列傳〉，頁990。
〔註53〕同上註，卷四〈鬱林王本紀〉，頁73。
〔註52〕《南齊書》卷五十四〈高逸列傳·盧度傳〉，頁935～936。
〔註55〕佛教「五戒」的內容：一不殺生，二不偷盜，三不邪淫，四不妄語，五不飲
　　　　酒。此五戒，是佛門四眾弟子的基本戒，不論出家、在家佛教徒皆應遵守。

無論上下階層皆有崇信者。而佛教本身亦具有卜、讖預言的體系，如「佛書有修多羅讖，吳支謙譯《佛說梵摩喻經》云：『摩納具有秘讖，知當有佛。』」〔註56〕佛教傳入中國後，一方面中國本土的卜、讖之術獲得新的表現形式，一方面佛教可結合、利用中國的卜、讖以擴大自身影響。因此，佛教在中國發展早期，有不少僧人以此技聞名，如安世高、佛圖澄、僧涉、鳩摩羅什等。〔註57〕魏晉南北朝政治社會動盪不安，在此時代背景下，給予佛教讖言發展的良機。因爲政權更迭頻仍，爲使政權能合法、合理地承天命、應人心，往往統治者會利用佛教讖言來強化己身承接天命的正統性，遂使此時期出現不少「佛教天命」，將有關王朝、皇帝的天命吉凶之兆，透過佛教之人或事物顯露出來。〔註58〕

南北朝時期的史家在史書中不乏記載與佛教有關的讖言來宣揚天命，例如沈約《宋書·符瑞志》記載宋高祖劉裕未稱帝時，冀州有一沙門釋法稱將死，臨終前語其弟子普嚴曰：「嵩皇神告我云，江東有劉將軍，是漢家苗裔，當受天命。吾以三十二璧，鎮金一餅，與將軍爲信。三十二璧者，劉氏卜世之數也。」後來普嚴告知同學法義，法義果真於嵩高廟石壇下得玉璧三十二枚，黃金一餅。漢中城固縣水際，忽有雷聲，俄而岸崩，得銅鐘十二枚。又鞏縣民宋耀得嘉禾九穗。二年後，劉裕受晉禪，即位稱帝。〔註59〕蕭子顯的《南齊書·祥瑞志》亦可見此類佛教天命的記載：

永明三年七月，始興郡民龔玄宣云，去年二月，忽有一道人乞食，

〔註56〕 俞正燮，《癸巳存稿》（瀋陽：遼寧教育出版社，2003年）卷一二〈佛讖〉，頁345。

〔註57〕 《晉書》卷九十五〈藝術傳〉載：安世高「克意好學，外國典籍及七曜五行醫方異術，乃至鳥獸之聲，無不綜達。」；佛圖澄「少學道，妙通玄術……常服氣自養，能積日不食。善誦神咒，能役使鬼神。」；僧涉「虛靜服氣，不食五谷，日能行五百里，言未然之事，驗若指掌，能以祕咒下神龍。」；鳩摩羅什在涼州時曾言「不祥之風當有奸叛，然不勞自定也，俄而有叛者，尋皆殄滅。」說明他也具有占卜吉凶的能力。

〔註58〕 佛教傳入中國後，漢代的天人感應思想，延續至東漢末、魏晉南北朝，其陰陽五行、讖言、符命、天文曆法、占星、祥瑞、神話都未曾消沉。佛教傳入中土必須適應中國文化，格義使之與老莊合流，佛教自身的神祕靈異、曆法、占星自當與中國天人感應諸術結合。佛教徒多所學習佛教的神通，或教外祕術，諸如卜術、相術、堪輿等，遂使佛教信仰與漢地陰陽術數合流，亦扮演起天命的探索者。見曹士邦，《中國沙門外學的研究：漢末至五代》，頁435～457。

〔註59〕 《宋書》卷二十七〈符瑞志〉，頁784。

因探懷中出篆書眞經一卷，六紙，又表北極一紙，又移付羅漢居士

一紙，云從兜率天宮下，使送上天子，因失道人所在。今年正月，

玄宣又稱神人授皇帝璽，龜形，長五寸，廣二寸，厚二寸五分，上

有「天地」字，中央「蕭」字，下「萬世」字。〔註60〕

「兜率天」是佛教彌勒淨土信仰的內涵之一。〔註61〕此外，饒富興味的是，

蕭子顯對敵國北魏雖貶爲「虜」，但《南齊書‧魏虜列傳》不乏有關於北魏之

佛教天命的記載，例如北魏太武帝時，「太子晃與大臣崔氏、寇氏不睦，崔、

寇譖之，玄高道人有道術，晃使祈福七日七夜，佛狸（按：指太武帝）夢其

祖父並怒，手刃向之曰：『汝何故信讒欲害太子！』佛狸驚覺，下詔曰：『王

者大業，纂承爲重，儲宮嗣紹，百王舊例。自今已往，事無巨細，必經太子，

然後上聞。』」〔註62〕太子晃能重獲太武帝的倚重，確保其北魏嗣君的地位，

關鍵即在於僧人玄高的祈福。不僅南朝如此，北朝史家與史書亦多關注佛教

天命之事蹟，有關魏收《魏書》所蘊含的佛教天命思想，爲免旁生枝節，另

於下節析論。

　　帝王、文士、釋道之徒將各種佛教神奇、靈異之傳聞保留推廣，實各有

其動機。以帝王言，這些靈異因含有佛教倫理，藉鬼神爲賞善罰惡的形上力

量，從善因善報與惡因惡報的連結過程中，強化在亂世中逐步衰頹的倫理道

德，可達到神道設教的功能性，有助教化社會人心，維護政權的安定。以僧

徒言，彼藉動人之神異故事以宣揚佛教之靈驗，期能誘導世人信奉受持，吸

引更多信徒，達到護法宏教的目的。至於文士，有的基於搜奇、宗教情懷，

有的秉持尙實的態度與方法將其紀錄下來，後者多爲文士兼具史家身分，對

史學抱持使命、責任者。原夫歷來史家，對於神祕不可知層次之事，頗在有

意無意之間不敢輕言其必不可信，蓋此層次乃實證史學所難以施及的層次

也。不能施及則不能輕言其必無，史家將之收錄以備一說，或專立體例如災

異、五行諸志以作收集研究，或待後來學者，此仍不失爲實錄精神之流衍。

〔註63〕湯用彤《隋唐佛教史稿》一書論及隋唐佛教史地撰述時，即將「感應

〔註60〕《南齊書》卷十八〈祥瑞志〉，頁364。

〔註61〕彌勒淨土信仰分兩個層次的內容：一是彌勒由凡人而修行成菩薩果，上至兜
　　　　率天。二是彌勒菩薩從兜率天下生，於龍華樹下得成佛果，三行法會，救度
　　　　世人。後者在南北朝時期頗爲流行，人們期望是彌勒下生塵世間人之居所，
　　　　於龍華樹下成佛，救度世人。

〔註62〕《南齊書》卷五十七〈魏虜列傳〉，頁984。

〔註63〕雷家驥先生，《中古史學觀念史》，頁477。

因緣」等作品列於「僧傳類」之下，足見此類作品在作爲佛教史料方面的重要性。〔註64〕基本上，此類佛教靈驗作品各篇均清楚交待時間、人物、地點、故事原委，結構完整。既具有小說的要素，亦具有相當程度的事實反映。如前述，蕭子顯乃有志於史學者，畢生著史成果甚豐，其以「採眾家《後漢》，考正同異，爲一家之書」〔註65〕的態度來撰寫後漢史，又甘冒南齊子孫敏感身份，主動向梁武帝請求修撰前朝史，足見蕭子顯對史學之熱切、重視，基於這樣的心理動機，自然在撰述史書時，不可能單從感性的宗教情懷出發。

《四庫全書總目提要》評蕭子顯《南齊書》曰：「齊高好用圖讖，梁武崇尙釋氏，故子顯於〈高帝紀〉卷一引太乙九宮占，〈祥瑞志〉附會緯書，〈高逸列傳〉推闡禪理。蓋牽於時尙，未能釐正。」〔註66〕認爲此乃南齊書之缺失。誠然，若站在史學應秉特理性、超然之客觀立場而言，此評論並未有誤；然而無論任何時代之人，其行事、思想或多或少會「牽於時尙」，受到時代影響，事屬必然。蕭子顯記此諸事，主要是承襲中國史學優良的實錄主義，其於書中闡述禪理，則是印證了史家亦難超脫時代的影響性。若由此角度視之，蕭子顯記載的這些人物、事蹟，卻反而可見在時間變動下的歷史面貌，於是便不需過於譴責《南齊書》中這些充滿宗教迷信色彩的記載。

除了果報、因緣、佛讖等較傾向宗教神祕的思想充斥於《南齊書》之外，書中另有不少屬於佛學義理層次的記載。如在歷代正史中，表現儒、釋、道合流的「三教」之稱最早便是見於《南齊書》，其云：「文殊性挺五常，心符三教」。〔註67〕此爲「三教」的概念首次出現，嚴耀中認爲這標誌著基本上由儒家學者組成的史官們的眼裡，佛教和道教一樣作爲一種社會意識力量已和傳統的儒家處於一體化的地位。〔註68〕儒、釋、道的互動在魏晉南北朝的學術思想史是一重大的歷史課題。儒、釋、道三教既衝突又融合，從社會現象逐漸反映在知識分子的著作中，蕭子顯理應對三家思想相互影響，融會貫通的情形有所關注，故能將之反映、載入史書。承上述，在《南齊書·高逸列傳》中，蕭子顯分析、比較各種思想流派的優劣，最後雖肯定儒、道的價值，

〔註64〕湯用彤，《隋唐佛教史稿：湯用彤全集（二）》，頁 119。

〔註65〕《梁書》卷三十五〈蕭子恪列傳附子顯傳〉，頁 511。

〔註66〕〔清〕乾隆敕撰，紀昀等纂，《四庫全書總目提要》卷四十五〈史部·正史類一〉，頁 266。

〔註67〕《南齊書》卷五十五〈孝義列傳·王文殊傳〉，頁 962

〔註68〕嚴耀中，〈試論佛教史學〉，《史學理論研究》2002 年第 3 期，頁 134。

不過他仍然較推崇佛教的優點，即是透露儒、釋、道三教之爭，蕭子顯自身的看法是三者不可偏廢，然而地位先後有別。再者，〈高逸列傳·論〉並非僅僅是一篇頌揚佛法的專論，從內容所徵引當時文士學者們針對儒、釋、道孰優孰劣、孰先孰後，而相互辯難所留下的許多作品，以及包括蕭子顯所陳述的個人見解，〈高逸列傳·論〉可說是當時儒、釋、道三教互動、交流關係的縮影，爲中國思想史留下了相當珍貴的史料。

　　蕭子顯曾撰寫〈御講金字摩訶般若波羅蜜經序〉〔註69〕，其中「御講」二字，指此佛經由梁武帝親自講解。梁武帝蕭衍是中國歷史上與佛教關係最深的皇帝之一，也是中國佛教史上崇佛虔誠頗富盛名的統治者之一。梁武帝時佛教大興，不僅大力興造佛寺、佛像，並且積極獎掖佛法，譯經、講經、編纂佛教典籍之風盛行，意圖造就佛法與王政緊密合作，確立梁武帝「皇帝菩薩」的地位。由於南朝佛教重視義理研究，故南朝皇帝多喜聽經問道，廣開經筵，既可研讀又能注解佛經，佛學素養較深厚，和北朝皇帝的奉佛舉措有著南文北質的差別。其中，召開法會、邀請名僧說法、建立譯場、禮請僧人譯經、編纂佛教類書，甚至能親自參與講經、注經、著述，展現極佳的佛學造詣者，非梁武帝莫屬。君主愛之，臣民附之，在上行下效的推動下，身處梁朝濃厚的佛教氛圍中，蕭子顯自當對於佛法有所涉獵、研究。姑且不論其佛學造詣如何，至少蕭子顯身受所處時空環境影響，從學術思想的角度感受且關注到佛教的發展，然後將其寫入《南齊書》中，使該書既有宗教的非理性、神祕性，同時亦呈現佛學思辨、議論性的色彩，此誠值吾人留意者。

第二節　魏收《魏書》受到的佛教影響

　　《魏書》一百三十卷，北齊魏收撰。〈釋老志〉是該書十志之一，是中國傳統的紀傳體正史中唯一的一篇記述佛教、道教歷史的「志」。〔註70〕魏收對

〔註69〕 釋道宣，《廣弘明集》卷十九，T52/2103，頁236b～238a。

〔註70〕 任繼愈主編，《中國佛教通史》第三卷，頁535。按此處說「唯一」，實僅就志體而論。曹仕邦認爲明代宋濂等修《元史》立〈釋老傳〉，則自有淵源。紀傳體正史之爲僧人述生平，則自《晉書》始，後之《南北史》、《新舊唐書》、《宋史》、《明史》、《元史》與《新元史》之有僧伽正傳或附傳，皆踵迹於此也。」參見曹仕邦，〈《晉書》立僧傳之歷史意義〉，收入張曼濤主編，《中國佛教史論集》（臺北：大乘，1978年），頁347～356。筆者按，《晉書》修於唐初，《魏書》在北齊修成，〈釋老志〉中其實已涉載僧人的生平，故曹氏之言容有商榷。

佛教的關注在〈釋老志〉中表現得淋漓盡致，不過筆者認為佛教對魏收所產生的影響使其將佛教寫入史書，非僅反映於〈釋老志〉中，因此本文不欲專從〈釋老志〉探討，使研究視野受限，以下先論《魏書》的成書經過，次明〈釋老志〉的撰著動機，再析論《魏書》所受到的佛教影響。

一、《魏書》的成書背景

《魏書》記事起於北魏道武帝拓跋珪登國元年（386），並以〈序紀〉的形式追敘拓跋珪先世歷史至二十七代；迄於東魏孝靜帝武定八年（550）四月，「詔歸帝位於齊國」。《魏書》主要記述了北魏 148 年、東魏 16 年合計 164 年的歷史，旁及北魏、東魏同東晉後期及宋、齊、梁幾朝南北關係的歷史。天保二年（551）魏收奉詔撰魏史，天保五年（554）完成《魏書》，該書雖有高隆之任總監，實為署名而已，又房延佑、辛元植、睦仲讓等人協助斟酌，然缺乏史才，因此整部史書從體例的制定，史實的采擇到史論的撰寫，基本上出於魏收一人之手。〔註71〕魏收，鉅鹿下曲陽（今河北晉縣西）人，生於北魏宣武帝正始四年（507）卒於北齊後主武平三年（572），一生經歷了北魏、東魏、北齊三個朝代。

由於《魏書》是北齊政權設立史館修撰的一部史書，編撰過程自然受到政府力量的主導。一般皆依據《北齊書》或《北史》的〈魏收列傳〉認為是因北齊文宣帝天保二年（551）下詔撰修《魏書》。〔註72〕此說殆為正確，不過這只是《魏書》實際修撰的時間，並沒有觸及到北齊文宣帝（高洋）為何

〔註71〕早在拓跋珪建立北魏政權時，就曾由鄧淵編寫《代記》十餘卷，以後崔浩、高允等繼續編寫魏史《國書》，都採用編年體。北魏孝文帝太和十一年（487），李彪、崔光等人參與修史，始改為紀傳體，內容記述至拓跋弘統治時代。繼而邢巒、崔鴻等先後編寫了高祖（元宏）、世宗（元恪）、肅宗（元詡）等三朝的起居注。上述史書皆為魏收編撰《魏書》取材所資，今皆亡佚。

〔註72〕有關《魏書》撰修時間可參考周一良，〈魏收之史學〉，收入氏著，《魏晉南北朝史論集》，頁 205～206；崔曙庭，〈魏書〉，收入張舜徽主編，《中國史學名著解題》，頁 104～105；童超，〈魏收〉，收入陳清泉等編，《中國史學家評傳》（河南鄭州：中州古籍出版社，1985 年 3 月初版），頁 262；王樹民，《史部要籍觸題》（台北：木鐸出版社，1983 年），頁 69；金毓黻，《中國史學史》（台北：商務印書館，1972 年），頁 70；潘德深，《中國史學史》（台北：五南圖書，1994 年），頁 146；白壽彝主編，瞿林東著，《中國史學史（三）：魏晉南北朝隋唐時期》，頁 113～114；以及世界書局編輯部，《廿五史述要》，頁 112～113。

令魏收修撰《魏書》，倘若以此問題爲思考起點，實則《魏書》的修撰，最早應發端於天保元年文宣帝所頒布的修史詔書。東魏武定八年（550）五月初八日，孝靜帝下禪讓詔，五月初十日高洋即皇帝位。當日，文宣帝即下詔：「改武定八年爲天保元年」。到了天保元年八月十三日，文宣帝頒布一道與修史有關的詔書，其云：

> 庚寅，詔曰：「朕以虛寡，嗣弘王業，思所以贊揚盛績，播之萬古。雖史官執筆，有聞無墜，猶恐緒言遺美，時或未書。在位王公、文武大小，降及民庶，爰至僧徒，或親奉音旨，或承傳旁說，凡可載之文籍，悉宜條錄封上。」〔註73〕

高氏之禪代東魏政權，建立北齊王朝的過程，並非順利。歷經高歡、高澄之禪代失敗後，直至高洋方禪代成功，而高洋的禪代過程同樣曲折不斷。據此使得高洋受禪以後，必須展開一系列籠絡人心、鞏固政權的措施，而天保元年（550）八月十三日文宣帝頒布〈修史詔〉，即是眾多籠絡人心措施的一個環節，據此便不難理解爲何要求「在位王公、文武大小，降及民庶，爰至僧徒」等提供史料，目的無非是藉以引導全體民眾，不分階層、僧俗共同參與修史活動。從觀念上，帶動齊境人心，共同承認齊王朝具有「嗣弘」魏正統的合法性，〔註74〕以助解決高洋禪代所引發的合法性危機。

　　除了謀求北齊禪代東魏的政權合法性外，面對西魏和蕭梁的抗衡，在三國問鼎的局面下，宣示自己才是唯一的正統政權，以號召人心，此背景也促成北齊重視修史。再者，欲「贊揚盛績，播之萬古」的歷史意識亦爲高洋詔令修史的目的。北魏末，高歡崛起，原對漢人採敵視態度，包括將修史權由漢人手中沒收，改委用山偉、綦儁等代人。待高氏專政局面稍定後，受到司馬子如、崔暹等人影響，歷史意識開始增強，留心於歷史功用。據《北史》

〔註73〕〔唐〕李百藥撰，《北齊書》（臺北：鼎文，1978年）卷四〈文宣帝本紀〉天保元年八月條，頁53。

〔註74〕阮忠仁認爲從文宣帝的修史詔中「嗣弘王業」可知，其乃意指北齊既從「嗣」——繼承魏帝位正統，亦將從「弘」——發揚魏帝位正統；從而修史宗旨的輪廓是：嗣弘魏帝位正統。進一步看，「嗣弘」魏帝位正統，是源自高洋遵天命禪代魏王朝，其「嗣弘」所依憑者爲天命，故修史宗旨的最深層的完整涵義是：「嗣弘」魏天命正統。參見阮忠仁，《魏書〈釋老志〉釋部撰述原因研究》，頁42～43。然就當時政治現實而言，北魏末至東魏期間，高氏政權長期專擅朝政，魏德實已衰微，毋須弘揚。故，文宣帝的修史宗旨應要從嗣（承繼）魏的合法性，與弘（發揚）齊的目標性來分析。

載：

> 神武（高歡）於西門豹祠宴集，謂司馬子如曰：「魏收為史官，書吾
> 等善惡，聞北伐時，諸貴常餉史官飲食，司馬僕射頗曾餉不？」因
> 共大笑。仍謂收曰：「卿勿見元康等在吾目下趨走，謂吾以為勤勞，
> 我後世身名在卿手，勿謂我不知。」尋加兼著作郎。〔註75〕

　　司馬子如為高歡權寵之一，魏收因其推薦及美言，始漸為高歡所優禮。
〔註76〕魏收自恃文才，懷有得君重用，平步青雲之心，《北史》云：

> 收本以文才，必望穎脫見知，位既不遂，求修國史。崔暹為言於文
> 襄曰：「國史事重，公家父子霸王功業，皆須具載，非收不可。」文
> 襄啓收兼散騎常侍，修國史。〔註77〕

崔暹婉轉以「霸王功業」誘使高澄重視歷史、器重魏收的才能。至高洋篡位
建齊，《北史》又云：

> 初，帝（高洋）令群臣各言爾志，收曰：「臣願得直筆東觀，早成魏
> 書。」故帝使收專其任。又詔平原王高隆之總監之，署名而已。帝
> （高洋）敕收曰：「好直筆，我終不作魏太武誅史官！」〔註78〕

從上述三段史料，高歡言：「我後世身名在卿手，勿謂我不知。」可看出高
歡將修史權由胡人交還漢人之手，是因知道史之為用，可以文非飾過，博取
不朽也。他命令魏收修史，前提當然在錄其「霸王功業」、彰其「後世身名」
也，否則胡人修史或史之殘闕，只有對其父子篡跡有利，無需交由漢人修撰。
高氏父子文采拙劣，自無可能親撰國史，若得才足以撰史的親附文人為之，
即可解決此問題。高氏篡逆若得解釋為「霸王功業」，即是可比美齊桓、晉
文也。〔註79〕故可知《魏書》的修撰動機應當包括在司馬子如、崔暹等高氏
寵臣影響下，啓導高氏父子具備歷史意識、重視修史工作。尚需一提的是，
從高氏父子對魏收態度，無論是調侃抑或器重，在言語間或多或少、或隱或

〔註75〕〔唐〕李延壽撰，《北史》（臺北：鼎文，1978年）卷五十六〈魏收列傳〉，頁
2028～2029。

〔註76〕《北史》載：「及孫搴死，司馬子如薦〔魏〕收，召赴晉陽，以為中外府主簿。
以受旨乖忤，頻被嫌責，加以箠楚，久不得志。會司馬子如奉使霸朝，〔魏〕
收假其餘光。子如因宴戲言於神武曰：『魏收，天子中書郎，一國大才，願大
王借與顏色。』由此轉府屬。」同上註，頁2027。

〔註77〕同上註，頁2028。

〔註78〕同上註，頁2030。

〔註79〕雷家驥先生，《中古史學觀念史》，頁409。

顯透露出威脅的意味，這對魏收而言，自然可以感受到政治力對史家的干預和牽制。〔註80〕

綜上所述，在爲了籠絡人心，鞏固政權，宣示正統，以及受到可彰顯後世身名、霸王功業的歷史意識作用下，北齊文宣帝下令編撰《魏書》，故該書的修撰工作從一開始即與政治力量緊密相連。

二、《魏書·釋老志》的撰著動機

《魏書》，以紀、傳、志構成紀傳體裁，志分十篇，有〈釋老志〉，內容分成釋部（專載佛教史事）和老部（專記道教史事）。在現存廿五史諸志中，此志之體例和內容，是前所未有，〔註81〕觀諸所有世俗史著亦屬獨一無二。《魏書·釋老志》既具有獨特的史學價值，則它撰著動機究竟爲何？歷來學者都將之歸因於當時佛、道鼎盛。例如高敏認爲，北朝佛教、道教鼎盛，影響巨大，是以〈釋老志〉之撰著，自當「實屬勢所必然」。〔註82〕瞿林東主張〈釋老志〉之作乃因：「崇佛教，這是當時南北朝共同的社會風尚和歷史特點」。〔註83〕向燕南指出「〈釋老志〉的創制首先是客觀歷史在史學中的反映。作爲一部正史，如果不把這時期有關佛、道二教的內容涵括於這段歷史的表述之中，是很難反映這一時期社會歷史的全貌。顯然，佛、道二教在魏晉南北朝時期的巨大發展及其社會影響，已對當時史家提出了新的課題和時

〔註80〕李傳印分析魏晉南北朝時期，政治權力對史學的干預並影響到歷史撰述的情況，大體上主要有三種形式。第一種形式是對史家進行精神威脅和控制，第二種是禁書、焚書、刪書，第三種是採取屠殺的極端行爲，對史家進行摧殘。參見李傳印，《魏晉南北朝時期史學與政治的關係》，頁208～212。

〔註81〕藍吉富，〈我國傳統史籍中佛教專篇史料之檢討〉，見張曼濤主編，《中國佛教史學史論集》（臺北：大乘，1978年），頁2。

〔註82〕高敏認爲：「這是《史記》、《漢書》所沒有的篇目，其爲創是很明顯的。魏收之所以能有此創新，說到底，是當時代的時代特徵決定的。因爲佛教在北魏十分盛行，佛教徒的政治勢力也頗爲強大；道教在北魏取得了國教的地位，而且與佛教的鬥爭很激烈，這種鬥爭帶有很濃厚的政治色彩。總之，由於佛、道二教的傳播，不僅對當時的思想意識、文化藝術和風俗習慣產生了重大影響，而且使當時的階級關係也增添了新的內涵；甚至對當時的社會經濟也帶來了巨大影響，以寺院形式出現的土地所有制，成了當時地主土地所有制的一個重要表現形式。在這樣的情況下，魏收在其《魏書》中撰寫〈釋老志〉，實屬勢所必然。」見高敏，〈魏書說略〉，收入劉起釪等著，《經史說略：二十五史說略》（北京市：北京燕山出版社，2002年10月初版），頁187

〔註83〕白壽彝主編，瞿林東著，《中國史學史（三）：魏晉南北朝隋唐時期》，頁115。

代要求。」〔註84〕或謂〈釋老志〉的產生是因魏晉以後，釋教盛行，特記佛教之盛衰，朝制之崇抑，以及名僧、道士，亦可以覘教化。〔註85〕誠然，以客觀的時代背景而言，魏收生存的北朝，佛教相當興盛，撰述〈釋老志〉時，乃是宮廷、宮界、民間奉佛特別興盛的社會，僧界學匠輩出，北齊之帝都鄴城，寺院內佛教經典講席充滿佛堂，而大量的聽眾競相聚集，魏收立足於此現實，編纂北魏歷史帝紀、列傳，以「當今之重」看待《魏書》，追加編述佛、道二教，是適切而當然之事。〔註86〕

事實上，史書內容的呈現應當受到主客觀條件影響所致，魏收置身於佛教盛行的環境下因而寫作《魏書・釋老志》，這僅僅觸及該志撰著之時代背景，除此之外，尚有許多推力值得探討。首先，魏收身處北朝胡人爲主的政權下，有助於削弱嚴夷夏之防的民族意識，致使對外來的佛教較無儒家本位主義之見。再者，《魏書》是朝廷官修史書，必然不能違背君主的意志，加上魏收早年不爲高歡所喜，「頻被嫌責，加以箠楚，久不得志」，〔註87〕當然能深切感受崔浩之獄爲北朝史官帶來的「史禍意識」。〔註88〕因此，魏收該如何修撰《魏書》，自然要體察北齊君主的心意，遵照朝廷修史的宗旨。前述天保元年（550）八月十三日文宣帝所頒布的修史詔書，可視爲是修撰魏史的指導原則，詔書中要求「雖史官執筆，有聞無墜，猶恐緒言遺美，時或未書。在位王公、文武大小，降及民庶，爰至僧徒」等提供史料，可知北齊政府所令徵集的史料是王朝史乃至宗教史，二者兼籌並徵。

依修史詔書的內容，王朝史的史料領域可分爲兩個部分：第一部分是「史官執筆，有聞無墜」，是指朝廷史官執筆撰史的原則必須是有聞必錄，不可遺亡。第二部分是「在位王公、文武大小，降及民庶，爰至僧徒」等所私藏史料，是因官方史料固已達「有聞無墜」之完備性，卻「猶恐緒言遺美，時或未書」而有所遺漏；遂從天保元年八月十三日頒布修史詔書起，由官方進

〔註84〕 向燕南，〈《魏書・釋老志》的史學價值〉，《史學史研究》1993 年第 2 期，頁57。

〔註85〕 世界書局編輯部，〈廿五史各志表〉，《廿五史述要》，頁 120。

〔註86〕 塚本善隆著，林保堯譯，《魏書釋老志研究》（新竹：覺風佛藝基金會，2008年），頁 5～6。

〔註87〕 《北史》卷五十六〈魏收列傳〉，頁 2028。

〔註88〕 參見雷家驥先生，《中古史學觀念史》第八章〈「以史制君」與反制：及其對南北朝官修制度的影響〉，頁 391～400。以及陳識仁，〈北魏崔浩案的研究與討論〉，台灣大學歷史研究所《史原》1992 年 2 月總第 21 期，頁 111～145。

行徵集。〔註89〕值得注意的是,「爰至僧徒」一句意味僧徒一方面可提供魏、齊王朝史料,一方面可提供魏、齊佛教史料。雖然北魏以來諸帝多崇佛,其佛教活動多有紀錄,即「史官」所代表的官方史料之內,不僅有王朝史料,亦有佛教史料。且魏、齊有僧官制度,也必然典藏不少佛教事務的相關檔案。以是之故,修史詔書針對「僧徒」所要搜集的史料,既是官方的,也有民間所私藏的,內容除了有王朝史,更重要的是與佛教有關的史料。誠如侯旭東研究指出,在朝廷以僧人進行敷導民俗下,加上遊方僧傳教的活躍,以及佛教之異聞、靈驗記、庶民經典等通俗輔教書之傳播,魏、齊民間的佛教信仰興盛,而見諸於各類造像活動。〔註90〕是以民間尚有爲數可觀的史料可資蒐集、利用。修史詔書期望自「僧徒」之手徵集到史料,應該主要非官方檔案的宗教史料,而是民間所持之佛教史料。綜上所言,文宣帝頒布的修史詔書是欲修魏、齊史,包括要將魏、齊佛教史載於魏、齊王朝史內呈現。

　　由於北齊文宣帝的修史詔書從一開始便指示雖佛教史料也須蒐集,這已爲佛教在《魏書》中保留論述空間。抑且若無君主的認可,在史禍的威脅感下,魏收縱使認爲佛教興盛而值得記載入史,又豈敢任意調整、更改官修史書的體裁,自行創製古來所無之〈釋老志〉,特留專篇以記述宗教史。根據本文第二章探討南北朝皇帝奉佛的情形,北齊文宣帝爲信仰佛教甚深之人,其曾受菩薩戒、禮重高僧、聽聞佛法、造寺立像等奉佛舉措多見諸史冊。因此,《魏書·釋老志》的撰著背景乃受到文宣帝個人意志的影響,殆無可疑。

　　再者,魏收可在短時期內修成卷帙可觀的《魏書》,是立基於豐富的現成史著和史料上。〔註91〕北魏政權重視修史工作,從開國到滅亡,歷史記錄未

〔註89〕阮忠仁研究指出依〈修史詔〉規定的徵集史料範圍來總計,魏、齊王朝史料,至少有如下四類:第一類史料,是北魏以來所修之魏國史。第二類史料,是北齊國史與魏國史交疊者,即天保元年五月禪代以前,高歡、高澄、高洋三人,長期專制北魏、東魏朝政,其有關史料都包含在北魏末年至東魏的國史中。第三類史料,是獨屬北齊國史,即天保元年五月禪代至八月頒〈修史詔〉之間,北齊國史初步紀錄之史料。第四類史料是私藏史料。由於官方典藏史料,「猶恐緒言遺美,時或未書」,不能肯定完全沒有闕漏寶貴的史料。因此,爲了補史官可能闕漏的史料,〈修史詔〉乃要求「在位王公、文武大小,降及民庶,爰至僧徒,或親奉音旨,或承傳旁說,凡可載之文籍,悉宜條錄封上」。參見阮忠仁,《魏書〈釋老志〉釋部撰述原因研究》,頁79~80。

〔註90〕侯旭東,《五、六世紀北方民眾佛教信仰》,頁85。

〔註91〕《魏書》所依據的材料是豐富的,其中北朝的材料有鄧淵受詔所撰編年紀事的《代紀》10卷,崔浩、高允等人陸續受詔寫的編年體《國書》(又名《國紀》)

嘗中斷。依牛潤珍的研究，北魏共歷經八次修史，魏收曾參與北魏末最後一次的國史撰修，這對於其以後編纂《魏書》關係重大。《魏書》的撰成端賴北魏史官制度與國史纂修所奠定的基礎，如〈序紀〉、〈釋老志〉的創設，正是參用了鄧淵《國記》與歷代國書的資料，以及史官陽尼提出的「佛道宜在史錄」的主張。〔註92〕周一良言：

> 〈釋老志〉之作尤爲卓見。考《魏書》七二〈陽尼傳〉云「佛道宜在史錄」。是伯起之前已有人創議矣。後人之詬〈釋老志〉皆出於儒家排抵佛老異端之心，其言每固陋可哂。如《史通·書志篇》及皮日休《文藪》八〈題後魏書釋老志〉一文，其著者也。既不從修史著眼，宜收之眞知灼見不爲此輩所解矣！《魏書》以前裴松之注《三國志》，以佛家事附於〈東夷傳〉，沈約《宋書》附於〈夷蠻傳〉。然其時佛教未盛，猶可說也。魏收以後，佛教日盛行，修史者猶不肯爲立志。《晉書》以之入〈藝術傳〉，《唐書》以降入〈方伎傳〉，皆勉強比附，終屬未安。至近世柯紹忞修《新元史》，始毅然仿《魏書》立〈釋老志〉（按：應是〈釋老傳〉）焉。〔註93〕

指出將佛、道載錄史籍，在魏收之前，已有史官陽尼提出「佛道宜在史錄」的創議。不過，周一良同時肯定魏收的眞知灼見。的確，持平而論，《魏書》之所以能夠撰成，是與北魏多次修史、材料長期積累分不開，然而豐富的史料若沒有史家獨具的史識，同樣無法作完美的呈現。

依筆者之見，從陽尼到魏收重視宗教史，主張佛教、道教應載錄史冊，或可反映北魏史學一直有重視宗教史的傳統。誠如本文論述，北朝佛教的特色是具有顯著的「國家性格」，因此，政治力量既深入掌控佛教，則在官方史書自然會著意記載佛教。同樣地，就道教在北朝的發展而言，國家對道教的

---

30 卷，李彪、崔光等人改編《國書》而成的紀傳體《國紀》，邢巒、崔鴻等人修撰的孝文帝、宣武帝、孝明帝起居注，元暉業寫的記載皇室人物事跡的《辨宗室錄》30 卷，崔鴻《十六國春秋》等。南朝也有多部史書記述了北朝史實的材料，如沈約《宋書》等。對材料的廣泛采擇，使《魏書》具備史料價值較高的特點。今天，記述北魏歷史的史書大都亡佚，《魏書》已成爲介紹北魏歷史的最重要著作，對於研究北魏歷史來說，它的參考價值是其他任何著作都不能比擬的。

〔註92〕參見牛潤珍，〈北魏史官制度與國史纂修〉，《史學史研究》（北京：北京師範大學史學研究所《史學史研究》編輯出版）2009 年第 2 期總 134 期，頁 16～29。

〔註93〕周一良，〈魏收之史學〉，收入氏著，《魏晉南北朝史論集》，頁 223。

控制並不亞於佛教，故史書中留心宗教題材應當如陽尼「佛道宜在史錄」的主張，佛教和道教皆須載錄於史書。針對此點，文宣帝下令要求僧徒提供修史材料，詔書中並沒有提及道士，塚本善隆認爲在搜集史料過程中，「僧徒」廁身行列，未見道士，從而可見，北齊宗教界是「佛教的繁榮，道教的不遇」，以致〈釋老志〉大部分篇幅都記載著外來的佛教。〔註94〕鄙意塚本善隆的看法容有商榷之處。

塚本善隆認爲在搜集史料過程中，「僧徒」廁身行列，未見道士，此實爲曲解了修史詔「在位王公、文武大小，降及民庶，爰至僧徒」之文義。僧徒列於最後，蓋與其爲內學有關，且此詔中若未提及儒、文諸學，則儒文之士豈毋需提供史料焉？以是之故，我們就修史詔而言，固然可明確得知文宣帝要求提供佛教史料，卻不能全然否定不需要道教史料。從另一角度而言，塚本善隆的看法確也符合當時北齊宗教界的發展情形，北齊文宣帝天保六年（555）廢除道教，〔註95〕相較之下，北齊、北周對峙時期，道教盛於西而衰於東的態勢更爲明顯。由塚本善隆觀察到北齊宗教界是「佛教的繁榮，道教的不遇」，筆者認爲承此反而可以突顯魏收具有史家的自覺。因爲道教在北齊的發展不如佛教，文宣帝的宗教態度明顯貶道崇佛，在如此佛盛道衰的環境下，魏收在撰寫〈釋老志〉仍敘及道教，遂突顯其饒富意義，值得肯定。因爲從前述魏收自高歡掌政時期，便已飽受史禍意識的心理壓力，且其自身有著媚君求利的人格特質，故能夠在明知文宣帝的宗教態度下，執意於《魏書》中同時記載釋、老，如實傳述北魏宗教方面的發展情形，就衡量史家優劣的標準而言，魏收實顯難能可貴。當然，我們也不能忽略客觀上，魏收堅持在《魏書》中保留佛教、道教，應當也是北魏對宗教的重視和掌控，官方檔案中自然已經保存不少佛教和道教的史料，畢竟魏收撰修《魏書》乃立足於北魏八次國史纂修所奠定的基礎，故不可能完全漠視、捨棄道教的史料。〔註96〕

〔註94〕塚本善隆著，林保堯譯，《魏書釋老志研究》，頁23。筆者按，塚本善隆言〈釋老志〉大部分篇幅都記載著外來的佛教，然實際上由於自後趙以來即有胡人應信胡教的觀念，以及佛教在中國流傳已久，故至北朝時期，時人視佛教爲「外來」宗教的認知，當屬薄弱。

〔註95〕釋道宣，《廣弘明集》卷四〈廢李老道法詔〉，T52/2103，頁112c～113b。

〔註96〕〈釋老志〉以篇幅比例來看，佛教占三分之二，道教占三分之一；以敘述內容來看，魏收回顧記述了佛教傳於中土以及在北魏傳播的消長過程，具有歷史發展的時間性，且對僧官制度、寺院經濟的建立、演變，以及佛教盛行衍生的弊病等皆著意敘述。符合了書志體著重對事的介紹說明，若有相關人物

　　皮日休認爲魏收所以作〈釋老志〉不過是爲了「媚於僞齊之君」，〔註97〕依筆者之見，皮氏所論未盡其實。持平而論，魏收自整體宗教的角度考察、撰寫佛教、道教的發展，爲迎合文宣帝的期許，同時也因應佛盛道衰的實際情況，而給予佛教較多的記述篇幅之外，他仍然願意爲道教保留書寫空間，這實不能否認魏收還是具備史家對如實記錄，保存歷史眞相的自覺與使命感。質言之，北魏時，佛、道二教並峙，處於既競爭又融合的緊弛關係，深具時代的特殊性，魏收敏銳地觀察洞悉到佛教和道教已經構成了當時政治、社會不可分割的一部分，「時移世易，理不刻船……釋老當今之重……去彼取此，敢率愚心」〔註98〕，以其歷史卓識將之載入史籍，此爲〈釋老志〉撰著的主觀條件之一。值得一提的是，《魏書》修成後，儘管引起很大的爭議，但文宣帝選擇偏袒魏收，〔註99〕且由於即位之初，必須拉攏人心，故釋、老兩股宗教勢力需要並重，以致文宣帝對〈釋老志〉同時記載佛教、道教，並未不滿，要求魏收刪除或修改；再觀時人同樣未對《魏書》特立宗教史篇章給予質疑、指責。據筆者之見，此現象或可說明魏收的撰史能力表現在宗教史，的確有其獨到成功之處；同時，此或可突顯在北朝，儒術已無獨尊的地位，相形之下，無論是佛教或是道教自北魏以來，其在政治、社會的影響力，使得宗教的重要性是獲得君民上下一致的認同。

　　最後，魏收對佛教的關注也因爲其家庭環境與佛教有著較爲密切的關

則略加記之，屬以事帶人。但魏收在〈釋老志〉中所呈現的道教記載卻偏重於寇謙之的事蹟，反而接近於以人帶事，人物傳記色彩濃厚。筆者認爲這樣的差別與佛、道二教在北魏的發展態勢正相呼應，由於佛教與北魏歷代皇帝的關係密切，以致官方檔案中可利用的史料相對較多。而道教在北魏的發展，誠以北魏太武帝在位時最盛，道教領袖寇謙之尤其是指標性的人物。太武帝之後，道教在朝廷的影響力大減，其作用主要在歷朝皇帝皆需至道壇封符籙，此傳統一直延續到「武定六年，有司執奏罷之」。魏收對道教的記述乃以停道壇受籙作爲結束，亦即以道教對朝廷的影響力告終作結，據此蓋可說明〈釋老志〉中，魏收對道教的敘述較少，很大的原因取決於官方對各宗教的態度，連帶對史料的保存多寡不一。

〔註97〕〔唐〕皮日休，《皮子文藪》（上海：上海古籍出版社，1981 年）卷八〈題後魏釋老志〉，頁 76。

〔註98〕《魏書‧前上十志啓》，頁 2331。

〔註99〕《北齊書》卷三十七〈魏收列傳〉載：「時論既言收著史不平，文宣詔收於尚書省與諸家子孫共加論討，前後投訴百有餘人，云遺其家世職位，或云其家不見記錄，或云妄有非毀。……但（文宣）帝先重收才，不欲加罪。時太原王松年亦謗史，及斐、庶並獲罪，各被鞭配甲坊，或因以致死。」見頁 486。《魏書》雖爲時人痛責，然文宣帝的態度是袒護魏收，不惜痛懲「謗史」者。

係。魏收小字「佛助」，〔註100〕其父賓客中有沙門曇璨，〔註101〕不排除魏收在某種程度上曾受到佛教的薰染。北魏孝明帝時，魏收曾參與曇無最和道士姜斌的辯論，〔註102〕東魏時與名僧道寵為師生關係，〔註103〕曾受敕為僧稠制碑文，〔註104〕而且在《廣弘明集》卷二十二收錄有魏收〈繕寫北齊三部一切經願文〉。〔註105〕凡此皆可說明魏收有一定程度的佛學涵養，自然使他對佛教有所關注、認識和掌握。〔註106〕

　　承上所述，基於時代背景、政治環境、家世薰陶、史學素養等主、客觀條件的作用下，造就了《魏書・釋老志》的出現。

三、佛教影響下的《魏書》

　　前述，北魏以來即有修史的傳統，為魏收撰寫《魏書》保留了許多珍貴的史料。著史之時，在客觀的基礎材料上，本來就有一定的數量是承繼原有的記載；但能表現史家個人歷史意識者，則在於如何編排、剪裁，乃至於評論、褒貶。有關《魏書》中所呈現受到佛教影響的內容，以下分就〈釋老志〉

〔註100〕同上註，頁483。
〔註101〕《魏書》卷一百四〈自序〉。另據塚本善隆之見，認為南北朝時代的貴族有禮遇特定僧的風氣，從曇無最曾為魏收父親魏子建的客僧，可察知魏收的家庭是浸潤在佛教教化之中。即使魏子建父子不是熱心的奉佛者，在當時朝野極其盛大的佛教環境裡，他們並不是排除與佛教交涉的家庭。參見塚本善隆著，林保堯譯，《魏書釋老志研究》，頁12。筆者按，塚本善隆，《魏書釋老志研究》的宗旨，是在對〈釋老志〉漢文原典進行和譯並予以註釋。據1974年1月30日發行版，全書篇幅份量之分配是：「解說篇」計有頁3～62，「譯註篇」計有頁64～339。
〔註102〕〔唐〕釋道宣，《續高僧傳》卷二十三〈曇無最傳〉頁737。
〔註103〕同上註，卷七〈釋道寵傳〉，頁208。
〔註104〕同上註，卷十六〈釋僧稠傳〉，頁477。
〔註105〕魏收撰〈繕寫北齊三部一切經願文〉：「三有分區，四生稟性，共遊火宅，俱淪慾海，所以法王當洲渚之運，覺者應車乘之期，導彼沈迷，歸茲勝地。自寶雲西映，法河東瀉，甘露橫流，隨風感授，皇家統天，尊道崇法，拔群品於有待，驅眾生於不二。所以刻檀作績，搆石彫金，遍於萬國，塵沙數等；復詔司存，有事緝素，精誠瑜於皮骨，句偈盡於龍官。金口所宣，總勒繕寫，各有三部，合若干卷。用此功德，心若盧空，以平等施，無思不洽，藉我願力，同登上果。」釋道宣，《廣弘明集》卷二十二，T52/2103，頁257a。可知魏收對佛法當有一定程度的接觸。
〔註106〕比較〈釋老志〉中對佛、道二教的介紹，從教派的創立始末、在中國傳播的經過、始祖的事蹟、教義的闡釋，以及重要僧人、道士的貢獻等，魏收對佛教的認識、熟稔程度，顯然比起道教來較能如數家珍似的記敘之。

和其他《魏書》的篇章等兩個論題，依次展開探討。

（一）前所未有的宗教史體例──〈釋老志〉

《魏書》中的〈釋老志〉體現了魏收因事命篇的歷史卓識。〔註107〕作爲世俗史著中唯一一部以「志」的形式，系統化記述佛、道二教歷史及其社會影響的專篇，具有特殊的史學價值，也是《魏書》之撰寫受到佛教影響最顯而易見的內容。上文已說明魏收爲何如此關注佛教並將其寫入史冊，以下則要進一步探究魏收爲何撰擇以「志」的體例來記敘佛教。

中國傳統史學對於體裁、體例的選擇，並不僅僅從是否有利於表達內容著想，而是寓有價值判斷的深層含意。如在一般正史中，對於有關僧侶道徒的記載，大多歸入「方伎」或「藝術」等類傳中。這種形式體裁不僅限定了其取材的角度和範圍，而且明顯地表明了對於佛、道二教貶斥的態度。而與這些形式體裁比較，紀傳體中的書志部分的價值意向則相對淡薄，表述史實也較容易做到客觀平允。〔註108〕如沈約的《宋書》將有關佛教的記載，附見在〈夷蠻傳〉中，將佛教視作夷狄文化的內容，反映了沈約具有儒家本位主義的立場。除了價值意向的考慮外，魏收在《魏書》中採用書志體裁記述佛教與道教的歷史內容，更多的還是從表述的便易著眼。

江淹認爲「史之所難，無出於志」，〔註109〕一般而言，志貴在博而約，難度較高。這是因爲，從縱的方面看，由於書志部分所承擔的歷史內容在時間上一般具有更長時段的延續性。因此，從史家爲了方便表述，往往打破斷代體例的局限，從歷史發展的角度，追述某一典章制度的沿革損益。顯然，這種方式，對於前無史著記述的佛、道二教的歷史內容十分適宜。因爲這樣既能補充前史記載的缺錄，又能突出其歷史發展的線索。而在橫的方面，因爲書志部分一般是以某一專門事物的發展爲記述中心，所以相對容易容納，反映該事物於社會各方面的全貌。〔註110〕體裁之異，其背後實有觀念意識乃

〔註107〕比之於同時代南朝傳統史學的作者沈約和蕭子顯，魏收自覺把握歷史特點的因事命篇的作法也是獨一無二的。此外，湯用彤論述南北朝佛史撰述時，將《魏書·釋老志》歸入紀事本末體，由此也可以看出魏收因事命篇的旨趣。湯用彤，《漢魏兩晉南北朝佛教史》，頁583。

〔註108〕向燕南，〈《魏書·釋老志》的史學價值〉，《史學史研究》1993年第2期，頁58。

〔註109〕《史通》云：「齊史，江淹始受詔著述，以爲史之所難，無出於志，故先著十《志》，以見其才。」劉知幾著，浦起龍釋，王煦華整理，《史通通釋》卷十二〈古今正史〉，頁329。

〔註110〕向燕南，〈《魏書·釋老志》的史學價值〉，《史學史研究》1993年第2期，頁58。

至研究方法之變動以作支撐，〔註111〕相信魏收乃經過一番深思熟慮，認爲唯有「志」方能完整呈現宗教史這一重要課題。魏收在〈前上十志啓〉曰：

> 昔子長命世偉才，孟堅冠時特秀，憲章前哲，裁勒墳史，紀、傳之間，申以書、志，緒言餘跡，可得而聞。……臣等肅奉明詔，刊著魏籍，編紀次傳，備聞天旨。竊謂志之爲用，網羅遺逸，載紀不可，附傳非宜。理切必在甄明，事重尤應標著，搜獵上下，總括代終，置之眾篇之後，一統天人之跡。褊心末識，輒在於此。是以晚始撰錄，彌歷炎涼，採舊增新，今乃斷筆。時移世易，理不刻船，登閣含毫，論敘殊致。河溝往時之切，釋老當今之重，藝文前志可尋，官氏魏代之急，去彼取此，敢率愚心。謹成十志二十卷，請續於傳末，並前例目，合一百三十一卷。〔註112〕

這篇〈前上十志啓〉充分顯露出魏收具有的史家自覺，故能使他堅持個人自主性的理想，以及自我懸揭的古代典型以作爲期待，然後嘗試在傳統官修史學的框架中，有所突破。試看文中，魏收表達了自身對司馬遷、班固之史學才能和成就的肯定，帶有勉己踵繼前賢的濃厚意味，並且反映了他對現實的敏銳判斷，知道孰輕孰重，大膽有魄力地去彼取此，捨河溝藝文而取釋老官氏。尤其，〈前上十志啓〉清楚可見魏收對於「志」有著相當深刻的認識。「志」的作用是「網羅遺逸」，重在編年的「紀」和重在寫人的「傳」都無法代替它所具有的淵綜廣博的特點，正適於記述佛教歷時性的發展，以及佛教在同時性滲透到社會生活各個領域的內容，如此以達到「搜獵上下，總括代終」（縱的關係），與「一統天人之跡」（橫的關係）。史書是歷史事實的書面反映，史書體例的確定當然應以是否能夠反映歷史事實爲先決條件，否則，再好的編纂體例也是徒勞的。爲了如實地反映佛、道的發展，魏收選擇以「志」的體例來介紹，最可呈現司馬遷主張完美主義的歷史應是包括人類總體而全程的發展，〔註113〕可見魏收的確具備一定程度的史學素養。無怪乎李延壽

〔註111〕雷家驥先生，《中古史學觀念史》，頁19。

〔註112〕《魏書‧前上十志啓》，頁2331。

〔註113〕司馬遷所創的通代紀傳體，目的在透過個人（列傳）以集結成大群（全部的紀傳成爲一史），述其人事因果，兼及諸種文化體相（八書），以時間貫穿之而完成全程（本紀及表）的研究。亦即紀傳通史的創立，實針對歷史必須是總體全程此一要旨而成也。換句話說，司馬遷開創新史學，其實在一種完美主義的驅使下以完成——他需要創作一種完美的體裁，以完美地容納總體而全程的歷史內容。雷家驥先生，《中古史學觀念史》，頁435。

撰《北史》，儘管對《魏書》中的曲筆多有改正，又在《北史・魏收列傳》中批評魏收褒貶肆情，倚仗權勢打擊「謗史」者的行爲，然而李延壽仍對《魏書》給予一定的評價曰：「勒成魏籍，追蹤班、馬，婉而有則，繁而不蕪，持論序言，鉤深致遠。但意存實錄，好抵陰私，至於親故之家，一無所說，不平之議，見於斯矣。」〔註114〕可見魏收撰《魏書》踵繼司馬遷、班固之史家心志，以及在史才、史識、意存實錄〔註115〕等表現上，受到李延壽的肯定與贊同。〔註116〕

體例確定後，如何鋪陳敘述，需要優秀的史才，而以魏收的文學造詣適足以擔任此職。魏收是北魏、高齊之際著名的文學家，與濟陰溫子昇、河間邢子才齊名北朝文壇，世號「三才」。〔註117〕魏收才思迅捷，往往下筆立就，二十六歲便參與北魏末修撰國史的任務。〔註118〕之後，長期擔任史職。〔註119〕

〔註114〕《北史》卷五十六〈魏收列傳〉，頁2048。

〔註115〕魏收在〈前上十志啓〉中指出：「曹氏一代之籍，了無具體；典午終世之筆，罕云周洽。假復事播，四夷盜聽，間有小道俗言，要奇好異，考之雅舊，咸乖實錄。自永嘉喪圮，中原淆然，偏僞小書，殆無可取。」見《魏書・前上十志啓》，頁2331。可知魏收在評論史料、史籍時，主張「實錄」，反對「偏僞」是其心中的史學標準。

〔註116〕李紀祥研究指出自梁武帝起，「實錄」便正式經由皇帝授權而成爲一種史書體裁，此後漸成常制，歷代君主均修有實錄。「實錄」由揚雄對《太史公書》的描述用語，從而逐漸在漢魏六朝以來，注入史學上的關懷，終而形成了一由梁皇帝自交付的史書修撰名稱，這意謂著：代表官方、王朝的政治權力，已經關注並直接介入了史官的「歷史書寫」之中，而且因此而提升了此種「歷史書寫」的層次與地位。在唐代史官的筆下，「實錄」被稱道作爲美詞的意義，不僅在於書寫的成品，抑且亦在於書寫本身作爲一種實踐行動的體察。參見李紀祥，〈中國史學中的兩種「實錄」傳統——「鑒式實錄」與「興式實錄」之理念及其歷史世界〉，《漢學研究》2003年12月第二十一卷第2期，頁372～373。筆者按，就李延壽對史官的衡量標準而言，魏收殆有不虛美、不隱惡的直書之處，縱使飽受非議，也不曾全盤順從、全面迎和輿論，亦即魏收心中自有一套堅持的原則在，這是李延壽肯定魏收符合史官須重視「實錄」之處。不過，魏收自身性格的缺點，使他在好抵陰私之際，卻對親故之家，一無所說，難怪招致不平之議。這部分，李延壽亦明白指出。可見，公允而論，在史官的表現上，並不能因「穢史」之議而完全否定魏收。

〔註117〕魏收，《魏書》卷一百四〈自序〉，頁2325。

〔註118〕《北齊書》載：「節閔帝立，妙簡近侍，詔試〔魏〕收爲封禪書，收下筆便就，不立稿草，文將千言，所改無幾。時黃門郎賈思同侍立，深奇之，白帝曰：『雖七步之才，無以過此。』遷散騎侍郎，尋敕典起居注，並修國史，兼中書侍郎，時年二十六。」見《北齊書》卷三十七〈魏收列傳〉，頁483。

〔註119〕周一良整理魏收的生平，概略統計指出：「魏收於東魏節閔帝中興元年（531）

從〈釋老志〉可看出魏收具備善於提契佛教大事的才能，在撰寫〈釋老志〉時，依時序呈現佛教在過去、現在、未來的發展情形：佛教傳入中國的緣由，佛教的起源和基本教義，佛教的經典，漢至東晉佛教的初傳與流佈、南北朝佛教的發展概況，最後筆鋒一轉，見微知著對北魏末佛教界課以「猥濫之極」的指責，以「識者所以嘆息」〔註120〕作結語，將目光放往未來，期待世人注意佛教興盛所導致的負面影響。就總體安排來看，前三項是有關當時佛教本身一般情況的介紹，後兩項轉而敘述佛教在中國的歷史和現狀，這樣做不僅線索清晰，而且重點突出，對佛教流傳之重大問題都能確實把握。作爲綜合反映一代歷史面貌的「正史」，在對佛教的表述中，最重要的任務是從全社會歷史的角度，考察其地位及其對於全社會的多方面的影響，並予之準確的表述。考諸〈釋老志〉，作者魏收在文中所詳細記述的重要問題包括有：沙門統、昭玄統等僧官的建置與完善；佛教勢力的興衰與時政發展的關係；有關佛教的重要章奏與政令的頒行等，無一不是從佛教與社會關係的角度取材論事。〔註121〕可以比較全面地反映當時社會上佛教信仰的基本面貌，這說明魏收對佛教課題的了解和呈現是蘊含了時代感和現實感的。〔註122〕

　　再者，《魏書》有「穢史」之稱，〔註123〕書成，眾議沸騰，群起攻之。有關《魏書》是否爲「穢史」之爭，至今仍是未了公案，筆者無意逸出本文主旨，故在此不欲針對《魏書》是否爲「穢史」的議題進行深刻析論，而是僅就與本文相關的〈釋老志〉略述己見。李百藥在《北齊書》中謂魏收及其手下史官，常以愛憎恩怨書人善惡。魏收且每言「何物小子，敢共魏收作色，舉之則使上天，按之則使入地。」〔註124〕筆者認爲從魏收主動請求修史，

以散騎侍郎典起居注，並修國史，後以事解官。高歡開府晉陽，魏收爲其府屬。期間，魏收本以文才必望見知，卻不遂，乃更求修國史。高澄啓收兼散騎侍郎，修國史，訖於魏亡。齊受禪，收除中書令，仍兼著作郎。天保二年（551）詔撰魏史。……收自魏中興豫修國史，至齊天保之專總史事，奏上魏書，居史職凡二十有三載。」見周一良，〈魏收之史學〉，收入氏著，《魏晉南北朝史論集》，頁205～206。

〔註120〕《魏書》卷一百一十四〈釋老志〉，頁3048。

〔註121〕向燕南，〈《魏書·釋老志》的史學價值〉，《史學史研究》1993年第2期，頁60。

〔註122〕王志剛，《家國、夷夏與天人——十六國北朝史學探研》（北京：北京師範大學出版社，2013年7月），頁223。

〔註123〕《北齊書》載：《魏書》修成後「眾口諠然，號爲『穢史』，投牒者相次，〔魏〕收無以抗之。」《北齊書》卷三十七〈魏收列傳〉，頁489。

〔註124〕《北齊書》卷三十七〈魏收列傳〉，頁488。

〔註125〕並且不諱言自己握有「舉之上天，按之入地」的權力，此正可看出魏收重視史學，具有保存歷史文化的史家自覺外，〔註126〕也代表他其實非常了解史學的功用——以史揚名，以史飾姦，可惜魏收個人主觀好惡影響了修史的客觀公正性；不過當我們存有對魏收曲筆舞文的刻板印象，不自覺帶著「穢史」的先入爲主的偏見來研讀〈釋老志〉時，卻大感落差，不得不由衷給予它表述客觀、敘事中立的評價。章學誠論史德說：「蓋欲爲良史者，當愼辨於天人之際，盡其天而不益以人也」。〔註127〕所謂「盡其天而不益以人」，正是要求史家在進行歷史表述時，應當排除主觀好惡的感情因素，純採客觀的態度。魏收在〈釋老志〉中從文化傳承的角度指出自司馬遷以來，「區別異同，有陰陽、儒、墨、名、法、道德六家之義」，而「釋氏之學」則「劉歆著《七略》，班固志〈藝文〉都不見記載」。〔註128〕可知魏收是將佛教視作和九流十家並行的一種思想學說，只是來自域外並且興起較晚而已，除了這點差別之外，再無別的不同。基於將佛教視作一種思想學派，魏收在〈釋老志〉中，除了介紹一些主要佛教經典外，還以精煉通俗的文字，對佛教的基本經旨教義以及教徒的習俗等，以文化的角度作了簡明的介紹，〔註129〕尤其不乏蘊含反映當時儒、佛合流的思想：

〔註125〕《北齊書》載：「〔魏〕收本以文才，必望穎脫見知，位既不遂，求修國史。崔暹爲言於文襄曰：『國史事重，公家父子霸王功業，皆須具載，非收不可。』文襄啓收兼散騎常侍，修國史。」，及至文宣帝高洋在位，「四年，除魏尹，故優以祿力，專在史閣，不知郡事。初帝令群臣各言爾志，收曰：『臣願得直筆東觀，早成魏書。』故嘗使收專其任。」《北齊書》卷三十七〈魏收列傳〉，頁485。

〔註126〕據《北齊書·魏收列傳》載魏收的人品輕薄尤甚，人號云「魏收驚蛺蝶」，筆者認爲雖魏收的人品堪議，其修史的動機不免有個人求利的成分，然而從魏收遭受高歡的嫌責、箠楚，又高洋以「好直筆，我終不作魏太武誅史官。」之崔浩之禍間接警告魏收，在史禍威脅下，魏收仍堅持修撰國史，此不能排除魏收的確有作爲一名史家的自覺。

〔註127〕〔清〕章學誠著，葉瑛校注，《文史通義》（臺北：漢京出版社，1986年）卷三〈史德〉，頁220。

〔註128〕《魏書》卷一百一十四〈釋老志〉，頁3025。

〔註129〕由於兩種文化所存在的語言差異，魏收還特意從語源訓釋的角度對一些專有名詞作了重點解釋。如〈釋老志〉中有這樣的文字介紹，「浮屠正號佛陀，佛陀與佛圖聲相近，皆西方言，其來轉二音。華言譯之則謂淨覺，言滅穢成明，道爲聖悟」等等。這樣便使得佛教文化異地傳播的特點更加突出，使後人更容易獲得立體直觀性的概念。而這些介紹性的文字，也說明魏收對於佛教這種外來文化的研究，已臻一斷代史作者所應了解的水平。見向燕南，〈《魏書·釋老志》的史學價值〉，《史學史研究》1993年第2期，頁59。

佛、法、僧，謂之三歸，若君子之三畏也。又有五戒，去殺、盜、
淫、妄言、飲酒，大意與仁、義、禮、智、信同，名爲異耳。〔註130〕

魏收將佛教「三歸」比做「君子之三畏」，「五戒」比做「五常」，這是當時流
行的觀念，但卻富含意義。因爲此不僅反映了儒、佛二教的結合，也反映了
佛教逐漸中國化的趨勢。〔註131〕再者，魏收的敘述模式是簡述佛教在中國從
無到有，勢力由小到大的傳播過程（此過程亦爲中國人對佛教的接受過程），
文中對佛教一些重要的發展轉折，加以特別說明，爲佛教在中國一步步發展
的歷史脈絡作了相當具體、清晰的說明。此外，魏收行文的態度也是不偏不
倚，不毀佛亦不佞佛，具有史家之客觀心態。〔註132〕南宋僧人祖琇云：

唐太宗世既修《晉書》，復有勸修南北七朝史者，太宗以元魏書甚詳，
故特不許，以今考之信然也。凡佛老典教於儒者尤爲外學，或欲兼
之，自非凤薰成熟願力再來，莫能窺其彷彿，況通其旨歸，而祖述
源流者乎？異哉《魏書·佛老志》不介馬而馳遷固之間，御靡旌以
摩荀楊之壘，步驟雍容有足觀者。然則魏收兼三聖人難兼之學，平
四作者不平之心，厥書獨見信於後世，顧不美哉！〔註133〕

呼應前述魏收在〈前上十志啓〉一開頭即曰：「昔子長命世偉才，孟堅冠時
特秀」，透露出他自身對司馬遷和班固的推崇，而此等嚮往、踵繼前賢之心
在《魏書》中尤以〈釋老志〉的表現最成功，故獲得祖琇的讚賞，言魏收「不
介馬而馳遷固之間」，能夠在學識和心態兩方面「兼三聖人難兼之學，平四
作者不平之心」，取得了「獨見於後世」的成就。總之，魏收撰〈釋老志〉
能得到高度肯定，很大的原因在於他將佛教不僅視爲一種宗教，也以「佛家」
——思想學派的角度觀察、瞭解，因此能宏觀「況通其旨歸，而祖述源流」，
進而在行文中並沒有爲佛教籠罩過多的神祕色彩，渲染鬼神迷信，也未以正
統儒家的立場強烈指責佛教興盛所衍生的弊端。〔註134〕魏收基本上是本著

〔註130〕《魏書》卷一百一十四〈釋老志〉，頁3026。
〔註131〕陳寅恪認爲將佛教「三歸」比做「君子之三畏」，「五戒」比做「五常」，即是
　　　　一種格義的方式。參見陳寅恪，〈支愍度學說考〉，收入陳寅恪，《金明館叢稿
　　　　初編》，頁100。筆者按：三歸比作三畏，五戒比做五常，反映了當時儒、釋
　　　　融合，佛教中國化的現象與趨勢。
〔註132〕藍吉富，〈我國傳統史籍中佛教專篇史料之檢討〉，見《中國佛教史學史論集》，
　　　　頁2～3。
〔註133〕（元）念常撰，《佛祖歷代通載》卷七，T49/2036，頁535a。
〔註134〕塚本善隆認爲魏收並不是佛教的深信者，特別是魏收擔任儒教權威的太學博

史學家的責任與自覺，細微觀察、平實記述歷史事實，突顯當時歷史特點，盡力爲後人留下準確可信的歷史圖卷。

（二）《魏書》的靈異記載與評價標準

前文在第二章敘及靈驗係指因信仰神靈而導致的某種效驗現象，一種超自然力量成就的神奇事蹟。其中，佛教靈驗記〔註135〕在本質上是關於佛教神異、神通等以理性無法解釋之現象的文字記錄。其表現形式以「向佛、菩薩、祈禱、懺悔；或唸佛、誦經、造經、造像之後，出現感通、靈異等現象」〔註136〕爲主，內容不僅描述對佛、法、僧三寶的感應，也包含「轉世輪迴」、「因果報應」、「地獄審判」、「勸善懲惡」等佛教思想的呈現。藉由這些與佛教有關的神異、神通事蹟，相當有效地促進了佛教的廣泛傳佈。

《隋書·經籍志》中將《搜神記》、《宣驗記》、《應驗記》、《冥祥記》、《冤魂志》……等靈異志怪之書置於史部的雜傳類，與各類人物雜傳並列，並目爲「推其本源，蓋亦史官之末事也。」〔註137〕可知時人並不以佛法靈驗神異之事視爲荒誕無稽，而是引爲眞實。縱然這類事情的敘述中有類似於今日文學創作之技巧，但時人並不以爲虛假，我們不應用現代科學觀念去苛求古人，而應該運用歷史的體驗去加以瞭解，因爲在該時代出現大量某類書籍，或某觀念頻繁出現，正可反映當時人的想法和時代的特色。《隋書·經籍志》將此類作品列入史部，最足以反映此階段對史學認識的一般觀念。今人將此類作品視爲神異小說傳奇之類，乃是因古今史學觀念之改變而不同也。〔註138〕

士，是官界中的憂國之士，對於洛陽佛教界逾越尺度的膨脹與豪奢，以及朝廷對此的龐大支出，使得魏收與儒官們有所共鳴，給予佛教嚴厲的責難。參見塚本善隆著，林保堯譯，《魏書釋老志研究》，頁12。筆者對塚本善隆的看法持保留態度，因倘若魏收是站在儒家本位立場批判佛教，則魏收便不會專立篇章介紹佛教的來龍去脈，且通篇敘述平實，很少強烈的指責口吻，僅有在篇末才以「識者歎息」的史鑑姿態對佛教猥濫之極有所指責。

〔註135〕「靈驗記」不是一個定名，而是一個統稱。從本質來論，靈驗記與功德記、感應記、應驗記、靈應錄、感通錄、冥報記……等，都是同一類的記述；後來經過編纂者挑選並集結成書，因爲在內容與形式的要求上均有不同著眼點，故賦予不同的名稱。施志諺，〈六朝佛教靈驗記之宗教文學特質探論〉，頁2。

〔註136〕關於佛教神通、神異的表現形式之歸納請參見鄭阿財對靈驗記的定義。鄭阿財，〈敦煌佛教靈應故事綜論〉，《佛學與文學——佛教文學與藝術學術研討會論文集、文學部份》（臺北：法鼓文化，1998年），頁121～152。

〔註137〕《隋書》卷三十三〈經籍志二〉，頁982。

〔註138〕雷家驥先生，《中古史學觀念史》，頁480。

　　視靈奇之事爲「事實」並非偶然，牽扯到古人對「事實」的認定方式及他們的世界觀與思維方式。自古以來，中國人便相信靈魂的存在，祖先靈魂可賜福降禍，而自然界也有各種神祇存在，祂們可以從很多方面影響現實人的生活。人與神的交流被視作是可能、可行的事，以是之故，出現靈奇神異之事乃是正常的。劉葉秋認爲：「本來古代的史書及諸子百家的著作常常把神話傳說當作史實來記載，古代的神話傳說和歷史事實混在一起。」〔註139〕此現象後來也衍生至佛教。一般佛教徒，皈依三寶自然不疑佛、菩薩的存在，也會篤信佛經中所講述的佛、菩薩的神力，當他們聽聞靈異、神奇之類事時，只會當作已接受之佛法的印證，並不會懷疑。而撰寫「釋氏輔教之書」〔註140〕的作者們，比一般佛教徒具備使神奇事蹟加以文字化的能力，他們有些甚至並不是純從好奇風氣或宗教情懷出發，而是兼由實錄史學的某些特質出發，有拓展史學層次範疇，發明「天人之際」諸問題的意思。〔註141〕他們不認爲所探究的對象不列屬史學範疇，意即他們的著作不應該列於史學以外。鄙意以魏收而言，其本人便具有這樣的觀念，因此在《魏書》中存有不少和佛教有關的靈異記載。

　　北魏延興二年（472），孝文帝下詔：「濟州東平郡，靈像發輝，變成金銅之色。殊常之事，絕於往古；熙隆妙法，理在當今。有司與沙門統曇曜令州送像達都，使道俗咸睹實相之容，普告天下，皆使聞知。」〔註142〕篤信佛教的孝文帝自當相信此事的眞實性，並且「使道俗咸睹實相之容，普告天下，皆使聞知」，意謂孝文帝甚至還以政治力量強化佛教靈異之事，務使天下聞知。魏收對此並無疑義，鄭重其事地將其記載於《魏書》中，傳諸後世。姑且不論魏收是否相信「靈像發輝，變成金銅之色」，但孝文帝相信，並且爲佛教作了弘教的舉措卻是不爭的事實，故魏收秉持實錄的態度將此事件記於史

〔註139〕劉葉秋，《魏晉南北朝小說》（上海：上海古籍出版，1978年），頁20～21。
〔註140〕「大抵記經像之顯效，明應驗之實有，以震聳世俗，使生敬信之心」的作品，魯迅將之定名爲「釋氏輔教之書」。見魯迅，《中國小說史略》，頁47。
〔註141〕雷家驥先生指出歷來史家，對於神祕不可知層次之事，頗在有意無意之間不敢輕言其必不可信，蓋此層次乃實證史學所難以施及的層次也。不能施及則不能輕言其必無，史家將之收錄以備一說，或專立體例如災異、五行諸志以作收集研究，或待後來學者，此仍不失爲實錄精神之流衍。好奇風氣與神祕主義自先秦已盛，魏晉以降再熾，干寶《搜神記》出，將此風推至高峰。參見雷家驥先生，《中古史學觀念史》，頁477～480。
〔註142〕《魏書》卷一百一十四〈釋老志〉，頁3038。

書中。諸如此類佛教靈異的記載，在《魏書·靈徵志》也收錄了若干事例，茲引錄如次。「火不炎上條」載：

> 高宗太安五年春三月，肥如城內大火，官私廬舍焚燒略盡，唯有東西二寺佛圖像舍火獨不及。〔註143〕

> 出帝永熙三年二月，永寧寺九層佛圖災。既而時人咸言有人見佛圖飛入東海中。永寧佛圖，靈像所在，天意若曰：「永寧見災，魏不寧矣。」渤海，齊獻武王之本封也，神靈歸海，則齊室將興之驗也。〔註144〕

又「人痾條」載：

> 肅宗熙平二年十一月己未，并州表送祁縣民韓僧真女令姬從母右脅而生。靈太后令付掖庭。〔註145〕

以及「金沴條」載：

> 太和十九年六月，徐州表言丈八銅像汗流於地。〔註146〕

> 永安、普泰、永熙中京師平等寺定光金像每流汗，國有事變，時咸畏異之。〔註147〕

> 永安三年二月，京師民家有二銅像，各長尺餘，一頤下生白毫四，一頰傍生黑毛一。〔註148〕

有關《魏書》中的神奇靈異事蹟仍可見之於多處，於此則不逐一列舉討論。觀魏收在〈靈徵志〉序曰：「化之所感，其徵必至，善惡之來，報應如響。斯蓋神祇眷顧，告示禍福，人主所以仰瞻俯察，戒德慎行，……今錄皇始之後災祥小大，總為靈徵志。」〔註149〕災異禍福、善惡報應之說，中國由來已之，隨著佛教的流傳，佛教教義中的果報觀，逐與中國傳統結合，加深此思想，進而在中國史書涉及異象靈徵等記載時，逐漸出現與佛教相關

〔註143〕《魏書》卷一百一十二上〈靈徵志上〉，頁2912。

〔註144〕同上註，頁2913。

〔註145〕同上註，頁2915～2916。筆者按，佛陀出生時，從母右脅出，且墮地行七步無人扶持。《魏書·釋老志》亦有此記載：「釋迦於四月八日夜，從母右脅而生。」見頁3027。時靈太后佞佛甚深，故韓僧真女令姬的出生異象因而受到靈太后的關注。

〔註146〕《魏書》卷一百一十二上〈靈徵志上〉，頁2916。

〔註147〕同上註。

〔註148〕同上註。

〔註149〕同上註，頁2893。

者。凡此皆說明佛教對中國社會、文化的影響，受到史家所注意，繼之如實反映於史書中。因此魏收在《魏書‧靈徵志》中敘及這些佛教靈異之事，竊意其記載的目的和釋氏輔教之書不同，並非為了護教弘法，或是為北齊文宣帝的即位尋求佛教的支持，以增強其政權合法性。〔註 150〕筆者認為《魏書》中敘及的佛教靈異之事，毋寧正是反映、傳達了當時在佛教盛行的氛圍下，社會上普遍流行著這些觀念，尤其當中不少是和政治動向相關的佛教靈驗，亦可說明佛教和政治的密切。〔註 151〕

　　概言之，我們不能排除時代對史家的影響，意即魏收其實是以史家的角度將之載入史籍，傳述當時有此現象的記載和說法，故吾人並無法逕自據此認為魏收信此為真，而是只能表示他知道有此事。然不可諱言的是，由於此類神奇、荒誕的事蹟多次出現於《魏書》中，在一定程度上予人宗教迷信色彩濃厚，多少削弱了史書的客觀性與真實性。最後，值得一提的是，當時社會上不僅佛教徒對靈異之事篤信不疑、習焉不察，包括不滿佛教勢力過度膨

〔註 150〕阮忠仁認為從北齊文宣帝頒布修史詔的動機推論，高洋禪代之後，對佛教天命依然維持著需求，因為禪代過程頗有阻礙，佛教天命的操作亦同樣不順利。在禪代後，高洋於天命正統仍多憂疑；另外，齊王朝對五行天命正統並沒有依魏王朝屬水德，以水生木，公開頒布齊王朝繼之屬木德，五行天命正統不明確；加上當時西魏流行與佛教相關的黑讖天命；南方蕭梁武帝已長久使用佛教天命，在天命正統對峙上，對齊王朝來說，都成了一種挑戰。因此高齊禪代後為嗣弘魏天命正統，必須尋求佛教天命作為政權基礎。由於為了藉佛教來實現北齊之「嗣」魏天命正統，勢必記載佛教天命之內容，其多屬小篇幅的靈異事蹟，易於找到適合容納的書寫空間，所以魏收等人把它們記載於傳統體裁內：〈天象志〉、〈靈徵志〉。參見阮忠仁，《魏書〈釋老志〉釋部撰述原因研究》，頁 435～440。筆者按，若從本文前述分析《魏書》撰著過程受到政治力量主導的論點來看，阮忠仁的研究殆可成立而備一說。

〔註 151〕姜望來從永寧寺之崇高地位、永寧寺與魏末政治之關係、佛教徒以佛教異象附會國事之傳統，及「永寧見災」謠言因襲沙門靈遠「東海出天子」謠讖之痕跡，進而推論「永寧見災」的謠言乃僧徒為諂諛高歡而造作，以及「永寧見災」謠言之所以指向高歡，為其造勢，乃與魏末僧徒之政治抉擇緊密相關。當魏末元氏統治搖搖欲墜、各種政治勢力輪番興滅之時，於危局中圖自存之僧徒亦因局勢發展而逐漸明確選擇投靠高歡。參見姜望來，《謠讖與北朝政治研究》（天津：天津古籍出版社，2011 年），頁 23～25。北朝僧人一直遵奉道安「不依國主，法事難立」的告誡，故對政權依附服從性較高，意即不免為了圖存而帶有政治投機的成分。但是否可據此認為「永寧見災」的謠言是僧徒為諂諛高歡而造作，筆者對姜氏之論，持保留態度。與其說有意造作，毋寧從這些魏末社會流行的各種有關佛教靈驗，且帶有政治預言性質的事蹟，視作深刻反映了北魏末年時，佛教有著巨大的勢力和深遠的影響力，以及佛教和政治的緊密結合度。

脹者，也對此採取存而不論態度，例如楊衒之。在《洛陽伽藍記》中，楊衒之批評佛教勢力過度膨脹，對國家社會造成負面影響，〔註152〕但卻於書中記述了不少類似志怪小說內容的事情，如上述《魏書・靈徵志》記「平等寺定光金像每流汗」一事，《洛陽伽藍記》的記述與《魏書》相吻合。〔註153〕觀楊衒之在序中所云：「今之所錄，止大伽藍，其中小者，取其祥異，世諦俗事，因而出之。」〔註154〕洛陽城眾多佛寺中，《洛陽伽藍記》著眼者乃規模較大、地位較重要的佛寺，而中小佛寺凡是涉及「祥異」、「世諦俗事」的，則一一揭示寫出。儘管視祥異之事為「俗事」，多少流露楊衒之的輕視，然而他於《洛陽伽藍記》不殫其煩地一一記敘當時社會上，普遍充斥此類傳聞的現實狀況。有關楊衒之《洛陽伽藍記》所受到佛教的影響，容於下節辨之。

《魏書》所受佛教的影響除了靈異記載之外，還可從評價人物的標準一窺究竟。由於佛教在其時人們生活中佔有重要地位，而影響及其價值標準；那些致力於弘揚佛教、特別是捐財獻力以從事社會福利，成為鄉村社會美德的重要指標之一。〔註155〕佛教的價值標準可從被朝廷表揚為節義者得知。漢朝時的「行義」係指忠孝仁篤之類的義行美德，顯為儒家的道德標準。〔註156〕然而，至北魏時期由於佛教的盛行，雖然標舉節義者有些仍依儒家的標準，然佛教的捨田建寺、敬僧營齋、救濟飢寒等社會工作，也漸成為義行美德之一，〔註157〕類此行為者成為被表揚的對象。例如《魏書・節義列傳》中記載

〔註152〕《洛陽伽藍記》云：「逮光宅嵩洛，篤信彌繁，法教逾盛，王侯貴臣，棄象馬如脫屣，庶士豪家，捨資財若遺跡。」楊衒之撰，周祖謨校釋，《洛陽伽藍記校釋・序》，頁22～23。

〔註153〕《洛陽伽藍記》記平等寺曰：「寺門外有金像一軀，高二丈八尺，相好端嚴，常有神驗，國之吉凶，先炳祥異。孝昌三年十二月中，此像面有悲容，兩目垂淚，遍體皆溼，時人號曰「佛汗」。」見楊衒之撰，周祖謨校釋，《洛陽伽藍記校釋》卷一「永寧寺條」，頁80。

〔註154〕同上註，頁26。

〔註155〕見劉淑芬，〈五至六世紀華北鄉村的佛教信仰〉，《中央研究院歷史語言研究所集刊》，頁541。

〔註156〕邢義田，〈論漢代的以貌舉人──從「行義」舊注說起〉，收入《慶祝高去尋先生八十大壽論文集》（台北，正中書局，1991年）。

〔註157〕劉淑芬以以五至六世紀華北村落的佛教造像記作為研究對象，觀察到佛教不但深深地影響著鄉村信徒的日常生活，也反應在他們的價值標準上：人們常透過佛教的行事來表達其孝思忠忱，同時致力弘揚佛教、捨田立寺、從救濟飢寒等社會福利事業的行逕，也成為鄉村社會重視的美德之一。參見劉淑芬，〈五至六世紀華北鄉村的佛教信仰〉，《中央研究院歷史語言研究所集刊》，頁

王玄威的節義事蹟，是因他在獻文帝駕崩後哀傷不已，又「及至百日，乃自竭家財，設四百人齋會，忌日，又設百僧供。」〔註 158〕因此得到朝廷的表彰。觀王玄威的節義表現，表面上雖是落實儒家的忠臣觀，不過卻是藉由佛教的方式來表達其忠誠之心。

又如《魏書·術藝列傳》記載陰陽卜祝、方術伎巧、占候卜筮、方藥機巧等傑出之士，其中云：「世宗、肅宗時，豫州人柳儉、殿中將軍關文備、郭安興並機巧。洛中製永寧寺九層佛圖，安興為匠也。」〔註 159〕永寧寺有九層木塔，是北魏皇家在洛陽所建最大的寺院，其「殫土木之功，窮造形之巧，佛事精妙，不可思議。繡柱金鋪，駭人心目。至於高風永夜，寶鐸和鳴，鏗鏘之聲，聞及十餘里。」〔註 160〕菩提達摩曾讚賞永寧寺曰：「而此寺精麗，閻浮所無也。極佛境界，亦未有此！」〔註 161〕魏書在《魏書·術藝傳》中特別標舉建造永寧寺的郭安興，應是間接指出永寧寺的壯觀精巧乃為當時佛寺的經典之作，值得在史籍中特別一提。

其次，《魏書·逸士列傳》記載的四位「以恬淡為心，不暱不昧，安時處順，與物無私」的隱逸之士中，馮亮「少博覽諸書，又篤好佛理」，北魏世宗曾召以為羽林監，領中書舍人，令亮侍講十地諸經，但其固辭不拜，而選擇「與僧徒禮誦為業，蔬食飲水，有終焉之志」；又「雅愛山水，又兼巧思，結架巖林，甚得栖游之適，頗以此聞」，世宗便給其工力，令與沙門統僧暹、河南尹甄琛等，周視崧高形勝之處，遂造閑居佛寺。〔註 162〕馮亮臨終前囑託將其屍火化，「以灰燼處，起佛塔經藏」，然而出現「焚燎之日，有素霧蓊鬱，迴繞其傍，自地屬天，彌朝不絕」〔註 163〕的靈異之事。就思想而言，隱逸之士超然物外與佛教捨離物外，相對人間俗世的關係而言，有其

540～544。

〔註 158〕《魏書》卷八十七〈節義列傳〉，頁 1891。

〔註 159〕《魏書》卷九十一〈術藝列傳〉，頁 1972。

〔註 160〕永寧寺是《洛陽伽藍記》中楊衒之介紹的第一所佛寺，可見其重要意義。見楊衒之撰，周祖謨校釋，《洛陽伽藍記校釋》卷一「永寧寺條」，頁 1～32。

〔註 161〕《洛陽伽藍記》卷一「永寧寺條」下記載：「時有西域沙門菩提達摩者，波斯國胡人也。起自荒裔，來遊中土。見金盤炫日，光照雲表；寶鐸含風，響出天外。歌詠贊嘆，實是神功。自云：年一百五十歲，歷涉諸國，靡不周遍。而此寺精麗，閻浮所無也。極佛境界，亦未有此！」楊衒之撰，周祖謨校釋，《洛陽伽藍記校釋》卷一「永寧寺條」，頁 11～12。

〔註 162〕《魏書》卷九十〈逸士列傳〉，頁 1931。

〔註 163〕同上註。

相似之處，所以隱士易於接受佛理，融合較無困難。且隱逸敍事雜入相當多靈驗感應神蹟，故事的眞僞虛實難辨，但充滿詮釋意義，很多都是佛教典籍故事的翻版。〔註164〕魏收在擇取隱逸人物的標準上，想必也呼應了在佛教盛行下，中國本土隱逸思想與佛教有所結合，隱逸之士的事蹟與佛教產生了若干連結。

綜上所述，《魏書》所受到佛教的影響除了有因事命篇，以〈釋老志〉爲代表的佛教小史〔註165〕外，其他如以實錄態度將佛教靈異載入史冊，並且在評價人物的價值標準——節義情操、術藝技巧、逸士情懷等，皆受到佛教的影響。

第三節　《南齊書》與《魏書》所受佛教影響之比較

本章探討主題爲佛教對南北朝正史的影響——以《南齊書》和《魏書》爲例，第一節先論《南齊書》，第二節再論《魏書》所受到的佛教影響。對這兩部正史與佛教相涉處，有一梗概的了解後，本節嘗試從幾個面向論析佛教在南朝、北朝發展之差異，是否也反映在《南齊書》和《魏書》。

一、爲佛教專立篇章

陳寅恪針對中國傳統史學疏於宗教歷史的記述曾有過十分中肯的批評，其言：「中國史學莫盛於宋，而宋代史家之著述，於宗教往往疏略，此不獨由於意執之偏蔽，亦其知見之狹陋有以致之。元明及清，治史者之學術更不逮宋。故嚴格言之，中國乙部之中，幾無完美之宗教史。」〔註166〕佛教對中國文化影響既深且遠，然僅魏收在《魏書》創制了〈釋老志〉，給予佛教以比較客觀公允的系統論述。因此，周一良在評價魏收的史學時，認爲其〈釋老志〉之作尤爲卓見。〔註167〕觀傳統正史的作者中，《南齊書》作者蕭子顯（487～

〔註164〕林育信，〈製作隱士：六朝隱逸史傳之歷史敍事研究〉（新竹：國立清華大學中國文學所博士論文，2006 年），頁 204。

〔註165〕參見李宗鄴，《中國歷史要籍介紹》（上海：上海古籍出版社，1982 年），頁 154。湯用彤則認《魏書·釋老志》爲「佛教通史」、「專記魏二教史事，兼及漢晉」，見湯用彤，《漢魏兩晉南北朝佛教史》，頁 583。

〔註166〕陳寅恪，〈陳垣明季滇黔佛教考序〉，收入《陳寅恪文集》之三《金明館叢稿二編》，頁 272。

〔註167〕周一良，〈魏收之史學〉，收入氏著，《魏晉南北朝史論集》，頁 223。

537）和魏收（507～572）的生存時間有所交集，且蕭子顯親身經歷梁武帝於捨道入佛之重大轉變，天監三年（504）下詔曰：「大經中說道九十六種，唯佛道一道，是於正道。其舍九十五種，名為邪道。朕舍邪外，以事正內。諸佛如來！若有公卿能入此誓者，各發菩提心，……其公卿百官侯宗族，宜反偽就眞，舍邪入正。」〔註168〕此詔之發，無異於正式宣佈佛教為國教。有君主的支持，南朝的佛教自然繁榮興盛，遺憾的是，蕭子顯並沒有像魏收那樣因事命篇，慎重為佛教在史籍中保留一處完整的論述空間。〔註169〕

　　徵諸史實，蕭子顯的家世和個人信仰表現為篤信佛教殆確然不可移易，且又恭逢梁武帝積極推動皇帝菩薩的盛況，但《南齊書》對於佛教的內容卻無恰如其分的重視，其體裁非有關佛教的專篇，取材論事的角度亦多果報靈異事蹟，至於有關佛教的歷史淵源，傳入中國的流佈概況，或是對政治、經濟、社會的影響等重要內容，概未言及。不若魏收在《魏書》中明顯地特立篇章〈釋老志〉介紹佛教，對教旨教義、傳佈情形、衍生問題……等，都作了脈絡清楚的鳥瞰式回顧。思考二者之異的緣由，筆者提出幾點見解。

　　首先，魏收本身所處的就是一個少數民族政權，所撰寫的也是一部少數民族政權的歷史。這種特定的情況不僅使得所謂嚴夷夏之防的民族意識無從談起，而且儒家所謂的正統思想也相對減弱。〔註170〕歷來傳統史學對《魏書·釋老志》等宗教史課題的重視並不十分關注，在很大程度上正是其對待宗教所採取的態度。〔註171〕而產生這種態度的根本原因，與傳統史學在儒

〔註168〕釋道宣，《集古今佛道論衡》卷一，頁370a。

〔註169〕與蕭子顯同時活動於齊梁的沈約，不僅是以佞佛著稱的齊竟陵王蕭子良府中的「八友」之一，更是當時攻擊范縝反佛言論的衛道健將，曾經撰寫有〈形神論〉、〈神不滅論〉、〈難范縝神滅論〉等文章，然而，縱使條件如此，卻未能使沈約在史著中對佛教予以高度重視，《宋書》也只是在〈夷蠻傳〉中的「天竺迦毗黎國傳」末，因談到「凡此諸國，皆事佛道」，而突兀表述劉宋一朝的佛教概況。

〔註170〕向燕南，〈《魏書·釋老志》的史學價值〉，《史學史研究》1993年第2期，頁61。

〔註171〕中國素有重史的傳統，傳統史籍汗牛充棟。按理，傳統史籍中當有對佛教史事的詳細記載，而事實並非如此。正史之中，唯《魏書·釋老志》對佛教的記載，取材得當，論事公允，行文平實，具有著史的客觀心態；其他正史，對佛教史事縱有論述，也多附於藝術、方伎、夷蠻、西域等傳，單從體例，已足見其對佛教的輕視；其他重要史籍，所載佛教史料亦極少。其因略有三：一、歷代修史，皆以儒家思想為價值標準，故釋老二家皆不受重視；二、正統史家皆有夷夏之分的民族意識，佛教被視為夷狄文化而受排斥；三、官修史書的基本成分是歷朝官方的文書，其中的佛教資料很少，且縱有佛教史籍

家文化本位立場下，堅守夷夏之防的影響有關。又魏收能對佛教重大問題有所自覺掌握，鄙意以爲此和自十六國以來，北方佛教即與政治密切結合，胡人君主有計畫運用佛教輔翼王政甚有關係。因爲史學自始即有強烈的政教色彩，經世致用更爲該學術的重要特質，故當北朝以政教結合的方式推展佛教，使北朝佛教具有較爲明顯的國家佛教性格，在一體兩面、利弊互見之下，佛教對國家政治、社會、經濟等層面的影響自然相對顯著，而這對懷抱經世之志的史家，或是如魏收此等身爲皇帝的心腹文人，與政治相涉頗深，自然不可能不有所關注、重視，而將佛教載入史籍，〔註172〕甚至爲佛教專立篇章。

再者，如佐藤智水所指出：「關於南北朝的佛教，歷來認爲南朝爲貴族佛教，北朝爲國家佛教，其區別很顯然是在皇帝權力與佛教團的關係上」。〔註173〕這樣的認識印證了本文上一節討論北齊文宣帝頒布的修史詔書，其云：「在位王公、文武大小，降及民庶，爰至僧徒，或親奉音旨，或承傳旁說，凡可載之文籍，悉宜條錄封上。」〔註174〕北朝君權較爲強大，故容易支配、利用佛教來輔翼王政，達到政教結合的互利關係，使北朝佛教具有強烈的國家佛教性格，僧人受到帝王較深入的護持，此現象從國家主導修撰史書，要求僧徒必須動員響應，一同配合國家政策可知一斑。誠如本文所強調與揭櫫，北朝佛教的特色是具有顯著的「國家性格」，因此，政治力量既深入掌控佛教，則在官方史書自然會著意記載佛教。相對地，北朝史家撰史注重宗教題材，使史書中爲宗教特闢專章，於是在「國家——佛教——官史」的連帶關係中，同樣印證了北朝佛教的國家性格特色。而南朝儘管佛教勢

可用，史家或對之不屑一顧，或因不諳佛教而無從措手。宋道發，〈中國佛教史觀的形成與中國佛教史學的建立〉，《法音》1998 年第 12 期，頁 24。

〔註172〕向燕南認爲〈釋老志〉最集中表述的是佛教的發展與時政的關係。這應是與正史以政治爲表述中心的特點相一致的。在〈釋老志〉的文中，魏收不僅十分詳細地記述了北魏太武帝滅佛事件的始末，而且歷述了以後諸帝對於佛教或興或抑的態度變化，使人清晰地看到北魏統治者的政治策由興佛轉向抑制佛教發展的過程。其後則全文收錄神龜元年（518）冬季，北魏司空公、尚書令任城王澄一篇長奏文，將北魏後期佛教勢力發展的種種弊端，及其社會政治的尖銳矛盾倒敘出來，作爲北魏佛教與政治關係發展的總結。見向燕南，〈《魏書·釋老志》的史學價值〉，《史學史研究》1993 年第 2 期，頁 60。

〔註173〕參見佐藤智水〈北朝造像銘考〉，收入於劉俊文主編，《日本中青年學者論中國史·六朝隋唐卷》，頁 56。

〔註174〕《北齊書》卷四〈文宣帝本紀〉，頁 53。

盛，史書卻未曾正式給佛教一席之地，這或可說明南朝佛教不似北朝的國家性格，政治力並不像北朝那樣強勢滲透在宗教領域，故使南朝佛教較保有世俗之外的獨立性，以致在「官方」史書並沒有像北朝那樣為佛教保留許多史料和撰述空間。在北朝政教緊密結合的氛圍下，魏收在撰述《魏書》時會特別留心於佛教，以專篇、小史的形式記敍佛教，也就無足為奇了。

最後，筆者認為儘管蕭子顯囿於傳統官方修史框架，未若魏收那樣在官方史書中，明顯地為佛教專立篇章，然而子顯個人「服膺釋氏」的宗教信仰並非毫無寄情於所撰的史書中。竊意《南齊書·高逸列傳》除了是一篇弘揚佛法的文章之外，或許也可視為是一篇隱藏版的佛教專篇。名為〈高逸傳〉，但內容非止於隱逸之士的傳記，反倒以極大篇幅介紹佛教的思想，而且和沈約《宋書·隱逸列傳》的內容相較，更可以看出蕭子顯對佛教的推崇，以及對信仰佛教的隱逸之士在奉佛事蹟的詳述和肯定。〔註175〕此外，據本文第三章表3-5-1「雜傳類史書——分類傳記存目表」，蕭梁時佛教僧人傳記問世頗多，是否因此影響蕭子顯不欲刻意在官史中著墨太多僧人，今姑且聊備一說，有待深究。

二、對佛理的闡揚與護教

南北朝佛教盛行，而南朝、北朝發展有所不同。湯用彤指出，大體而言，北朝偏重在「教」，注重淨行、皈依；而南朝偏重在「理」，故通於玄學，說體則虛無之旨可涉入老莊，說用則儒在濟俗，佛在治心。二者亦同歸而殊途。南朝人士偏於談理，故常見三教調和之說。內外之爭，常只在理之長短。辯論雖激烈然未嘗如北人信教極篤，因教爭而相毀滅也。〔註176〕錢穆亦嘗言：「南方佛法則多由士大夫自己研習，他們多用純哲學的探究，要想把佛教哲

〔註175〕筆者比較《宋書·隱逸列傳》和《南齊書·高逸列傳》的內容，沈約於文中似較強調辨別「隱」之內涵，而蕭子顯則偏重突顯佛教之優。又兩篇列傳中所記載的隱逸者中和佛教相關者，發現《宋書·隱逸列傳》的敍述較為簡潔，往往一語帶過，例如宗炳「下入廬山，就釋慧遠考尋文義」；周續之「入廬山事沙門釋慧遠」；雷次宗「少入廬山，事沙門釋慧遠」；孔淳之「嘗遊山，遇沙門釋法崇，因留共止，遂停三載」；關康之「嘗就沙門支僧納學」等。而《南齊書·高逸列傳》則敍述較詳細，例如劉虯「精信釋氏，衣粗布衣，禮佛長齋。注《法華經》，自講佛義」。記明僧紹則述其與沙門釋僧遠往來互動的情形，並詳載明僧紹著〈正二教論〉駁斥顧歡的〈夷夏論〉等。
〔註176〕湯用彤，《漢魏兩晉南北朝佛教史》，頁419。

學來代替儒家思想，成爲人生眞理的新南針，他們大體都是居士而非出家的
僧侶。因此北方佛教常帶政治性，南方佛教則多帶哲學性。北方佛教重在外
在的莊嚴，南方佛教重在內部的思索。」〔註 177〕

　　南朝、北朝在佛教信仰方式的差異反映在《南齊書》和《魏書》則是蕭
子顯、魏收對佛教義理的闡揚程度有異。承上文所述，不管是蕭子顯在〈高
逸列傳〉還是魏收在〈釋老志〉，都不僅視佛教爲宗教，也以「佛家」的角
度視之爲一種思想流派。蕭子顯將佛教與儒家、陰陽家、法家、墨家、縱橫
家、雜家、農家、道家分別相比，論證佛法是最優勝的；而且爲因應顧歡〈夷
夏論〉中的崇道抑佛，以及反映當時儒、釋、道之爭的激烈，蕭子顯以比較
方法證明佛法之較奧妙精深時，特別專對儒佛、道佛相比，評述分量尤多。
蕭子顯此番論說，在言及南北朝時對佛教義理之論辯，幾乎從未爲人所引
用，多少透露蕭子顯的論說難以周全，〔註 178〕不過，若與魏收相比，則蕭
子顯的佛學底蘊實又高明許多。

　　相較於蕭子顯在《南齊・高逸列傳論》論述佛法勝過諸家學說，可視爲
一篇頌揚佛法的專論，而魏收在《魏書・釋老志》對佛教的介紹曰：「有陰
陽、儒、墨、名、法、道德六家之義。劉歆著《七略》，班固志《藝文》，釋
氏之學，所未曾紀。」則是以一種平實客觀的口吻敘述釋氏之學是和陰陽、
儒、墨、名、法、道德等同的思想學說，只是它淵源於域外，在中國流播較
晚。可見魏收眼中的佛教不只是一種宗教，也是富有思想文化的學說。接著
在記述佛教傳入中國的過程後，魏收以精鍊通俗的文字，從文化的角度對佛
教的基本經旨教義以及教徒的習俗等作一簡明扼要的介紹，詳近略遠。由於
北方學風偏重戒律、禪定的實踐活動，修寺造像，積累功德，不崇尚名理的
辯論，而是教人從行動中依照經句去理解、記誦並照之實行，如此重禪修、
輕義理、少經論、少發揮的學風使北朝鮮如南朝那樣有頻繁的論爭，且未如
南朝留下爲數不少的義理論辯作品。受到時尚影響，我們看到魏收在《魏書》
中處理儒釋道之爭的歷史課題時，他是以圍繞崔浩與太子晃，漢人與胡人的
政治角力事件來呈現，〈釋老志〉末的省思主要局限於總結北魏佛教的發展；

〔註177〕錢穆，《中國文化史導論》（北京：商務印書館，1994 年），頁 144。
〔註178〕王淑嫻認爲蕭子顯與其以比較方法證明佛教之較優，未若專論佛教，由佛教
　　　　義理入手，再時而引入諸家之說，以見佛教高明之處，較爲恰當。而蕭子顯
　　　　此番論說，確可見其對佛教之赤誠篤信，但可能即因其強烈的宗教情感，而
　　　　致論說難以周全。王淑嫻，〈蕭子顯與《南齊書》研究〉，頁 168。

而非如蕭子顯是將佛教聯繫其他學術流派，進行綜合性比較，並以當時文士學者間相互辯難所留下的作品，以及包括他自身的見解，較宏觀全面地來處理此一思想史的重大議題。據此，頗能呼應周一良對南朝、北朝史學異的分析，即在蕭子顯和魏收對儒釋道之爭議題的處理，蕭子顯的論述呈現綜觀全面，追溯源流，體現牖中窺日，集中探求英華的特色；而魏收的議論比較偏向就事論事爲主，沒有通觀全局的評論，更沒有宏觀地把北魏王朝與以前時代聯繫起來考慮觀察，議論的思辨性不強。

其次，當我們從庶民大眾的角度審視〈釋老志〉，會發現它是傾向一般的思想、概論和常識，而不是專精佛教者之精心、特意的論述，在魏收此種概論式的敘述之下，傳達的是一般民眾的佛教信仰和一般階層的佛教知識，〔註179〕他們對於佛教的基本道理，瞭解的是「業緣」、「三世」、「修行」的必要、皈依「三寶」的重要，何謂「六道」、「五戒」，如何抵達西方淨土？而非「空」、「眞如」、「涅槃」、佛性論等深奧抽象的佛學義理。抑且，貼近庶民的是信仰佛教，遵守教規可以獲得何種實際利益，反之不信、不守又可能遭受何種結果？至於佛教內部複雜的宗派之別，抑或儒、釋、道之間的針鋒相對，距離當時一般人的思想世界和生活世界太過遙遠、難解。之所以促成魏收偏重從庶民的、基礎的、淺顯的角度來撰寫佛教史，誠如湯用彤的分析：「北方佛教重行爲，修行、坐禪、造像。北方因爲重行爲信仰，所以北方佛教的中心勢力在平民。北方人不相信佛教者，其態度也不同，多是直接反對，在行爲上表現出來。……南方佛教著重它的玄理，表現在清談上，中心勢力在士大夫中，其反對佛學不過是理論上的討論，南方佛學乃士大夫所能欣賞者，而北方的佛學則深入民間、著重儀式，所以其重心爲宗教信仰。」〔註180〕因此，魏收的關懷重心才會如此著眼於民間的、儀式的、信仰的等層面。

〔註179〕關於漢魏南北朝時代一般庶民信眾中的佛教知識，可參考《弘明集》卷一三所載東晉郗超〈奉法要〉，在這篇較早期佛教信仰者的論文中，較全面地歸納了當時關於佛教的基本教義。其中，包括「三歸」（即後來的皈依三寶）、「五戒」（戒除：殺、盜、淫、欺、飲酒）、「修齋」（包括每年正月、五月、九月三次長達半月的齋，及每月八、十四、十五、二十三、二十九、三十日六次齋）、「行善」（遵守身、口、意的種種禁戒），也包括佛教爲世間救贖而設置的各種基本知識，如「三界五道」（天、人、畜生、餓鬼、地獄）、「五陰」（色、痛癢、思想、生死、識）、「五蓋」（貪、嗔、癡、邪見、調戲）、「六情」、因果報應、「四非常」（無常、苦、空、非身）、「六度」（施、戒、忍辱、精進、一心、智慧）等等。

〔註180〕見湯用彤，〈隋唐佛學之特點〉，收入《隋唐佛教史稿》，頁253～254。

　　蕭子顯與魏收兩人的家庭信仰都與佛教素有淵源，兩人都是信奉佛教的史家、文士，然對佛教的篤信和鑽研程度容有差異。通觀魏收在《魏書》所表達的個人對佛教的態度，實遠不及蕭子顯於《南齊書‧高逸列傳論》末明白表述自己是「服膺釋氏，深信冥緣」。或許魏收對釋氏的服膺程度不及蕭子顯，〔註181〕此雖使得他在佛教義理的闡揚或護教方面未能發揮於《魏書》中的相關論述；不過，也正因爲缺少了「服膺」、「深信」的個人主觀因素，令魏收較能保持超然客觀的態度，所以《魏書‧釋老志》並無僅停留於客觀的記述史實上，而是進一步從史學經世的特質，犀利地指出佛教勢盛，猥濫發展，無論是君主佞佛、僧團人數膨脹過甚、寺院經濟動搖國本、僧人難以控管等現象，魏收皆實錄記載之。〔註182〕這點，除去在〈釋老志〉中有關具體史實的擇取與陳述外，魏收更在總結北魏佛教發展歷史之末，寫下：

> 自魏有天下，至於禪讓，佛經流通，大集中國，凡有四百一十五部，合一千九百一十九卷。正光已後，天下多虞，工役尤甚，於是所在編民，相與入道，假慕沙門，實避調役，猥濫之極，自中國之有佛法，未之有也。略而計之，僧尼大眾二百萬矣，其寺三萬有餘。流弊不歸，一至於此，識者所以歎息也。

　　這一段令人深思的評語，不免讓人聯結北齊君主的信佛、佞佛，「流弊不歸，一至於此，識者所以歎息」，佛教勢力膨脹所導致的危害，有識之士（按：應是魏收自稱）見微知著，婉轉提出意味深長的警告，君主若不正視，加以矯治，則恐釀禍患。概言之，魏收此處結語可謂相當富有史鑑的意義和精神。

三、佛教靈異事蹟入史

　　魯迅所謂的「釋氏輔教之書」具有「宣揚教義」、「起信人心」、「徵實見

〔註181〕例如談佛教隱微難見的三世因緣果報，蕭子顯大方公開坦承自己是「深信冥緣」，而魏收則是在〈釋老志〉云：「凡爲善惡，必有報應。漸積勝業，陶冶粗鄙，經無數形，藻練神明，乃致無生而得佛道。」或在〈靈徵志〉序曰：「化之所感，其徵必至，善惡之來，報應如響。斯蓋神祇眷顧，告示禍福。」分見《魏書》卷一百一十四，頁3026，以及卷一百一十二上，頁2893。雖魏收個人持有果報的觀念，但接近中國傳統《易經》的報應觀，而不是佛教教義的三世果報，且魏收也未如蕭子顯帶有明確、濃厚個人情緒的篤信。

〔註182〕筆者認爲無論是梁武帝或北齊文宣帝，皆爲篤信佛教的君主，且當時佛教勢盛，在北朝、南朝皆有負面影響產生，然而若憚於史禍，恐力陳佛教之弊將導致君主不悅，那麼魏收在〈釋老志〉能直述佛教對北魏造成的傷害，魏收徵實記敘的經世思想相較於蕭子顯更爲強烈。

聞」的一貫宗旨。〔註 183〕將各種佛教神奇、靈異之傳聞保留推廣，對於文人
學者而言，其動機不僅在於出自宗教信仰的心理需求，故希望藉由傳錄這些
事蹟來輔教啓信，此外還包括秉持徵實的態度與方法將其紀錄下來。南北朝
時期，許多文士兼具史家身分，對史學所應具備的實錄精神有所認知，乃至
堅持，因此此類佛教靈驗作品，既具有小說的要素，亦具有相當程度的事實
反映，內容往往會清楚交待時間、人物、地點、故事原委，其結構完整，顯
見一種徵實驗證的風格特色。據此，誠如前述，蕭子顯與魏收皆爲佛教徒，
也是文士兼史家，故《南齊書》、《魏書》中有關佛教靈驗事蹟的記載，非僅
從感性的宗教情懷出發，而是同時亦展現史家撰史的專業態度。

　　無論任何時代的人，其行事、思想或多或少會「牽於時向」，受到時代
影響，史家自然也難以超脫時代的侷限。魏晉南北朝佛、道盛行，宗教氛圍
濃厚，蕭子顯與魏收將此時代特色敘史傳眞，〔註 184〕這是本乎史家職責，
反映在《南齊書》、《魏書》中記載不少佛教靈異，尤其兩人皆奉敕修撰官方
史書，故有關佛教靈異之與政治預兆相涉的記載更是不遺餘力的著墨。然而
同中仍有異，兩本史書的相異之處值得進一步思考、探討。蕭子顯於《南齊
書‧高逸列傳論》末公開表示自己「服膺釋氏，深信冥緣」，像這樣不諱言
自己對佛教的信仰，並直言個人深信隱微難見的三世因緣果報，在史書中是
相當鮮見的。蕭子顯個人的宗教信仰呈現在《南齊書》中，我們可以看到有
不少佛教因果、果報、因緣等字眼的相關記載，不過筆者研究發現，《南齊
書》的宗教神祕性不若魏收在《魏書》中所記載者。如本章第一節所舉《南

〔註 183〕參見劉家杏，〈釋氏輔教之書──《冥祥記》研究〉，頁 1～3。
〔註 184〕逯耀東在〈魏晉志異小說與史學的關係〉一文中指出，史學寫作與志異著作
　　　　是兩件完全不同的事；史學著作所記載的，是現實世界中曾經發生過的事實，
　　　　這些史實可以經過考證，證明其是一個眞實的存在。但志異著作卻不同，志
　　　　異著作所描繪的，是超越現實世界的怪異現象。這些怪異現象是無法透過考
　　　　證，而肯定其存在的，和史學主要的任務，即客觀地追求事實眞相，是無法
　　　　相提並論的。但魏晉史學工作者卻將二者集於一身，不僅肯定這些超越現實
　　　　世界的怪異現象，是一個眞實的存在，並且更進一步將這些怪異現象納入歷
　　　　史寫作的領域。這突出了魏晉史學特殊的時代性格，而這種特殊的時代性格，
　　　　必然是從魏晉時期的思想和社會環境孕育出來的。見逯耀東，〈魏晉志異小說
　　　　與史學的關係〉，《食貨月刊》（復刊）1982 年 8 月第十二卷第 45 期，頁 140。
　　　　筆者按，其實不僅魏晉史學著作如此，南北朝史學著作亦然，佛、道盛行是
　　　　南北朝的時代特色，在宗教非理性力量的激盪、催化下，志異現象更爲普遍，
　　　　史家撰史自當客觀傳錄社會上流傳的志異之說，忠實反映時人對志異的看
　　　　法、心態。

齊書》之例，〈魏虜傳〉對太武帝因殺道人（按指僧人）而感惡疾，以及〈高逸列傳〉記盧度發誓不再殺生而得以逢凶化吉，此二則記載較具有神異色彩之外，其餘則傾向一種既定理論的陳述，意即將社會上普遍爲人熟知的果報思想引述印證之，〔註185〕如此一來，使其帶有起信他人，宣揚佛法的效果。

不同的心態動機將會對史書形成不同的輯錄風貌，「貞定信仰」的輔教立場，和「好奇錄異」的文士心態，二者存有差別。相形之下，魏收在《魏書》所表達的個人對佛教的虔誠篤信，遠不及蕭子顯公開、明白。對釋氏的服膺程度不及蕭子顯，使魏收在佛教義理的闡揚或護教方面未能發揮於《魏書》中的相關論述，也令魏收較能從史學經世的特質，客觀超然地指出北朝佛教勢盛，猥濫發展的社會、政治原因及其弊病。但看似矛盾的是，《魏書》中凡敘及佛教天命或靈異記載者，其神祕、迷信的色彩卻較《南齊書》濃厚。例如前舉《魏書・靈徵志》載「永熙三年二月，永寧寺九層佛圖災。既而時人咸言有人見佛圖飛入東海中。」、「銅像汗流於地」、「平等寺定光金像每流汗，國有事變，時咸畏異之」，以及「有二銅像，各長尺餘，一頤下生白毫四，一頰傍生黑毛一」。這些事蹟，神祕、超自然的色彩較濃，且多帶有感官的震撼，無論是親眼所見，或是聽聞此事，都較能給予人一種神奇靈異的懾服力。

魏晉南北朝政治混亂、篡逆代興，天命轉移之說受到各政權的運用，據以突顯自身的合法、正統性。在此時代背景下，爲符瑞學說的運用提供了廣闊的市場，符瑞往往藉由讖來暗示，受到統治者的重視。佛教自身原就有讖、卜預言的體系，因此，佛教勢張，影響日廣的同時，也使佛教讖言成爲統治者用來強化承接天命的工具；另一方面，文人學者爲了順應統治者的需求、喜好，遂多強調並利用此類帶有神祕性的「佛教靈異」事蹟。這一時代特色在《南齊書》、《魏書》皆有所呈現，而且《魏書》較《南齊書》顯著。筆者研究發現，和佛教相關的靈驗記載，不僅在數量上，《魏書》多於《南齊書》之外，其中與政治相關的預言性靈異，《魏書》更是比《南齊書》明顯。思考箇中緣由，此應與北朝佛教具有強烈從屬於國家，北朝僧人多主動依附君權、迎合政治現況的特色應亦有所關聯。北朝佛教重禪法，神異是禪法的中心思

〔註185〕例如《南齊書》卷四十〈竟陵文宣王子良傳〉載：「臣見功德有此果報，所以日夜劬勤，厲身奉法，實願聖躬康御若此」。《南齊書》卷五十四〈高逸列傳〉記徐伯珍云：「世途揆度，因果二門。雞鳴爲善，未必餘慶」。《南齊書》卷五十六〈倖臣列傳〉記茹法亮曰：「至南州，得鞭者過半。法亮憂懼，因緣啓出家得爲道人。」分見頁699、947、976。

想之一，〔註186〕神異惑眾，統治者既有忌憚，又思利用。〔註187〕因此，北朝的宗教氛圍較容易出現許多聳人聽聞的「非經驗事件」，〔註188〕而這些神奇靈異之事在君主利用之，文人附和之，僧人宣傳之，民眾相信之等交相作用下，便造成濃厚的宗教神祕氣氛，瀰漫社會。史家受限於時代，史書可反映現實，因此，北朝史家魏收所撰之《魏書》，書中記載之佛教靈異事蹟較南朝史家蕭子顯的《南齊書》，更予人一種非理性、神異、神祕的觀感。

四、《南齊書》與《魏書》中佛僧、隱逸人物之異

　　中國歷代正史並無相當於佛教史中僧傳的特別篇章。涉及僧傳者，在《宋書》是〈隱逸列傳〉，在《南齊書》是〈高逸列傳〉，在《梁書》是〈處士列傳〉，在《隋書》是〈藝術列傳〉，在《周書》是〈藝術列傳〉，在《晉書》爲〈藝術列傳〉，在《魏書》、《北史》則是〈術藝列傳〉。他如《隋書》和《魏書》，〈隱逸列傳〉、〈逸士列傳〉別立，其中多少涉及佛僧。此外，在以上史書列傳以外的篇章，多少散見敘及僧侶之事蹟。〔註189〕然而只要一覽記載這些僧傳的各列傳的題名，大抵可知在中國傳統史學領域裡是如何看待、處理僧侶一類的人物。要之，「藝術傳」或「高逸傳」的分類主題，已透露其看法。〔註190〕以下筆者先爬梳、歸納《南齊書》與《魏書》中對佛教僧人的相關記

〔註186〕佛陀求道證道的歷程中，包括：「出離→習外道禪→苦行→放棄苦行→入甚深禪定→發起三明六通→降魔→開悟成佛。」在甚深禪定中思維，由初禪、二禪、三禪次第進入四禪之後，一一發起神通作用，最後盡斷無明煩惱，徹底了悟宇宙人生的實相，開悟成佛。佛教修行者修持禪定預期達成的宗教目標，是令自他一切有情皆能趨入解脫或圓滿的菩提覺地。佛陀經歷禪修次第、悟道成佛的過程即是佛教的修行原型，故習禪乃是佛教修行方法體系中的核心功夫。參見陳桂市，《《高僧傳》神僧研究》，頁181～199。

〔註187〕任繼愈主編，《中國佛教史》第三卷，頁493。

〔註188〕所謂「非經驗事件」是指超乎人類正常經驗所能理解的事件。

〔註189〕筆者按，當佛教尚未形成一股龐大的團體勢力時，並無法受到關注而特立專傳、專章；殆佛教界內部自行出現僧人傳記，以其內容之翔實豐富，正史自然亦毋須再有專傳特書記之。

〔註190〕曾聖益指出在中國古籍中，《晉書》首立「藝術傳」，然其記載的人物，多爲嫻熟各種技術的奇人異士，並非如後世所云以書畫舞樂爲主要才能的藝術家。其「藝術」一詞，近於《漢書‧藝文志》（簡稱《漢志》）中的「數術」及「方技」，特強調某些推測未知事物的技術才能，大抵還保留古代宗教行爲的性質，與先秦典籍中常見的「藝」字用法近似，惟含義各有偏重。歷代各種書目中，立「藝術」爲一類者，始見於王儉《七志》，其改易《漢志》的「方技」爲「術藝」（或作「藝術」），正顯見至六朝，學者仍視藝術爲方技之流。

載，製作表 4-1，再對兩部史書的內容進行探討：

表 4-1 《南齊書》和《魏書》記載佛僧一覽表

出　處	序	佛　僧	事　蹟
《南齊書》卷十八〈祥瑞志〉	1	玄暢	昇明三年，有沙門玄暢於山丘立精舍，其日，太祖受禪日也。
《南齊書》卷十八〈祥瑞志〉	2 3	惠度 惠藏	永明三年十一月，虜國民齊祥歸入靈丘關，聞殷然有聲，仰視之，見山側有紫氣如雲，眾鳥回翔其閒。祥往氣所，獲璽方寸四分，獸鈕，文曰「坤維聖帝永昌」。送與虜太后師道人惠度，欲獻虜主。惠度覘其文，竊謂「當今衣冠正朔，在於齊國」。遂附道人惠藏送京師，因羽林監崔士亮獻之。
《南齊書》卷二十七〈王玄載附王玄邈傳〉	4	法智	永明十一年，建康蓮華寺道人釋法智與州民周盤龍等作亂。
《南齊書》卷三十一〈江謐傳〉	5	僧遵	僧遵道人與謐情款，隨謐莅郡，犯小事，餓繫郡獄，僧遵裂三衣食之，既盡而死。
《南齊書》卷三十三〈張緒傳〉	6	僧達	僕射王儉謂人曰：「北士中覓張緒，過江未有人，不知陳仲弓、黃叔度能過之不耳？」車駕幸莊嚴寺聽僧達道人講，〔三二〕聽僧達道人講「講」字下南史有「維摩」二字。座遠，不聞緒言，上難移緒，乃遷僧達以近之。
《南齊書》卷三十六〈謝超宗傳〉	7	慧休	謝超宗與慧休道人來往，好學，有文辭，盛得名譽。解褐奉朝請。
《南齊書》卷四十一〈周顒傳〉	8	智林	周顒汎涉百家，長於佛理。著三宗論。立空假名，立不空假名。設不空假名難空假名，設空假名難不空假名。假名空難二宗，又立假名空。西涼州智林道人遺顒書，見重顒論。
《南齊書》卷四十五〈宗室列傳〉	9	道登	（拓跋）宏大笑。明日引軍向城東，遣道登道人進城內施眾僧絹五百匹。

書目中開始成立後世藝術範圍的類目，應是自《舊唐書・經籍志》的「雜藝類」開始，其後《新唐書・藝文志》，與《舊唐書・經籍志》合稱爲（《兩唐志》)、《宋史・藝文志》(簡稱《宋志》) 仍其名。曾聖益，〈古代藝術觀念與唐宋書目藝術類的內容〉，《國家圖書館館刊》2010 年 12 月第 2 期，頁 46。筆者按，曾聖益所謂《晉書》首立「藝術傳」，此言非也。實則《晉書》修於唐初，《晉書》稱〈藝術列傳〉是承襲《周書》、《隋書》之名；而《北史》稱〈術藝列傳〉則是仿自《魏書》。

《南齊書》卷五十四〈高逸列傳〉	10	僧遠	僧紹聞沙門釋僧遠風德，往候定林寺，太祖欲出寺見之。僧遠問僧紹曰：「天子若來，居士若爲相對？」僧紹曰：「山藪之人，政當鑿壞以遁。若辭不獲命，便當依戴公故事耳。」永明元年，世祖敕召僧紹，稱疾不肯見。
《南齊書》卷五十五〈孝義列傳〉	11	誌公	建武中，明帝害諸王後，（江）泌憂念子琳，詣誌公道人問其禍福。誌公覆香鑪灰示之，曰：「都盡。無所餘。」及子琳被害，泌往哭之。
《南齊書》卷五十六〈倖臣列傳〉	12	法持	宋世道人楊法持，與太祖有舊。元徽末，宣傳密謀。昇明中，以爲僧正。建元初，罷道，爲寧朔將軍。
《南齊書》卷五十七〈魏虜列傳〉	13	玄高	僞太子晃與大臣崔氏、寇氏不睦，崔、寇譖之。玄高道人有道術，晃使祈福七日七夜，佛狸夢其祖父竝怒，手刃向之曰：「汝何故信讒欲害太子！」佛狸驚覺，下僞詔曰：「王者大業，纂承爲重，儲宮嗣紹，百王舊例。自今已往，事無巨細，必經太子，然後上聞。」
《南齊書》卷五十七〈魏虜列傳〉	14	法秀	（拓跋）宏太和三年，道人法秀與苟兒王阿辱瑰王等謀反，〔一八〕道人法秀與苟兒王阿辱瑰王等謀反　「瑰王」各本並作「珮玉」。事覺，囚法秀，加以籠頭鐵鑹，無故自解脫，虜穿其頭骨，使呪之曰：「若復有神，當令穿肉不入。」遂穿而殉之，三日乃死。
《南齊書》卷五十八〈蠻東南夷列傳〉	15	那伽仙	永明二年，闍耶跋摩遣天竺道釋那伽仙上表稱扶南國王臣僑陳如闍耶跋摩叩頭啓曰。那伽仙詣京師，言其國俗事。
《魏書》卷二〈太祖本紀〉	1	張翹	沙門張翹自號無上王，與丁零鮮于次保聚黨常山。
《魏書》卷七〈高祖本紀〉	2	慧隱	癸丑，沙門慧隱謀反。
《魏書》卷七〈高祖本紀〉	3	法秀	沙門法秀謀反，伏誅。
《魏書》卷九十三〈恩倖列傳〉			及沙門法秀謀逆，事發，多所牽引。
《魏書》卷一百一十二〈靈徵志〉			太和三年三月戊辰，平州地震，有聲如雷，野雉皆雊。七月丁卯，京師地震。五年二月，沙門法秀謀反。
《魏書》卷七〈高祖本紀〉	4	司馬惠御	沙門司馬惠御自言聖王，謀破平原郡。擒獲伏誅。

《魏書》卷八〈世宗本紀〉	5	劉慧汪	涇州沙門劉慧汪聚眾反。
《魏書》卷八〈世宗本紀〉	6	劉光秀	秦州沙門劉光秀謀反。州郡捕斬之。
《魏書》卷八〈世宗本紀〉	7	劉僧紹	幽州沙門劉僧紹聚眾反，自號淨居國明法王。州郡捕斬之。
《魏書》卷一百五〈天象志〉			延昌二年閏月辛亥，日中有黑氣。占曰「內有逆謀」。三年十一月丁巳，幽州沙門劉僧紹聚眾反，自號淨居國明法王，州郡捕斬之。
《魏書》卷九〈肅宗本紀〉	8	法慶	沙門法慶聚眾反於冀州，殺阜城令，自稱大乘。
《魏書》卷十三〈宣武靈皇后胡氏傳〉	9	蜜多	有蜜多道人，能胡語，肅宗置於左右。太后慮其傳致消息，三月三日於城南大巷中殺之。
《魏書》卷二十二〈清河王懌傳〉	10	惠憐	時有沙門惠憐者，自云呪水飲人，能差諸病。病人就之者，日有千數。靈太后詔給衣食，事力優重，使於城西之南，治療百姓病。懌表諫曰
《魏書》卷二十九〈叔孫建傳〉	11	僧護	（叔孫）建表曰：「臣前遣沙門僧護詣彭城。僧護還稱，賊發軍向北，前鋒將徐卓之已至彭城，大將軍到彥之軍在泗口，發馬戒嚴，必有舉斧之志。」
《魏書》卷三十八〈王慧龍傳〉	12	僧彬	慧龍年十四，為沙門僧彬所匿。百餘日，將慧龍過江，為津人所疑，曰：「行意忽忽徬徨，得非王氏諸子乎？」僧彬曰：「貧道從師有年，止西岸，今暫欲定省，還期無遠，此隨吾受業者，何至如君言。」
《魏書》卷四十一〈源賀傳〉	13	道可	武邑郡姦人石華告沙門道可與賀謀反。
《魏書》卷四十六〈許彥傳〉	14	法叡	許彥少孤貧，好讀書，後從沙門法叡受易。世祖初，被徵，以卜筮頻驗，遂在左右，參與謀議。
《魏書》卷五十三〈李瑒傳〉	15	僧暹	沙門都統僧暹等忿瑒鬼教之言以瑒為謗毀佛法，泣訴靈太后，太后責之。
《魏書》卷九十二〈逸士列傳〉			令（馮亮）與沙門統僧暹、河南尹甄琛等，周視嵩高形勝之處，遂造閑居佛寺。
《魏書》卷一百一十四〈釋老志〉			維摩經，尚書令高肇奏言：「謹案：故沙門統曇曜，昔於承明元年，奏涼州軍戶趙苟子等二百家為僧祇戶，立課積粟，擬濟饑年，不限道俗，皆以拯施。又依內律，僧祇戶不得別屬一寺。而都維那僧暹、僧頻等，進違成旨，退乖內法，肆意任情，奏求逼召，致使吁嗟之怨，盈於行道，棄子傷生，自縊溺死，五十餘人。

《魏書》卷四十八〈高允傳〉	16	高允	高允年十餘，奉祖父喪還本郡，推財與二弟而爲沙門，名法淨。未久而罷。性好文學，擔笈負書，千里就業。博通經史天文術數，尤好春秋公羊。
《魏書》卷五十二〈胡叟傳〉	17	法成	時蜀沙門法成，鳩率僧旅，幾於千人，鑄丈六金像。
《魏書》卷五十五〈劉方傳〉	18	惠度	劉芳常爲諸僧傭寫經論，筆迹稱善，卷直以一縑，歲中能入百餘匹，如此數十年，〔五〕如此數十年　北史卷四二劉芳傳無「十」字。按芳北徙當在元弘皇興二年四六八。南齊書卷五七魏虜傳記劉瓚使魏，在永明元年，即魏太和七年四八三。此傳稱芳此時「擢兼主客郎，與瓚相接」。自四六八年至此十六年。當是本作「十數年」，誤倒爲「數十年」。賴以頗振。由是與德學大僧，多有還往。時有南方沙門惠度以事被責，未幾暴亡，芳因緣關知，文明太后召入禁中，鞭之一百。
《魏書》卷六十〈韓顯宗傳〉	19	法撫	興宗弟顯宗，字茂親。性剛直，能面折庭諍，亦有才學。沙門法撫，三齊稱其聰悟，常與顯宗校試，抄百餘人名，各讀一遍，隨即覆呼，法撫猶有一二舛謬，顯宗了無誤錯。法撫歎曰：「貧道生平以來，唯服郎耳。」
《魏書》卷八十四〈儒林列傳〉	20	道悕	天竺胡沙門道悕每論諸經論，輒託（盧）景裕爲之序。
《魏書》卷八十九〈酷吏列傳〉	21	道登	沙門道登過（高）遵，遵以道登荷寵於高祖，多奉以貨，深託仗之。道登屢因言次申啓救遵，帝不省納，遂詔述賜遵死。時遵子元榮詣洛訟冤，猶恃道登，不時還赴。道登知事決，方乃遣之。
《魏書》卷一百一十二〈靈徵志〉	21	道登	太和十六年十一月乙亥，高祖與沙門道登幸侍中省。日入六鼓，見一鬼衣黃褶袴，當戶欲入。帝以爲人，叱之而退。問諸左右，咸言不見，唯帝與道登見之。
《魏書》卷一百一十四〈釋老志〉			時沙門道登，雅有義業，爲高祖眷賞，恒侍講論。曾於禁內與帝夜談，同見一鬼。二十年卒，高祖甚悼惜之，詔施帛一千匹。又設一切僧齋，並命京城七日行道。
《魏書》卷九十一〈術藝列傳〉	22	僧坦	世祖時，（李亮）奔劉義隆於彭城，又就沙門僧坦研習眾方，略盡其術，針灸授藥，莫不有效。
《魏書》卷九十〈逸士列傳〉	23	惠需	（馮）亮以盛多喪，時連日驟雪，窮山荒澗，鳥獸飢窘，僵尸山野，無所防護。時壽春道人惠需，每旦往看其屍，拂去塵霰。禽蟲之迹，交橫左右，而初無侵毀。

《魏書》卷九十一〈術藝列傳〉	24	法穆	（釋曇）影復將臣（殷紹）向長廣東山見道人法穆。法穆時共影爲臣開述九章數家雜要，披釋章次意況大旨。
《魏書》卷九十一〈術藝列傳〉	25	釋曇影	（成公）興時將臣（殷紹）南到陽翟九崖巖沙門釋曇影間。興即北還，臣獨留住，依止影所，求請九章。影復將臣向長廣東山見道人法穆。法穆時共影爲臣開述九章數家雜要，披釋章次意況大旨。又演隱審五藏六府心髓血脉，商功大算端部，變化玄象。
《魏書》卷一百一十四〈釋老志〉			時沙門道肜、僧〔一五〕時沙門道肜 諸本「肜」作「彤」。按高僧傳卷六有道融傳，曾參預鳩摩羅什譯經。「融」古亦作「肜」，訛作「彤」，今改正。略、道恒、道標、僧肇、曇影等，與羅什共相提挈，發明幽致。
《魏書》卷九十七〈島夷列傳〉			（劉）駿於新亭造中興佛寺，設齋，忽有一僧形貌有異，眾皆愕然。問其名，答云名惠明，從天安寺來。言竟，倏然而滅，乃改爲天安寺。
《魏書》卷一百一十四〈釋老志〉	26 27	惠明 惠璩	高宗太安末，劉駿於丹陽中興寺設齋。有一沙門，容止獨秀，舉眾往目，皆莫識焉。沙門惠璩起問之，答名惠明。又問所住，答云，從天安寺來。語訖，忽然不見。駿君臣以爲靈感，改中興爲天安寺。是後七年而帝踐祚，號天安元年。
《魏書》卷一百二〈西域列傳〉	28	法力	蕭宗遣王伏子統宋雲、沙門法力等使西域……時有沙門惠生者亦與俱行，正光中還。
《魏書》卷一百四〈自序〉	29	曇璨	〔魏〕子建客有沙門曇璨及鉅鹿人耿顯皆沒落氏手。
《魏書》卷一百四〈律曆志〉	30	道融	及雍州沙門統道融、司州河南人樊仲遵、定州鉅鹿人張僧豫所上，總合九家，共成一曆，元起壬子，律始黃鍾，考古合今，謂爲最密。
《魏書》卷一百一十四〈釋老志〉	31 32	攝摩騰 竺法蘭	帝遣郎中蔡愔、博士弟子秦景等使於天竺，寫浮屠遺範。愔仍與沙門攝摩騰、竺法蘭東還洛陽。
《魏書》卷一百一十四〈釋老志〉	33	支恭明	晉元康中，有胡沙門支恭明譯佛經維摩、法華、三本起等。微言隱義，未之能究。
《魏書》卷一百一十四〈釋老志〉	34	衞道安	（1）後有沙門常山衞道安性聰敏，日誦經萬餘言，研求幽旨。慨無師匠，獨坐靜室十二年，覃思構精，神悟妙賾，以前所出經，多有舛駁，乃正其乖謬。

			（2）道安曾至鄴候澄，澄見而異之。
			（3）鳩摩羅什稱道安爲東方聖人。道安卒後二十餘載而羅什至長安，恨不及安，以爲深慨。
			（4）佛圖澄卒後，中國紛亂，道安乃率門徒，南遊新野。欲令玄宗在所流布，分遣弟子，各趣諸方。
			（5）道安後入苻堅，堅素欽德問，既見，宗以師禮。
《魏書》卷一百一十四〈釋老志〉	35	佛圖澄	石勒時，有天竺沙門浮圖澄，少於烏萇國就羅漢入道，劉曜時到襄國。後爲石勒所宗信，號爲大和尚，軍國規謨頗訪之，所言多驗。
《魏書》卷一百一十四〈釋老志〉	36 37 38	法汰 法和 慧遠	中國紛亂，道安乃率門徒，南遊新野。欲令玄宗在所流布，分遣弟子，各趣諸方。法汰詣揚州，法和入蜀，道安與慧遠之襄陽。
《魏書》卷一百一十四〈釋老志〉	39	鳩摩羅什	（1）時西域有胡沙門鳩摩羅什，思通法門，道安思與講釋，每勸堅致羅什。 （2）鳩摩羅什爲姚興所敬，於長安草堂寺集義學八百人，重譯經本。羅什聰辯有淵思，達東西方言。
《魏書》卷一百一十四〈釋老志〉	40	僧朗	有沙門僧朗，與其徒隱於泰山之琨㻏王而谷。帝（太祖）遣使致書，以繒、素、旃罽、銀鉢爲禮。
《魏書》卷一百一十四〈釋老志〉	41	法果	（1）皇始中，趙郡有沙門法果，誠行精至，開演法籍。太祖聞其名，詔以禮徵赴京師。後以爲道人統，綰攝僧徒。每與帝言，多所愜允，供施甚厚。 （2）至太宗，彌加崇敬，永興中，前後授以輔國、宜城子、忠信侯、安成公之號，皆固辭。帝常親幸其居，更廣大之。年八十餘，泰常中卒。未殯，帝三臨其喪，追贈老壽將軍、趙胡靈公。 （3）法果每言，太祖明叡好道，即是當今如來，沙門宜應盡禮，遂常致拜。謂人曰：「能鴻道者人主也，我非拜天子，乃是禮佛耳。」法果四十，始爲沙門。
《魏書》卷一百一十四〈釋老志〉	42	曇證	帝後幸廣宗，有沙門曇證，年且百歲。邀見於路，奉致果物。帝敬其年老志力不衰，亦加以老壽將軍號。

《魏書》卷一百一十四〈釋老志〉	43 44 45 46 47	道彤 僧略 道恒 道標 僧肇	時沙門道彤、僧略、道恒、道標、僧肇、曇影等，與羅什共相提挈，發明幽致。諸深大經論十有餘部，更定章句，辭義通明，至今沙門共所祖習。 道彤等皆識學洽通，僧肇尤爲其最。羅什之撰譯，僧肇常執筆，定諸辭義，注《維摩經》，又著數論，皆有妙旨，學者宗之。
《魏書》卷一百一十四〈釋老志〉	48	法顯	（1）沙門法顯，慨律藏不具，自長安遊天竺。歷三十餘國，隨有經律之處，學其書語，譯而寫之。十年，乃於南海師子國。 （2）法顯所逕諸國，傳記之，今行於世。其所得律，通譯未能盡正。至江南，更與天竺禪師跋陀羅辯定之，謂之僧祇律，大備於前，爲今沙門所持受。
《魏書》卷一百一十四〈釋老志〉	49	跋陀羅	（1）與法顯辯定律，謂之僧祇律，大備於前，爲今沙門所持受。 （2）有沙門法領，從揚州入西域，得華嚴經本。定律後數年，跋陀羅共沙門法業重加譯撰，宣行於時。
《魏書》卷一百一十四〈釋老志〉	50	法領	有沙門法領，從揚州入西域，得華嚴經本。
《魏書》卷一百一十四〈釋老志〉	51	法業	跋陀羅共沙門法業重加譯撰，宣行於時。
《魏書》卷一百一十四〈釋老志〉	52	曇摩讖	（1）沮渠蒙遜在涼州，亦好佛法。有罽賓沙門曇摩讖，習諸經論。 （2）於姑臧，與沙門智嵩等，譯涅槃諸經十餘部。又曉術數、禁呪，歷言他國安危，多所中驗。蒙遜每以國事諮之。 （3）神䴥中，（太武）帝命蒙遜送讖詣京師，惜而不遣。既而，懼魏威責，遂使人殺讖。
《魏書》卷一百一十四〈釋老志〉	53	智嵩	（1）曇摩讖於姑臧，與沙門智嵩等，譯涅槃諸經十餘部。 （2）智嵩亦爽悟，篤志經籍。後乃以新出經論，於涼土教授。辯論幽旨，著涅槃義記。戒行峻整，門人齊肅。 （3）知涼州將有兵役，與門徒數人，欲往胡地。道路飢饉，絕糧積日，弟子求得禽獸肉，請嵩強食。嵩以戒自誓，遂餓死於酒泉之西山。弟子積薪焚其屍，骸骨灰燼，唯舌獨全，色狀不變，時人以爲誦說功報。

《魏書》卷一百一十四〈釋老志〉	54	惠始	（1）世祖初平赫連昌，得沙門惠始，姓張。家本清河，聞羅什出新經，遂詣長安見之，觀習經典。坐禪於白渠北，晝則入城聽講，夕則還處靜坐。三輔有識多宗之。 （2）劉裕滅姚泓，留子義真鎮長安，義真及僚佐皆敬重焉。義真之去長安也，赫連屈丐追敗之，道俗少長咸見坑戮。惠始身被白刃，而體不傷。眾大怪異，言於屈丐。屈丐大怒，召惠始於前，以所持寶劍擊之，又不能害，乃懼而謝罪。 （3）統萬平，惠始到京都，多所訓導，時人莫測其迹。世祖甚重之，每加禮敬。始自習禪，至於沒世，稱五十餘年，未嘗寢臥。或時跣行，雖履泥塵，初不汙足，色愈鮮白，世號之曰白腳師。 （4）太延中，臨終於八角寺，齊潔端坐，僧徒滿側，凝泊而絕。停屍十餘日，坐既不改，容色如一，舉世神異之。遂瘞寺內。至真君六年，制城內不得留瘞，乃葬於南郊之外。 （5）惠始死十年矣，開殯儼然，初不傾壞。送葬者六千餘人，莫不感慟。中書監高允為其傳，頌其德迹。惠始冢上，立石精舍，圖其形像。經毀法時，猶自全立。
《魏書》卷一百一十四〈釋老志〉	55	曇曜	（1）沙門曇曜有操尚，又為恭宗所知禮。佛法之滅，沙門多以餘能自效，還俗求見。曜誓欲守死，恭宗親加勸喻，至於再三，不得已，乃止。密持法服器物，不暫離身，聞者歎重之。 （2）和平初，師賢卒。曇曜代之，更名沙門統。 （3）帝奉以師禮。曇曜白帝，於京城西武州塞，鑿山石壁，開窟五所，鐫建佛像各一。 （4）奏請設「佛圖戶」、「僧祇戶」。 （5）與天竺沙門常那邪舍等，譯出新經十四部。又有沙門道進、僧超、法存等，並有名於時，演唱諸異。 （6）孝文帝時，濟州東平郡，靈像發輝，變成金銅色。殊常之事，絕於往古；熙隆妙法，理在當今。有司與沙門統曇曜令州送像達都，使道俗咸覩實相之容，普告天下，皆使聞知。

《魏書》卷一百一十四〈釋老志〉	56 57 58 59	常那邪舍 道進 僧超 法存	曇曜與天竺沙門常那邪舍等,譯出新經十四部。又有沙門道進、僧超、法存等,並有名於時,演唱諸異。
《魏書》卷一百一十四〈釋老志〉	60	師賢	京師沙門師賢,本罽賓國王種人,少入道,東遊涼城,涼平赴京。罷佛法時,師賢假爲醫術還俗,而守道不改。於修復日,即反沙門。帝乃親爲下髮,師賢仍爲道人統。
《魏書》卷一百一十四〈釋老志〉	61 62	邪奢遺多浮 陀難提	太安初,有師子國胡沙門邪奢遺多、浮陀難提等五人,奉佛像三,到京都。皆云,備歷西域諸國,見佛影迹及肉髻,外國諸王相承,咸遣工匠,摹寫其容,莫能及難提所造者,去十餘步,視之炳然,轉近轉微。又沙勒胡沙門,赴京師致佛鉢並畫像迹。
《魏書》卷一百一十四〈釋老志〉	63	比丘尼惠香	承明九年秋,有司奏,上谷郡比丘尼惠香,在北山松樹下死,屍形不壞。爾來三年士女觀者有千百。時人皆異之。
《魏書》卷一百一十四〈釋老志〉	64 65 66 67	僧嵩 僧淵 僧登 僧紀	帝(高祖)幸徐州白塔寺。顧謂諸王及侍官曰:「此寺近有名僧嵩法師,受成實論於羅什,在此流通。後授淵法師,淵法師授登、紀二法師。朕每玩成實論,可以釋人染情,故至此寺焉。」
《魏書》卷一百一十四〈釋老志〉	68	跋陀	西域沙門名跋陀,有道業,深爲高祖所敬信。詔於少室山陰,立少林寺而居之,公給衣供。
《魏書》卷一百一十四〈釋老志〉	69 | 79	道順、惠覺、僧意、惠紀、僧範、道弁、惠度、智誕、僧顯、僧義、僧利	高祖時,沙門道順、惠覺、僧意、惠紀、僧範、道弁、惠度、智誕、僧顯、僧義、僧利,並以義行知重。
《魏書》卷一百一十四〈釋老志〉	80	僧頻	宣武帝時,尙書令高肇奏言:「謹案:故沙門統曇曜,昔於承明元年,奏涼州軍戶趙苟子等二百家爲僧祇戶,立課積粟,擬濟飢年,不限道俗,皆以拯施。又依內律,僧祇戶不得別屬一寺。而都維那僧暹、僧頻等,進違成旨,退乖內法,肆意任情,奏求逼召,致使吁嗟之怨,盈於行道,棄子傷生,自縊溺死,五十餘人。」
《魏書》卷一百一十四〈釋老志〉	81	惠生	孝明帝熙平元年,詔遣沙門惠生使西域,採諸經律。正光三年冬,還京師。所得經論一百七十部,行於世。

《魏書》卷一百二〈西域列傳〉			肅宗遣王伏子統宋雲、沙門法力等使西域……時有沙門慧（惠）生者亦與俱行，正光中還。
《魏書》卷一百一十四〈釋老志〉	82　│　91	惠猛、惠辨、惠深、道欽、僧獻、僧深、惠光、惠顯、法榮、道長	世宗以來至武定末，沙門知名者，有惠猛、惠辨、惠深、僧暹、道欽、僧獻、道晞、僧深、惠光、惠顯、法榮、道長，並見重於當世。
《魏書》卷九十一〈術藝列傳〉	92	未知名	始（王）顯布衣爲諸生，有沙門相顯後當富貴，誡其勿爲史官，吏官必敗。

備註：上述表格係根據《南齊書》與《魏書》之諸列傳、《魏書‧釋老志》製作。

　　由上表「《南齊書》和《魏書》記載佛僧一覽表」來看，以數量而言，《南齊書》有僧人 15 名，《魏書》則總計有 92 名，《魏書》所記僧人明顯高出《南齊書》許多。復以僧人事蹟內容來看，筆者據表 4-1 爲基礎，進一步歸納表 4-2，可知《魏書》中所記載的僧人事蹟表現的種類較爲多元。管見造成此種差異的原因，殆與前述儒家本位的意識影響對史書題材的擇取有關。唐代劉知幾對魏收於《魏書》中增設〈釋老志〉，深表不滿，《史通‧書志篇》對此評論曰：「王隱後來，加以瑞異，魏收晚進，宏以釋老。斯則自我作故，出乎胸臆。」〔註191〕將魏收立〈釋老志〉與他人的「祥瑞」等志等同。傳統史學中的儒家傳統意識最強烈，所重者在經世致用，彰善懲惡，而所謂「子不語怪力亂神」的餘緒，多少令傳統史學從感情上對佛、道等非儒家的意識形態，有所排斥、抗拒；且從內容上，亦因其無補於治，故認爲沒有必要納入史籍。是以即使如「服膺釋氏」的蕭子顯，對於在史書中爲佛教保留書寫空間，自然也會受到傳統史學觀念所制約。反觀魏收身處少數民族政權，在夷夏之防、儒家本位等意識較蕭子顯淡薄的撰史條件下，可以察納佛教於史書中。

　　其次，從佛教在南朝、北朝發展的差別來思考，南北朝之佛教信仰方式有南統與北統之分，及「南義」、「北禪」之別，釋家在南朝士人中爲學問，談論相高；在北朝士人中屬宗教，重在戒行。〔註192〕再就政教關係而言，北朝君權較爲強大，將佛教應用於公領域成爲輔贊王政的工具，使政教結合作爲治國之術，令佛教表現較多爲主動依附、配合君權，從屬性強等，北朝皆較南朝顯著；相形之下，南朝佛教一貫強調的乃是超然於世俗之外的獨立性。依筆者之見，由於宗教氛圍的不同，北朝僧人的學理性弱於南方，而世俗性、

〔註191〕劉知幾著，浦起龍釋，王煦華整理，《史通通釋》卷三〈書志〉，頁 52。
〔註192〕孔定方，〈南北朝宗教文化之地域分野〉，《中州學刊》1998 年第 1 期，頁 127。

政治性顯於南方；相對地，北朝僧人在社會各領域的活躍度、能見度自然高
於南朝僧人，容易受到關注。掌握這樣的差異，再觀察《南齊書》和《魏書》
中隱逸人物傳中與佛教相關的事蹟（參見表 4-3），《魏書·逸士列傳》中僅記
載隱逸人物四人，其奉佛者爲馮亮一人。〔註 193〕《南齊書·高逸列傳》則有
隱逸人物十二人，〔註 194〕其中明僧紹、何求、劉虬、宗測、徐伯珍皆爲信仰
佛教的隱士。我們同樣可以發現，南朝僧人在學理性、非世俗性的特色，使
得南朝這些具有學識的隱逸人物，其與僧侶交遊往來，或共論佛義，或注解
佛經，或出入、長住寺院等，都是較北朝顯著的現象。

　　最後，從《南齊書》和《魏書》中所載和神異相關的佛僧相較而言，《南齊
書》的惠度、惠藏、誌公與玄高，只有誌公是南朝僧人，其餘三位皆是蕭子顯
轉錄北朝僧人的事蹟，惠度與玄高同樣出現在《魏書》裡。且《魏書》所載神
異僧除了人數較《南齊書》爲多之外，也可看到這些神異多與其誦經、習禪、
擅咒術、能感通有關。例如沙門智嵩，死後骸骨灰盡，唯舌獨全，當時人以爲
是誦說累積的功報。〔註 195〕又如沙門惠始，習禪五十餘年，當赫連屈丐在長安
大肆屠殺，道俗少長咸見坑戮，惠始身被白刃，卻體不傷；臨終時齊潔端坐，
停屍十餘日，容色不變。〔註 196〕以及罽賓沙門曇摩讖「曉術數、禁咒，歷言他

〔註 193〕《魏書》卷九十〈逸士列傳〉介紹的逸士爲眭夸、馮亮、李謐和鄭脩，見頁
　　　　　1929～1930。
〔註 194〕《南齊書》卷五十四〈高逸列傳〉有傳主十二人，包括褚伯玉、明僧紹、顧歡、
　　　　　臧榮緒、何求、劉虬、庾易、宗測、杜京產、沈驎士、吳苞、徐伯珍，另顧歡
　　　　　附盧度傳、何求附弟何點、何胤傳，以及宗測附尚之傳，見頁 925～937。
〔註 195〕沙門智嵩「與門徒數人，欲往胡地。道路饑饉，絕糧積日，弟子求得禽獸肉，
　　　　　請嵩強食。嵩以戒自誓，遂餓死於酒泉之西山。弟子積薪焚其屍，骸骨灰燼，
　　　　　唯舌獨全，色狀不變。時人以爲誦說功報。」《魏書》卷一百一十四〈釋老志〉，
　　　　　頁 3032。
〔註 196〕《魏書·釋老志》載：「世祖初平赫連昌，得沙門惠始，姓張。家本清河，聞
　　　　　羅什出新經，遂詣長安見之，觀習經典。坐禪於白渠北，晝則入城聽講，夕
　　　　　則還處靜坐。三輔有識多宗之。劉裕滅姚泓，留子義眞鎭長安，義眞及僚佐
　　　　　皆敬重焉。義眞之去長安也，赫連屈丐追敗之，道俗少長咸見坑戮。惠始身
　　　　　被白刃，而體不傷。眾大怪異，言於屈丐。屈丐大怒，召惠始於前，以所持
　　　　　寶劍擊之，又不能害，乃懼而謝罪。統萬平，惠始到京都，多所訓導，時人
　　　　　莫測其跡。世祖甚重之，每加禮敬。始自習禪，至於沒世，稱五十餘年，未
　　　　　嘗寢臥。或時跣行，雖履泥塵，初不污足，色愈鮮白，世號之曰白腳師。太
　　　　　延中，臨終於八角寺，齊潔端坐，僧徒滿側，凝泊而絕。停屍十餘日，坐既
　　　　　不改，容色如一，舉世神異之。」《魏書》卷一百一十四〈釋老志〉，頁 3032
　　　　　～3033。

國安危，多所中驗。」﹝註197﹞神異是禪法的中心思想之一，﹝註198﹞北方佛教偏重坐禪修行，禪修時連帶產生的神異感通，自然比重視佛學義理的南朝來得常見。

表4-2　《南齊書》和《魏書》所載僧人事蹟分類表

《南齊書》中僧人事蹟種類						
學識	神異	隱居立寺	叛亂	僧人的情誼、風德	與君主親近	其他
僧達 慧休 智林	惠度 惠藏 誌公 玄高	玄暢	法智 法秀	僧遵 僧遠	道登 法持	那伽仙 （擔任使者）

《魏書》中僧人事蹟種類					
學識	神異	隱居立寺	叛亂	僧人的情誼、風德	造像
法叡、高允、法撫、道悕、道登、僧坦、法穆、道融、道安、釋曇影、鳩摩羅什、道肜、僧略、道恒、道禰、僧肇、惠始、僧嵩、僧淵、僧登、僧紀	惠憐 道登 惠明 惠璩 佛圖澄 曇摩讖 智嵩 惠始 比丘尼惠香	僧朗 跋陀	張翹 慧隱法秀 司馬惠御 劉慧汪 劉光秀 劉僧紹 法慶 道可	僧彬、惠度、道登、惠需、曇璨、曇證、師賢、道安、道順、惠覺、僧意、惠紀、僧範、道弁、智誕、僧顯、僧義、僧利、惠猛、惠辨、惠深、道欽、僧獻、僧深、惠光、惠顯、法榮、道長	法成 曇曜 邪奢遺多 浮陀難提

﹝註197﹞《魏書》卷一百一十四〈釋老志〉，頁3032。

﹝註198﹞見任繼愈主編，《中國佛教史》第三卷，頁493。不過，儘管禪修時往往會產生神通，但是於無緣無故地顯示神通，在佛教戒律是有嚴格的禁止。此在《高僧傳》有所記錄，例如卷十一〈僧璩傳〉中載曰：「有沙門僧定自稱得不還果，璩集眾僧詳斷，令觀神足。定云：『恐犯戒，故不現』。璩按律文有四因緣得觀神足：一斷疑惘；二破邪見；三除驕慢；四成功德。定既虛誑事暴，即日明擯。」可知倘若非這四種情況外，展現神通則為破戒。另外卷二〈佛跋陀羅傳〉記錄傳主現天眼通懸記天竺五舶，結果招致長安道恒等僧人的借故排擠，說明了佛教對於神異感通、展現法術等，態度是謹慎有節制的。釋慧皎撰，湯用彤校注，《高僧傳》，分見卷十一頁430、卷二頁69。

譯 經	傳教宏法	訂定戒律	擔任僧職	西行求法	與君主親近	其 他
攝摩騰、竺法蘭、支恭明、鳩摩羅什、跋陀羅、法領、法業、智嵩、常那、僧超、法存	道安 法汰 法和 慧遠	法顯 跋陀羅	僧暹 法果 師賢 曇曜 僧頻	法力 法顯 惠生	蜜多 法果 曇證 曇摩讖 曇曜 跋陀	僧護（擔任使者）未知名（術藝看相）

備註：上述表格係根據《南齊書》與《魏書》之諸列傳、《魏書·釋老志》，以表 4-1 爲基礎製作。

表4-3　《南齊書》和《魏書》隱逸人物傳中和佛教相關的事蹟表

出 處	序	隱逸人物	與 佛 教 相 關 事 蹟
《南齊書》卷五十四〈高逸列傳〉	1	明僧紹	（1）住弇榆山，棲雲精舍。 （2）與沙門釋僧遠往來，被稱「居士」。 （3）著〈正二教論〉駁斥顧歡的〈夷夏論〉。
	2	顧歡	（1）著〈夷夏論〉辨別佛道異同，持批評佛教之立場。 （2）著〈三名論〉，同鍾會〈四本〉之流。
	3	盧度（顧歡附傳）	有道術。少隨張永北征。永敗，虜追急，阻淮水不得過。度心誓曰：「若得免死，從今不復殺生。」須臾見兩楯流來，接之得過。後隱居西昌三顧山，鳥獸隨之。夜有鹿觸其壁，度曰：「汝壞我壁。」鹿應聲去。屋前有池養魚，皆名呼之，魚次第來，取食乃去。逆知死年月，與親友別。永明末，以壽終。
	4	何求	曾寄住於居波若寺、南澗寺；隱虎丘山。
	5	何點（何求附傳）	何點嘗結裳爲袴，與崔慧景共論佛義，其語默之迹如此。
	6	劉虯	（1）精信釋氏，衣粗布衣，禮佛長齋。注《法華經》，自講佛義。 （2）建武二年冬，病，正晝有白雲徘徊簷戶之內，又有香氣及磬聲，其日卒。
	7	宗測	（1）宗測送弟喪還西，仍留舊宅永業寺。 （2）測善畫，自圖阮籍遇蘇門於行障上，坐臥對之。又畫永業佛影台，皆爲妙作。
	8	徐伯珍	好釋氏、老莊，兼明道術。歲常旱，伯珍筮之，如期雨澍，舉動有禮。

《魏書》卷九十〈逸士列傳〉	1	馮亮	（1）少博覽諸書，又篤好佛理。 （2）北魏世宗令亮侍講十地諸經，但其固辭不拜。 （3）與僧徒禮誦爲業，蔬食飲水，有終焉之志。世宗與沙門統僧暹、河南尹甄琛等，造閑居佛寺。 （4）亮以盛冬喪，時連日驟雪，窮山荒澗，鳥獸飢窘，僵尸山野，無所防護。時壽春道人惠需，每旦往看其屍，拂去塵霰。禽蟲之迹，交橫左右，而初無侵毀，衣服如本，惟風吹帩巾。又以亮識舊南方法師信大栗十枚，言期之將來十地果報，開亮手以置把中。 （5）臨終前亮囑託將其屍火化，以灰燼處，起佛塔經藏。焚燎之日，有素霧自地屬天，彌朝不絕。山中道俗營助者百餘人，莫不異焉。

備註：上述表格係根據《南齊書·高逸列傳》、《魏書·逸士列傳》製作。

　　湯用彤言：「佛法本是解脫道，其目的在修行證果。於是三學，戒定爲慧所依。戒定不修，而徒侈言義理者，實失原旨。至若皈依三寶，禮佛施僧，亦曰功德，然其意在敦本立信。於是信解行證，以信解爲初。」〔註199〕故義理與禪定本爲佛法修行並重之事，但是由於佛教在南朝、北朝因地制宜，發展逐漸形成歧異。湯氏又言：「南朝佛法，沙門居士，多以義學著稱。而於戒定少所注重。其建功德立寺禮拜，雖亦爲社會普遍之宗教表現。然其於行證，固蔑如也。北土佛教特重禪定。始有覺賢、羅什之授禪，繼有玄高、佛陀之行化，終鬱爲北朝末造禪法各派之大觀。其中唸佛禪門，特與宗教之崇拜有關，亦爲大宗。」〔註200〕大環境宗教氛圍影響所及，南朝不僅沙門，居士亦多以義學著稱。在本節結束前，筆者援引潘桂明對中國居士的研究成果，試爲蕭子顯的奉佛心理對《南齊書》的撰述影響，略申己見。潘桂明在《中國居士佛教史》（上冊）中論及魏晉以來中國佛教的變化言：

　　　　作爲一種異域傳入的宗教哲學和文化，不可能輕易而又簡單的爲本土文化所接納；佛教及其哲學思想在中國的流播和滋長，知識階層尤其是其中的居士起著舉足輕重的作用。正是他們，具備了會通佛玄哲學，融會中印文化的最佳條件。在家的知識分子（魏晉名士、上層居士）與出家的知識分子（漢地名僧）在文化背景、心理狀態

〔註199〕湯用彤，《漢魏兩晉南北朝佛教史》，頁766。
〔註200〕同上註。

諸方面都有許多相似之處，他們的學識和情感也有相通之所，這就
保證了相互交往的基礎。……歷代佛教信奉者之中，出家人總是
少數，絕大多數是居士，居士之所以有別於僧侶，是由於他們受儒
家影響太深，難以與世間徹底決裂，不忍逃避社會人生的義務。他
們標榜隱居不仕，實際上內心並不平靜，所以視山水爲精神的寄託，
又以佛理來陶冶情操。在家與出家、入世與出世，這對顯而易見的
矛盾，通過居士的學佛而得以消解。其中起主導和關鍵作用的，則
是居士隊伍中的士人即知識分子。對印度佛教的改造並使之以中國
化，首先當歸於士人。〔註201〕

這些爲數眾多的居士〔註202〕在宗教信仰的影響下，不少人後來成爲隱逸之
士。〔註203〕蕭子顯經歷南齊末宗室骨肉相殘，梁武禪齊的政治險惡，其內心
並不平靜，一方面受儒家影響太深，難以與世間徹底決裂，不忍逃避社會人
生的義務；一方面將山水作爲精神的寄託，以佛理陶冶一己之情操。依筆者
之見，或許由於對隱逸的嚮往、佛教的篤信，以及受南朝佛教較超然於世俗
之外等因素的影響下，故使蕭子顯對隱逸人物和佛教的互動較爲關注，進而
較多載入史籍。

　　綜合本章所述，史家大體有一共識，承認任何人物或現象皆有其存在的
價值和意義，並由此發掘其歷史價值和歷史意義。若否定此一前提，則研究

〔註201〕潘桂明，《中國居士佛教史》（北京：中國社會科學出版，2000年），頁106。
〔註202〕佛教傳入中國後，「居士」這一用語，可以指一般隱居不仕之士，又可指佛
　　　　教居家修行人士，還可指所有非出家的學佛人士。而在本文論述中的「居
　　　　士」，則借用潘桂明的定義，主要是指在家信徒中較爲富裕，享有一定社會
　　　　地位的那部分人。因爲第一、家境富裕，故可予佛教以經濟方面的有力支
　　　　持；第二、因有社會地位（包括政治地位），故能爲佛教作外護；第三、作
　　　　爲社會的上層分子，大多具有較高的文化素養，佛教因得他們的加盟，教
　　　　義的闡述和弘揚才有保證；第四、通過他們與社會各階層（包括普通民眾）
　　　　的廣泛聯繫，有可能將基本教義深入傳播，爲全體信徒所接受。同上註，
　　　　頁4。
〔註203〕有關中國的隱士，據小林正美研究指出，六朝時的佛家在論述沙門的社會地
　　　　位和作用是經常將沙門說成是隱逸之士。見小林正美著，王皓月譯，《六朝佛
　　　　教思想研究》頁39。慧遠在《沙門不敬王者論·出家第二》也同樣將出家者
　　　　認作是隱逸之士，其言：「凡在出家，皆遁世以求其志，變俗以達其道。變俗
　　　　則服章不得與世典同禮，遁世則宜高尚其迹。」釋僧祐，《弘明集》卷五，
　　　　T52/2102，頁30b，但本文此處所指的南北朝隱逸之士並非指出家僧侶，而
　　　　是指稱隱居不仕，遁隱山林的士人。

歷史即了無意義和價值可言。表 4-4 爲隋代以前中國正史中的書、志，從中可反映不同時代有著不同的歷史課題需要關注，進而在史書中突顯。就魏收所生存的時代而言，宗教（尤其是佛教）是一個較諸前代相當具有特色的歷史現象，再加上魏收身處的北朝，佛教與政治結合甚深，具國家性格，抑且北朝宗教的氛圍是較不重視精英文化的佛學思索，而是偏重實踐的、世俗的、民眾的信仰，以致佛教較深入社會各層面，正面和負面影響也較給予人強烈的感受。魏收敏銳地察覺到重大的時代課題，故才能在〈前上十志啓〉言：「河溝往時之切，釋老當今之重，藝文前志可尋，官氏魏代之急」，明確指出時移世異，何者方爲當今之重，魏代之急。《魏書》中的〈釋老志〉作爲世俗史著中唯一一部以「志」的形式，記述佛教的專篇，它的撰著無疑是《魏書》受到佛教影響深刻的呈現，另在《魏書》其他篇章中，亦不乏佛教影響的蛛絲馬跡。

　　相對地，同樣身處於君主獎掖，佛教鼎盛時代的蕭子顯，囿於漢人政權下的儒家本位意識、傳統史學觀念所限，以及因南朝佛教的偏尚義理，盛行講經說法，以玄思拔俗爲高，和世俗政治保持一定的距離，獨立性較強。凡此皆使得蕭子顯撰寫《南齊書》時，縱然自身「服膺釋氏，深信冥緣」，也不會將個人私領域的宗教信仰，特立專篇載入官方史籍中，反映著南朝佛教與政治間的界線較明晰。而且在《南齊書》中所呈現其所受到的佛教影響，不似《魏書》的神祕靈異，反而較多是從佛學理論來著墨。概言之，南朝、北朝佛教發展各異下，對照《南齊書》和《魏書》，魏收與蕭子顯的筆致相去甚遠，甚至在史料選材上也有所出入，大抵呈現一種《魏書》偏重庶民、世俗、概論式的佛教，而《南齊書》則較傾向士大夫重哲理的佛教，在世俗性、政治性上皆不若《魏書》明顯。

表4-4 隋代以前中國正史中的書、志

史記	漢書	續漢書〔註204〕	宋書	南齊書	魏書
禮書	禮樂志	禮儀志	禮志	禮志	禮志
樂書			樂志	樂志	樂志
律書	律曆志	律曆志	律曆志		律曆志
曆書					
天官書	天文志	天文志	天文志	天文志	天象志
封禪書	郊祀志	祭祀志			
河渠書	溝洫志				
平準書	食貨志				食貨志
	刑法志				刑罰志
	五行志	五行志	五行志 符瑞志	五行志 祥瑞志	靈徵志
	藝文志				
	地理志	郡國志	州郡志	州郡志	地形志
		百官志	百官志	百官志	官氏志
		輿服志		輿服志	**釋老志**

備註：上述表格係根據《史記》、《漢書》、《後漢書》、《宋書》、《南齊書》、《魏書》製作；陳壽《三國志》一書無志。

〔註204〕司馬彪有鑒於「漢氏中興，訖於建安，忠臣義士亦以昭著，而時無良史，記述繁雜」，因此「討論眾書，綴其所聞，起於世祖，終於孝獻，編年二百，錄世十二，通綜上下，旁貫庶事，爲紀、志、傳凡八十篇，號曰《續漢書》。」（見《晉書》卷八十二〈司馬彪傳〉）後范曄的《後漢書》問世，司馬彪的《續漢書》遂漸不受重視，惟有八志因爲補入范曄的《後漢書》而保留下來。司馬彪《續漢書》的八志有《律曆志》、《禮儀志》、《祭祀志》、《天文志》、《五行志》、《郡國志》、《百官志》、《輿服志》。

第五章　佛教對南北朝其他史書的影響
——以《世說新語注》和《洛陽伽藍記》爲例

　　相較第四章是以正史作爲比較分析的對象，第五章則改從正史以外的其他史書作爲研究對象，藉以探討佛教對中國南北朝史學的影響。魏晉南北朝時期，史學勃興，應運而生了有別於兩漢經注的史注體例。兩漢經注的特色在音韻訓詁、闡明義理，而史注則著重於史事的豐富與史實的眞僞。質言之，「明理」、「達事」二者，是辨析經注與史注兩者核心價値的根本差異。〔註1〕此章，筆者試從史注的角度，擇取劉孝標《世說新語注》與楊衒之《洛陽伽藍記》二書並置，探究佛教對南北朝時期史學發展的影響。

　　劉孝標《世說新語注》是南北朝時期史注學成就的代表著作之一，錢穆在《中國史學名著》中所論：「不在《隋書・經籍志》的史部，而在子部小說類中，其實也應是一部史書，而且很重要，這就是劉義慶的《世說新語》」。〔註2〕《世說新語》雖爲子部之書，但其實具有相當的史部色彩，其被歸類爲子書，實乃肇因於體例上，〔註3〕而非內容記載。此外，歷來學者也大抵認爲劉孝標乃以注史的態度、方式注解《世說新語》。〔註4〕相較之下，楊衒

〔註1〕　錢大昭，《三國志辨疑・自序》，頁5。
〔註2〕　錢穆，《中國史學名著》，頁130。
〔註3〕　《世說新語》乃記言體史書。
〔註4〕　唐代的劉知幾，將史注依外在形式分成了三類，其中「次有好事之子，思廣異聞，而才短力微，不能自達，庶憑驥尾，千里絕群，遂乃掇眾史之異辭，補前書之所闕。若裴松之《三國志》、陸澄、劉昭兩《漢書》，劉彤《晉紀》，

之《洛陽伽藍記》則易啓人疑竇。依筆者之見，《洛陽伽藍記》充分呈現其爲一部史學著作，主要在於作者楊衒之「定彼榛楛，列爲子注」，於正文之下，以子注方式附繫大量史事。〔註5〕史注的功能可補充、可考據，而且可表達自己的主張、論點，相當具有史料價值，內容實蘊藏著豐富的史學思想。因此，《洛陽伽藍記》雖非以史注見重於學界，但筆者認爲從史注的角度切入探析，當屬可行。本文嘗試將《世說新語注》與《洛陽伽藍記》置於同一平臺加以探討，不失爲一具有開創性的研究方向。以下，便就論題，依次展開析論。

第一節　劉孝標《世說新語注》所受之佛教影響

一、劉孝標的生平事蹟

劉峻（462～521）字孝標，平原（今屬山東）人，生平可見《梁書·文

劉孝標《世說》之類是也。」劉孝標的《世說新語注》被歸入「掇眾史之異辭，補前書之所闕」一類。見劉知幾著，浦起龍釋，王煦華整理，《史通通釋》卷五〈補注〉，頁122。王仲犖云：「劉峻注釋此書時，徵引廣博，用書四百餘種之多。遇到《世說新語》有謬誤的地方，劉峻必摘其瑕疵，加以糾正。其注考證之詳確，徵引之繁富，和裴松之《三國志》注，可以媲美。」見王仲犖，《魏晉南北朝史》，（臺北：頂淵文化，2004年），頁906。王能憲亦言：「可以發現孝標所引以史部之書最多，可見其注《世說》同裴松之注《三國志》一樣，是把《世說》當作一部史書作注的。」見王能憲，《世說新語研究》（南京：江蘇古籍出版社，1992年），頁86。

〔註5〕一般而言，楊衒之《洛陽伽藍記》並不以史注學的成就受到學界注意。然劉知幾《史通》卷五〈補注篇〉言：「亦有躬爲史臣，手自刊補，雖志存該博，而才闕倫敘，除煩則意有所吝，畢載則言有所妨。遂乃定彼榛楛，列爲子注。若蕭大圜《淮海亂離志》，羊衒之《洛陽伽藍記》、宋孝王《關東風俗傳》、王劭《齊志》之類是也。」楊衒之《洛陽伽藍記》便是此類「定彼榛楛，列爲子注」的史注代表。見劉知幾著，浦起龍釋，王煦華整理，《史通通釋》，卷五〈補注〉，頁122。筆者按，今存《洛陽伽藍記》最古、最佳的版本是如隱堂本，書首即見作者題曰：「魏撫軍府司馬楊衒之撰」。楊衒之生平不見於史傳，生卒年不詳。《洛陽伽藍記》中衒之略有自述，成爲今存了解衒之最可靠直捷的一手史料。書中作者自稱「衒之」、「楊衒之」，歷代著錄也多稱姓楊，然而自唐宋時即有姓羊及陽兩種岐異。唐劉知幾《史通·補注》、宋晁公武《郡齋讀書志》，都稱「羊衒之」。宋代修《新唐書·藝文志》卻說是「陽衒之」。「羊」大概是同音的誤寫；而陽除同音形近外，或可因涉下「洛陽伽藍記」之「陽」字而訛。應以「楊」爲正，即作者是「楊衒之」。

學列傳下》、《魏書・劉休賓列傳》、《南史・劉懷珍列傳附劉峻傳》、《北史・
劉休賓列傳》等。劉孝標博覽群書，以注解劉義慶主編的《世說新語》而名
聞於世，而其文章亦擅美當時，故《北史》論曰：「孝標名重東南」。〔註6〕《隋
書・藝文志》載錄劉孝標的著作有《漢書注》一百四十卷、《梁文德殿四部目
錄》四卷、《類苑》一百二十卷、《世說注》十卷、《梁平西刑獄參軍劉孝標集》
六卷，可惜僅《世說新語注》及部份篇章傳世，多半皆亡佚。劉孝標生於亂
世，《梁書》云：

> 峻生期月，母攜還鄉里。宋泰始初，青州陷魏，峻年八歲，為人所
> 略至中山，中山富人劉實愍峻，以束帛贖之，教以書學。魏人聞其
> 江南有戚屬，更徙之桑乾。峻好學，家貧，寄人廡下，自課讀讀書，
> 常燎麻炬，從夕達旦，時或昏睡，燕其髮，既覺復讀，終夜不寐，
> 其精力如此。齊永明中，從桑乾得還。〔註7〕

從八歲被迫遷徙至青州，至二十五歲回到建康，劉孝標在北魏生活了約十七
年。〔註8〕《魏書・劉休賓列傳》云：

> 休賓叔父旋之，其妻許氏，二子法鳳、法武。而旋之早亡。東陽平，
> 許氏攜二子入國，孤貧不自立，並疏薄不倫，為時人所棄，母子皆
> 出家為尼〔僧〕，既而反俗。太和中，高祖選盡物望，河南人士，
> 才學之徒，咸見申擢，法鳳兄弟無可收用，不蒙選授。後俱奔南。
> 法武後改名孝標云。〔註9〕

《南史・劉懷珍列傳附劉峻傳》亦稱：「魏人聞其（劉峻）江南有戚屬，更徙
之代都。居貧不自立，與母並出家為尼僧，既而還俗。」顯見劉孝標與佛教
夙有因緣。《梁書》所說「桑乾」，指北魏獻文帝置桑乾郡，轄境相當今山西
山陰縣等地；《南史》所謂「代都」，是北魏首都平城。換言之，劉孝標母子
被迫徙來山西，因孤貧無法維生而出家為僧，依附於寺廟。當時適逢沙門統

〔註6〕　《北史》卷三十九〈劉休賓列傳・論曰〉，頁1436。
〔註7〕　《梁書》卷五十〈文學列傳下・劉峻傳〉，頁701。
〔註8〕　「宋泰始初」應為宋明帝泰始五年（469），泰始五年即北魏獻文帝皇興三年，
　　　　《魏書》有云：「（皇興三年）五月，徙青州民於京師。」見《魏書》卷六〈顯
　　　　祖本紀〉皇興三年五月條，頁129。此外，李善注《文選》卷四十三〈重答劉
　　　　秣陵沼書〉引劉孝標〈自序〉言：「齊永明四年（486）二月，逃還京師。」
　　　　見〔梁〕蕭統編，〔唐〕李善注，《文選》，收入《四庫全書》第一三三一冊，
　　　　〈集部八・總集類〉，頁165。由上可知，劉孝標返抵江南時已二十五歲。
〔註9〕　《魏書》卷四十三〈劉休賓列傳〉，頁969。

曇曜於太武帝滅佛（446～452）後，積極展開復教事業。釋道宣《續高僧傳》云：

> 太武云崩，子文成立。即起塔寺，搜訪經典。毀法七載，三寶還興。
> 曜慨前淩廢，欣今重復，故於北臺石窟，集諸德僧，對天竺沙門，
> 譯《付法藏傳》並淨土經，流通後賢，意存無絕。〔註10〕

曇曜一方面在雲岡鑿造石窟，同時也於恆安（即魏都平城）通樂寺譯經，此期間劉孝標出家為僧，正好參與譯經工作。〔註11〕僧祐《出三藏記集》卷二載：

> 《雜寶藏經》十三卷（闕）；
> 《付法藏因緣經》六卷（闕）；
> 《方便心論》二卷（闕）。
> 右三部，凡二十一卷。宋明帝時，西域三藏吉迦夜於北國，以偽
> 延興二年，共僧正釋曇曜譯出。劉孝標筆受。此三經並未至京都。
> 〔註12〕

由於這三部佛經尚未傳來首都建康，僧祐未見原書，所以標記為「闕」。〔註13〕依時間推算，延興二年（472）劉孝標參與譯經時約莫十一歲，是否可能譯經？陳垣〈雲岡石窟寺之譯經與劉孝標〉認為文獻中所載在雲岡石窟寺譯經者，即是《世說新語》及編《類苑》的劉孝標，並指出劉孝標在北魏十八年（此為虛數），「此十八年中，正（劉）峻在魏都（今大同）讀書及譯經時也」，〔註14〕而劉孝標的學問精進亦是植基於此時期。〔註15〕梁麗玲《雜寶藏經研究》辨析

〔註10〕釋道宣，《續高僧傳》卷一〈釋曇曜傳〉，頁11～12。
〔註11〕林伯謙，〈出家到棲隱論劉孝標命定思想與宗教情懷的轉化〉，國立中山大學中文系編，《文與哲》2012年6月總第20期，頁130。
〔註12〕釋僧祐撰，蘇晉仁、蕭鍊子點校，《出三藏記集》，頁62～63。
〔註13〕至隋代費長房《歷代三寶紀》卷九據道慧《宋齊錄》，則又多載《稱揚諸佛功德經》三卷、《大方廣菩薩十地經》一卷，也由孝標筆受成書。〔隋〕費長房，《歷代三寶紀》卷九，T49/2034，頁85a。
〔註14〕陳垣，〈雲岡石窟寺之譯經與劉孝標〉，收入氏著《陳垣學術文化隨筆》（北京：中國青年出版社，2000年11月），頁180。
〔註15〕劉孝標的成學過程，《南史》卷四十九〈劉懷珍列傳附劉峻傳〉載：「峻好學，家貧，寄人廡下，自課讀書，常燃麻炬，從夕達旦，覺而復讀，終夜不寐。」見頁1219。但孝標學問真正精進乃緣於他出家為僧，這誠與佛寺中，各種經典圖籍收藏甚豐有關。而劉孝標學問之特色，在於所知極為博洽，故奠定其能夠為《世說新語》作注的學識根基。

云：

> 在六朝時期，年紀輕輕即才華洋溢者，尚有十歲餘能誦讀詩論及辭
> 賦十萬言的曹植、王粲等人，且以孝標求學勤奮刻苦的精神及通宵
> 達旦的用功程度，學識廣博，才華出眾應該是有可能的。〔註16〕

　　試觀漢末六朝的社會，確實存在早秀的特殊現象，幼穎悟、名籍甚者相
當多。再加上北魏習俗婚娶甚早，以今日看來年紀尚小，當時已算成年，行
冠禮也提前。況且史書云孝標好學不倦，徹夜不寐，因此年齡雖小，仍無礙
其膺任譯經筆受之職。又以孝標喜好墳典的個性，實可勝任此職；而在他負
責筆受過程，奠定正確厚實的佛學根柢，更是無庸置疑。〔註17〕

　　當劉孝標於齊武帝永明四年（486）逃離北魏，抵達江南，因南人輕視北
人，使他雖文采滿腹，卻懷才不遇。〔註18〕至梁武帝即位，開始拔擢門第較
低的士人，此時劉孝標被晉用於文獻整理的職務，據阮孝緒〈七錄序〉云：

> 齊末兵火延及祕閣。有梁之初，缺亡甚眾，爰命祕書監任昉躬加部
> 集；又於文德殿內別藏眾書，使學士劉孝標等重加搜進。〔註19〕

此與《梁書・文學列傳下》載劉孝標云：「天監初召入西省，與學士賀蹤典校
祕書」相符。阮孝緒於〈七錄序〉後附「古今書最」，中有「梁天監四年文德
正御四部及術數書目錄」，足見孝標此時已入西省。不過由於「策錦被」事件，
使劉孝標久受梁武帝擯斥，而未獲更多的重用。〔註20〕後因坐私載禁物，爲
有司所奏，免官。不久，安成王賞識其才能，引爲戶曹參軍，給其書籍，使
撰《類苑》一書。未及成，復以疾求去，終隱山林，普通三年（521）卒。可
見，劉孝標冒履艱危，奔赴江南，卻不爲梁武帝所喜，以致宦途乖舛，抑鬱

〔註16〕梁麗玲，《雜寶藏經研究》（臺北：法鼓文化，1988年），頁14。

〔註17〕參見林伯謙，〈出家到棲隱論劉孝標命定思想與宗教情懷的轉化〉，國立中山
大學中文系編，《文與哲》2012年6月總第20期，頁128～132。

〔註18〕周一良，《魏晉南北朝史論集・南朝境內之各種人及政府對待之政策》指出：
「南渡之初，吳人目北來者爲荒傖」，「然晉宋之際以後，在南之僑人漸同化
於江南土著，亦隨而目宋以後南渡北人爲荒傖焉。」周一良，《魏晉南北朝史
論集》，頁52。

〔註19〕見釋道宣，《廣弘明集》卷三引阮孝緒〈七錄序〉，T52/2103，頁110bc。

〔註20〕《南史》載：「〔梁〕武帝每集文士策經史事，時范雲、沈約之徒皆引短推長，
帝乃悅，加其賞賚。會策錦被事，咸言已罄，帝試呼問峻，峻時貧悴冗散，
忽請紙筆，疏十餘事，坐客皆驚，帝不覺失色。自是惡之，不復引見。及峻
《類苑》成，凡一百二十卷，帝即命諸學士撰《華林遍略》以高之，竟不見
用。」《南史》卷四十九《劉懷珍列傳附劉峻傳》，頁1218。

戚戚。

二、劉孝標注《世說新語》的動機

　　與楊衒之《洛陽伽藍記》相比，劉孝標《世說新語注》的成書原因，在探究上顯得困難許多。一是劉孝標並未如楊衒之《洛陽伽藍記》前的序文一般，有明確提及其撰書動機（見本章第二節）；二則，甚或連《梁書》、《南史》的劉孝標傳中都未曾提及他注《世說新語》之事，遑論其他更爲細節的問題。以是之故，時至今日，學界對於劉孝標注《世說新語》的成因或時間仍是眾說紛紜。以下就目前學界的諸家說法，試述之。

　　《梁書》、《南史》劉孝標傳中皆未提及其注《世說新語》的始末，但由劉孝標生平推論，以及（1）《世說新語注》引書浩繁，需藉助大量典籍；（2）書中「尚書令沈約」一語，推測成書時間應在天監六年至九年間；（3）劉孝標在書中有三次稱「臣」，因此注《世說新語》的時間最有可能是在天監元年（502）後於西省，奉梁武帝敕旨所撰，或是天監七年（508）後在荊州，受安成王之命而撰。除了西省說〔註21〕和荊州說，〔註22〕另有學者折衷主張劉孝標早在天監初年便藉職務之便，開始注書。天監七年到達荊州後，又藉著安成王所提供的書籍，繼續並最終完成注書的工作。〔註23〕甚至認爲《世說注》應是天監十五年（516）劉孝標耗費大量時間和精力完成百二十卷《類苑》

〔註21〕持西省說的學者以余嘉錫爲代表，論曰：「《世說注》中孝標自敘所見，言必稱臣，蓋奉梁武敕旨所撰。當沈約邊尚書令之時，孝標正在西省，此處特書其現居之官，亦因奏御之體，固當如此。」見劉義慶編，劉孝標注，余嘉錫箋疏，《世說新語箋疏》上卷〈文學〉，頁232。另外王能憲亦認爲《世說新語注》引書如此浩繁，非藉助皇家祕閣所藏之書不可，故天監初年劉孝標入西省典校祕閣之時，奉敕而作。見王能憲，《世說新語研究》，頁86。

〔註22〕持荊州說的學者例如楊勇認爲：「劉孝標作《世說》注，蓋在梁天監六至九年間。」見氏著，《世說新語校箋論文集》（臺北：正文，2003年），頁213。此外，蕭艾認爲「古人行文稱『臣』，殆亦『率土之濱，莫非王臣』之意歟？」意指劉孝標在《世說注》中的行文自稱爲臣當是一種習慣用語；蕭氏並由沈約擔任尚書令是在天監六年冬至九年間（507～510），將之對照劉孝標的生平，推斷此時期約略是在荊州之時，故劉孝標《世說注》則撰於安成王調任荊州，孝標擔任安成王的戶曹參軍期間。見蕭艾，《《世說》探幽》（長沙：湖南出版社，1992年），頁58。筆者按，實則蕭艾之見殆有疑慮，因爲古代幕僚對王並不稱臣。

〔註23〕李建中、高文強合著，《日月清朗，千古風流：世說新語》（昆明：雲南人民出版社，2002年），頁18。

後，至普通二年（521）逝世前完成的著作。〔註24〕除了上述外力說，主張劉孝標是奉梁武帝或安成王之命而注《世說新語》外，尚有學者推斷是劉孝標「自意爲之」主動撰著《世說新語注》。

松岡榮志在〈天監年間劉峻「世說」注の成立と注者の立場〉一文中，認爲梁武帝與劉孝標間的緊張關係，正是劉孝標注《世說新語》的直接動機——即以天監六年的免官爲契機，劉孝標決定以注解當時甚爲風行的《世說》一說，來作爲對梁武帝的宣戰布告、暗默的批判。〔註25〕蕭艾則認爲《世說新語注》一書，或許是劉孝標編纂《類苑》時的「副產品」，故《世說注》並非奉敕而爲。〔註26〕林盈翔在松岡榮志、蕭艾兩位學者的看法上進一步研究指出，劉孝標注《世說新語》乃個人自意爲之。首先，魏晉時期爲書作注，本乃司空見慣之事；再者「惡人勝己」〔註27〕確實是梁武帝性格上的顯著特徵，林氏從梁武帝與劉孝標二人關係考察，認爲劉孝標剛介耿直的個性，自然不願曲意討好梁武帝，〔註28〕致使未受重用，甚至遭到有意的打壓，故奉敕注《世說新語》的可能性是相當低的。此外，史書中既已載安成王命劉孝標編成《類苑》，但卻未載《世說新語注》之事，若安成王有命劉孝標注書，史籍實無不載之理；加之史書載《類苑》未成，劉孝標便已疾去，在此種公務纏身、分身乏術的情況下，安成王應不可能再命劉孝標注《世說新語》。歸納現有史料，再配合常理的判斷，梁武帝與安成王皆不太可能命劉孝標注《世說新語》。外證既乏，再稽以內證考察，探文本分析的結果，發現劉孝標對於《世說新語》的虛誤之處近乎嚴厲的指責。林盈翔統計劉孝標《世說新語注》中，共有五十四條對於史實的考證，亦即糾謬懲妄的部分，其中高達四十八

〔註24〕 趙建成認爲劉孝標於西省搜進群書已開始注《世說新語》，起初還渴望憑藉博學高才獲得賞識重用，不料終遭免官，故原擬呈上的《世說注》，後來又再刪削，現存「臣謂」、「臣按」應是刪削未盡的遺跡，其曰：「無論何種情況，都不能作爲《世說注》爲奉詔所作的證據。其實劉孝標所注釋65處按語中，稱臣之例僅占三處，本不具有普遍意義，若爲奉詔所作，定非如此。故不足爲據。」見趙建成，〈劉孝標《世說注》撰著時間考〉，《古籍整理研究學刊》2009年1月總137期，頁19～21。

〔註25〕 松岡榮志，〈天監年間劉峻「世說」注の成立と注者の立場〉，收入東京大學中哲文學會編，《中哲文學會報》1977年第3號，頁52。

〔註26〕 蕭艾，《世說探幽》，頁58。

〔註27〕 《隋書》載：「時（梁武）帝自以爲聰明博達，惡人勝己。」《隋書》卷二十三〈五行志下〉，頁659。

〔註28〕 《南史》載：「初，梁武帝招文學之士，有高才者多被引進，擢以不次。峻率性而動，不能隨眾沈浮。」《南史》卷四十九《劉懷珍列傳附劉峻傳》，頁1218。

處是針對《世說新語》而發，僅有六條是批評其他諸書的謬誤，這樣的比例是相當懸殊的。劉孝標對《世說新語》的虛誤之處，往往不滿的情緒表達直接，謬矣、妄矣之評不斷出現；〔註29〕而且注中也未見任何對劉義慶的推崇、讚美。總此，林盈翔主張劉孝標注書是歷經長時期緩慢的完成，原因當是自意爲之，可能是想藉由注書展示才學，來向梁武帝表達不滿；也可能是劉孝標在讀書之餘，對於《世說新語》的內容有誤，感到不滿，故作注是爲了糾正《世說新語》的不實之處。〔註30〕林盈翔持論甚篤，頗有見地，「自意爲之」的推斷確實不無此種可能。

儘管缺乏直接史料可以佐證「自以爲之」的論點，故持論僅能停留在「此種可能性最大」。不過，推言以見思論學，較直接易爲，至於由事以推其思想學術，則較爲不易。復由他人之言，可以略證其時代思潮，由此而論其思想人格，能如是者則必將更周延。〔註31〕以下筆者據劉孝標的個人抒發與南朝當代氛圍進一步析論。劉孝標嘗云：「余逢命世英主，亦擯斥當年。」〔註32〕即知心中對梁武帝的擯斥，使自己懷才不遇而感到忿恨不平。又云：

> 敬通雖芝殘蕙焚，終塡溝壑，而爲名賢所慕，其風流郁烈芬芳，久而彌盛；余聲塵寂莫，世不吾知，魂魄一去，將同秋草。〔註33〕

可知劉孝標存有將自身聲名留傳於後世的成名意識。士人「鄙沒世而文采不表於後」的憂慮，司馬遷即曾提出。東漢以後，士人莫不以著述爲務，〔註34〕希望透過立言，以求精神生命的不朽。此外，《隋書·經籍志》云：「靈、獻之世，天下大亂，史官失其常守。博達之士，愍其廢絕，各記聞見，以備遺亡。是後群才景慕，作者甚眾。」〔註35〕憂心天下大亂，舊事蕩滅，史官失其職責，遂刺激士人爲使歷史不可廢絕，故發憤著史。再者，出身寒門的士人，在面對門閥社會、政治制度的諸多限制、不公，無力擠身仕進，施展長才，遂退而寄情文墨、發憤著書，以求流芳後世。誠如《南史》所載：

〔註29〕參見林盈翔，〈裴松之與劉孝標史注學比較研究〉，頁53～54。

〔註30〕同上註，頁43～57。

〔註31〕參見雷家驥先生，《中古史學觀念史》，頁12。

〔註32〕《梁書》卷五十〈文學列傳下·劉峻傳〉，頁707。

〔註33〕同上註。

〔註34〕余嘉錫云：「東漢以後，文章之士，恥其學術不逮古人，莫不篤志著述，欲以自成一家。流風所漸，魏、晉尤甚。」見余嘉錫，《古書通例》（北京：商務印書館，2011年）卷二〈魏晉以後諸子〉，頁247。

〔註35〕《隋書》卷三十三〈經籍志二〉，頁962。

　　時有高平郗紹亦作《晉中興書》，數以示何法盛。法盛有意圖之，謂
　　紹曰：「卿名位貴達，不復俟此延譽。我寒士，無聞於時，如袁宏、
　　干寶之徒，賴有著述，流聲於後，宜以爲惠。」〔註36〕

此種藏諸名山，流名於後的想法既然是時代思潮，是以劉孝標的仕途乖舛，
自然感受深刻。故藉由文墨著述以留取聲名，當爲其注《世說新語》的可能
動機，此應是可以成立的論點。整體而言，從人物的個性、行事作風、生平
經歷、時代風尚等各角度整體思考，筆者傾向支持林盈翔的說法，即劉孝標
注《世說新語》的動機最有可能的應是自意爲之。

三、《世說新語注》中的佛教思想

　　承前文所論，劉孝標童年遭遇喪亂，流寓北魏，因家貧，與母親遁入空
門。在此期間，曾參與太武帝滅佛之後的佛教復興事業，協助佛經翻譯。寺
院中藏書豐富，受佛教薰陶，又參與譯事，故曾爲僧的劉孝標，其爲學的態
度與方法，不可能不受到佛教的影響。陳垣研究指出：「孝標逃還江南後，
有兩大著述：其一爲《世說新語注》，引書一百六十餘種，至今士林傳誦。
其一爲《類苑》，一百二十卷，隋唐三志皆著錄。南宋末陳氏撰《書錄解題》
時，始說不存。以今日觀之，孝標之注《世說》及撰《類苑》，均受其在雲
岡石窟寺時所譯《雜寶藏經》之影響。印度人說經，喜引典故，南北朝人爲
文，亦喜引典故。《雜寶藏經》載印度故事，《世說》及《類苑》載中國故事。
當時談佛教故事者，多取材於《雜寶藏經》，談中國故事者，多取材於《世
說新語注》及《類苑》，實一時風尚。」〔註37〕《雜寶藏經》的內容多是與
佛陀有關的故事，藉由因緣譬喻的寓言來闡示佛教的因果輪迴思想與佛教的
道德觀，〔註38〕劉孝標既參與《雜寶藏經》等譯經，故極有可能受其影響而
有《世說新語注》、《類苑》的寫作風格。以下針對《世說新語注》中所蘊含
的佛教思想，進行考察、探討。

〔註36〕《南史》卷三十三〈徐廣列傳〉，頁859。
〔註37〕陳垣，〈雲岡石窟寺之譯經與劉孝標〉，收錄於氏著《陳垣學術文化隨筆》，頁
　　　　180。
〔註38〕佛教在通俗教化的活動中，僧人運用佛菩薩、聲聞弟子的傳記，或民間的故
　　　　事爲事例來說法，因此很多的「譬喻經典」陸續編著完成。有關佛教譬喻經
　　　　典的研究請參見丁敏，〈譬喻佛典之研究——撰集百緣經、賢愚經、雜寶藏經、
　　　　大莊嚴論經〉《中華學佛學報》1991年7月總第4期，頁75～120。

（一）引用佛教相關典籍作注

《四庫全書總目》〈子部‧小說家類〉，《世說新語》提要：

> 孝標所注，特爲典贍，高似孫《緯略》極推之。其糾正義慶之紕繆，
> 尤爲精核。所引諸書，今已佚其十之九，惟賴是注以傳，故與裴松
> 之《三國志注》、酈道元《水經注》、李善《文選注》同爲考證家所
> 引據焉。〔註39〕

《四庫全書》外，近世學者如王仲犖肯定劉孝標《世說新語注》云：「劉峻注
釋此書時，徵引廣博，用書四百餘種之多。遇到《世說新語》有謬誤的地方，
劉峻必摘其瑕疵，加以糾正。其注考證之詳確，徵引之繁富，和裴松之的《三
國志注》，可以媲美。」上述從考證詳確、徵引繁富兩點，將劉孝標《世說新
語注》與裴松之《三國志注》置於同一平台比較，認爲兩部史注具有高度的
一致性，備受推崇。史注學實爲史學之一種，但史學著作與史注學著作則有
所不同。前者以「成一家之言」的「圓而神」爲高，後者以「尋詳」、「周悉」
的「方以智」爲尚。〔註40〕兩漢經注的特色在於音韻訓詁、闡明義理，而產
生於魏晉南北朝的史注新體，則是著重於史實的眞偽與史事的豐富。劉孝標
以注史的方式注《世說新語》，引書四百餘本，〔註41〕在保存文獻上實功不可
沒。〔註42〕以下筆者茲將劉孝標《世說新語注》中與佛教相關的注文爬梳、
彙整爲表 5-3，爲使觀文方便，此表附於本節之後。

由表 5-3 梳理結果，《世說新語注》共有 52 則記載裡的注文與佛教相關，
據此進一步將注文的內容依類別統計製作表 5-1，其中以「僧人事蹟」最多，
幾占總數三分之二，其次則爲「佛學」。此外，續以表 5-3 爲基礎，歸納出《世
說新語注》中所徵引之與佛教相關的文獻史料，製成表 5-2，從中分析得知，

〔註39〕〔清〕乾隆敕撰，紀昀等纂，《四庫全書總目題要》卷一百四十〈子部‧小說
家類一〉，頁 741。

〔註40〕雷家驥先生，《中古史學觀念史》，頁 465

〔註41〕沈家本《世說注所引書目》按四部分列，得經部 35 家、史部 288 家、子部 39
家、集部 42 家，另列釋氏 10 家，共計 414 家。〔清〕沈家本，《世說注所引
書目》（臺北：新文豐，1996 年）卷一，頁 125。此外，余嘉錫《世說新語箋
疏》言劉注引用數量達四百餘種，又該書附錄張忱石先生所作的引書索引，
統計劉注引書共 449 種。

〔註42〕明代胡應麟論曰：「裴松之注《三國》也，劉孝標之注《世說》也，偏記雜談，
旁收博采，迄今籍以傳焉。非直有功二氏，亦大有造諸家！若其綜核精嚴，
繳駁平允，允哉史之忠臣，古今益友也。」見〔明〕胡應麟，〈史書佔畢〉卷
一，收入《少室山房筆叢》，頁 175。

劉孝標注《世說新語》所引用與佛教相關的史料，共 27 種；若依種類多寡來看，依序是僧傳（10 種）、佛經（8 種）、僧人著作（5 種）、文士詩文集（3 種）、寺記（1 種）；此外，若就引用次數來觀察，亦以僧傳最多，如《高逸沙門傳》計有 10 次、支遁相關傳記共有 7 次，〔註43〕以及《名德沙門題目》計有 4 次。

表 5-1　《世說新語注》中與佛教相關的注文類別〔註44〕

類　別	僧人事蹟	佛　學	佛　經	地　理	其　他	總　計
表 5-3 序號	1、2、4、5、7、8、10、13、17、19、20、22、24、**28**、30、31、32、33、34、35、36、37、38、39、40、41、42、44、45、46、47、49、50、51	11、15、23、25、26、㉗、**28**、29、31、52	3、6、14、16、18、21、25、㉗、31	9、43	12、48	
數量	34	10	9	2	2	57〔註45〕

〔註43〕凌宏發研究指出〈支遁傳〉、〈支遁別傳〉、〈支法師傳〉從體例上看，接近史傳的人物雜傳，側重歷史史實的記載，對人物形象的刻畫和敘事技巧追求並不注重。如果把它們的篇名和裴松之注的《三國志》中引用的大量人物雜傳作類比，二者很可能就是同一文體，在篇幅上應該不相上下，顯然是單篇流傳於世，和唐傳奇的出現和傳播方式十分相似。參見凌宏發，〈從「支遁傳」的成書看傳奇體制在唐前的確立〉，《上海師範大學學報（哲學社會科學版）》2004 年 1 月總第三十三卷第 1 期，頁 93～94。故筆者將〈支遁傳〉、〈支遁別傳〉、〈支法師傳〉視作三篇不同僧傳進行統計。

〔註44〕本文表 5-3 已梳理《世說新語注》中與佛教相關的注文，此處若再逐條注明原文，恐過於繁瑣，故筆者僅將每條資料以臚列表 5-3 的「序號」方式呈現，方便查找，也免蕪累之病。再者，同一條資料若有兩種以上類別者，則各特別註記。例如表 5-3 序號 25 的資料內容同時涉及佛學、佛經，故以 25 表示。序號 31 的資料內容同時涉及僧人事蹟、佛學、佛經三類，故以 31 表示。下例如此。

〔註45〕筆者統計《世說新語注》中有 52 則記載裡的注文與佛教相關，其中序號 25 和 27 的注文內容包括佛學、佛經；序號 28 的注文內容包括僧人事蹟、佛學；序號 31 的注文內容既介紹僧人事蹟，亦闡釋佛學和說明佛經，致數量總計爲 57。

表 5-2　《世說新語注》所引與佛教相關的文獻史料〔註46〕

序號	引用與佛教相關文獻史料	種　類	出現的篇目（次數）
1	高坐別傳	僧傳	言語（1）
2	高坐傳	僧傳	賞譽（1）；簡傲（1）
3	塔寺記	寺記	言語（1）
4	涅槃經	佛經	言語（1）
5	佛圖澄別傳	僧傳	言語（1）
6	高逸沙門傳	僧傳	言語（2）；文學（4）；方正（1）；雅量（1）；賞譽（1）；排調（1）
7	大智度論	佛經	言語（1）
8	支道林集	僧人著作	文學（1）
	支氏逍遙論（支道林集）		文學（1）
	支公書（支道林集）		言語（1）
9	名德沙門題目	僧傳	言語（1）；文學（1）；賞譽（1）；假譎（1）
10	成實論	佛經	文學（2）
11	維摩詰經	佛經	文學（1）
12	法華經	佛經	文學（2）
13	釋氏辨空經	佛經	文學（1）
14	華嚴經	佛經	文學（1）
15	出經敘	佛經	文學（1）
16	遠法師阿毗曇敘	僧人著作	文學（1）
17	安和上傳	僧傳	雅量（1）
18	安法師傳	僧傳	文學（1）
19	支遁傳	僧傳	品藻（1）；傷逝（2）；輕詆（1）
20	支遁別傳	僧傳	賞譽（2）
21	支法師傳	僧傳	文學（1）

〔註46〕由於劉注記載書名時有省略或舛誤，筆者盡可能查對《隋書‧經籍志》、《大藏經》、《高僧傳》等，進行表 5-2 的統計。其中序號 8《支道林集》、《支公書》、支氏〈逍遙論〉，後二者皆收入《支道林集》中，故筆者將其合併爲一。此外，序號 22 皆有關慧遠在廬山的經歷，但劉孝標將此二則史料分別注於〈世說新語‧規箴篇〉同一則記載中，故〈遠法師廬山記〉、〈法師遊山記〉應爲慧遠針對廬山所記敘的兩篇文章，其皆收入《慧遠集》，筆者亦合併統計。

22	遠法師廬山記（慧遠集）	僧人著作	規箴（1）
	法師遊山記（慧遠集）		規箴（1）
23	僧肇維摩詰經注	僧人著作	文學（1）
24	庾法暢《人物論》	僧人著作	文學（1）
25	張野〈遠法師銘〉	文士詩文集	文學（1）
26	王珣〈法師墓下詩〉	文士詩文集	傷逝（1）
27	孫綽爲法汰和愍度作〈贊〉	文士詩文集	賞譽（1）；假譎（1）

　　劉義慶《世說新語》是一部志人小說，重在記錄和重現時人的品貌、風采，內容原即收錄不少僧人的記載，因此劉孝標爲《世說新語》作注自然不免對僧人有所補充、印證。此外，從表 5-2 羅列的相關僧傳、僧人自身的著作，乃至當時文人學者爲僧人所撰寫的詩文贊銘，反映出劉孝標對這些佛教僧人實有相當程度的關注和重視。再者，觀察表 5-3「《世說新語注》中與佛教相關的注文」，筆者發現劉孝標的注解方式除了引書注，大量引用文獻典籍外，亦不乏自注者。梳理所得共有 13 則記載出現劉孝標的自注，其中對僧人從旁注解者爲 4 則，[註47] 敘述佛教傳播情形[註48] 和說明何充家族奉佛甚篤[註49] 者各有 1 則，而有關劉孝標在佛學方面的認識或心得的自注數量最多，計有 8 則記載。[註50] 綜上所論，劉孝標《世說新語注》中與佛教相關的注文，引書注的部分以補充說明或印證僧人事蹟爲主，而個人自注則是以佛學心得最多。兩相比較，自注較引書注更能呈現作注者自身的獨立思考、主觀論斷，因此劉孝標注解《世說新語》時，有關僧人的注解主要是以蒐羅、掌握到文獻材料來補充，較少自身對僧人的評價論斷；但在有關佛學的課題上，劉孝標頗能闡述、表達一己之見。

　　最後，筆者尚需一提的是，《高僧傳》的作者釋慧皎與劉孝標爲同時空之人，[註51] 孝標作注卻沒有那麼刻意引用僧傳中的神異部分，不似慧皎《高

[註47]　參見本文表 5-3 序號 7、28、32、46。

[註48]　參見本文表 5-3 序號 12。

[註49]　參見本文表 5-3 序號 48。

[註50]　參見本文表 5-3 序號 11、23、25、27、28、29、31、52。其中序號 28 的自注包括僧人事蹟、佛學。

[註51]　紀贇研究慧皎生於齊明帝建武四年（497），《高僧傳》成書年代下限是梁中大通五年（533），慧皎活動的時空主要是在南朝齊梁時。參見紀贇，《慧皎《高僧傳》研究》，頁 31～33。慧皎和劉孝標（456～521）的生存時間有所交集，且同爲南朝人。

僧傳》中存在著數量極大的神異與法術，這是和世俗史學存在巨大差異的地方。印度佛教傳記往往充滿雄奇瑰麗的幻想、出神入化的情節，文學性遠遠超過了其歷史性，反映了印度民族歷史感的缺乏。與此不同，中國傳統史學著作首先注重的是秉筆直書的記實性。〔註52〕因此，儘管身爲虔誠的佛教徒，劉孝標在從事史學撰述時，撰史的原則仍是優先於個人宗教信仰。

（二）對佛學的闡發與議論

林盈翔將《世說新語注》中所有劉孝標的自注，依內容析爲六類，分別是人物疏證、文義解釋、校異備異、糾謬懲妄，論辯與存疑。〔註53〕劉注中的議論多半爲個人的學術心得，〔註54〕其中多次引用佛經、佛學義理加以疏解，足見劉孝標對佛教思想有相當的涉獵與領悟，以下分別舉例釋之。

《世說新語・文學》載：

> 三乘佛家滯義，支道林分判，使三乘炳然。諸人在下坐聽，皆云可通。支下坐，自共說，正當得兩，入三便亂。今義弟子雖傳，猶不盡得。〔註55〕

針對「三乘」之理，劉孝標注曰：

〔註52〕 紀贇指出中土歷史著述首先注重的是秉筆直書的記實性，基本上十分排斥對於事件本身添加另外的元素，如想像力。而慧皎的《高僧傳》則是印度與中國兩種傳統相互妥協的產物。對於時間、地點、事件這些史學要素都十分敏感，總是不厭其煩地仔細考較傳主的籍貫、家世、生卒年，師承，主要經歷、活動範圍、主要事迹、著述，對佛教的具體貢獻等等切實的史學元素，十分明顯，這些都是中國的史學傳統在起作用。另外，《高僧傳》中所記載的神異和法術則是受到印度傳記文學的影響，《高僧傳》中神異感通和法術變化幾乎到了無篇無之的地步。同上註，頁280～281。

〔註53〕 林盈翔將解釋《世說新語》的文章意義，分爲名物釋典與文章釋義兩種。校異備異包括文字校異與事件備異兩者。糾謬懲妄即史實考證。論辯是劉孝標個人意見的表達，而涉及歷史事實考辨者，一共只有十八條，數量並不多。存疑大抵是針對內容疑義而發，並未與備異部分有所重疊。人物疏證的部分，對於《世說新語》的人物加以介紹，若已出現過的，則往往書以「別見」、「已見」，而對於未詳其人者，亦會略加案語。參見林盈翔，〈裴松之與劉孝標史注學比較研究〉，頁158～161。

〔註54〕 劉孝標爲《世說新語》所作的注中，很難尋找出具體的預設讀者與發話立場，使劉注的論辯數量較少，且個人意見的表達多爲學術心得，而不是有助帝王施政經世之論。此亦可從旁佐證劉孝標《世說新語注》並非奉旨撰作，而是個人自意爲之的可能性較大。參見林盈翔，〈裴松之與劉孝標史注學比較研究〉，頁158～161。

〔註55〕 劉義慶編，劉孝標注，余嘉錫箋疏，《世說新語箋疏》上卷〈文學〉，頁224。

《法華經》曰：「三乘者，一曰聲聞乘，二曰緣覺乘，三曰菩薩乘。
聲聞者，悟四諦而得道也。緣覺者，悟因緣而得道也。菩薩者，行
六度而得道也，然則羅漢得道，全由佛教，故以聲聞爲名也。辟支
佛得道，或聞因緣而解，或聽環珮而得悟。神能獨達，故以緣覺爲
名也。菩薩者，大道之人也，方便則止行六度，眞教則通修萬善，
功不爲己，志存廣濟，故以大道爲名也。」〔註56〕

又《世說新語・文學》載：「殷中軍讀《小品》」，劉孝標注曰：「《釋氏辨
空經》，有詳者焉，有略者焉。詳者爲《大品》，略者爲《小品》」，〔註57〕劉
孝標針對殷浩所讀的佛經《小品》從旁補充說明佛經之全本或繁本爲大品，
與節略本的小品相對。〔註58〕此外，在《世說新語・文學》載：「佛經以爲祛
練神明，則聖人可致」，〔註59〕劉孝標引釋氏經注解云：「一切眾生，皆有佛
性。但能修智慧，斷煩惱，萬行具足，便成佛也。」〔註60〕乃從個人自身所
接觸的佛經中對成佛之要義，進一步輔助說明爲何接觸佛法可致聖人。

除了引述佛經，劉孝標亦關注僧人對佛經的注解、闡釋，例如《世說新
語・文學》載：

殷中軍被廢東陽，始看佛經。初視《維摩詰》，疑《般若波羅密》太
多，後見《小品》，恨此語少。〔註61〕

劉孝標在《維摩詰》下注解云：

僧肇注《維摩經》曰：「維摩詰者，秦言淨名，蓋法身之大士，見居
此土，以弘道也。」〔註62〕

《維摩詰經》是大乘佛教的佛經，是成佛之道的修行之書，以鳩摩羅什
的譯本流傳最廣，僧肇是羅什門下著名弟子，曾爲《維摩詰經》作注。劉孝
標曾遁入空門、參與譯經，自然有機會接觸大量的佛經，故注《世說新語》
時，有關佛經的要旨便能信手拈來相關史料，加以補充說明。此外，劉孝標

〔註56〕同上註。
〔註57〕同上註，頁228。
〔註58〕鳩摩羅什翻譯《摩訶般若波羅蜜經》，將較詳盡的二十七卷本稱作《大品般
　　　若》，較簡略的十卷本稱作《小品般若》。大品與小品相對，小品指佛經的節
　　　本。因其篇幅短小，語言簡約，便於誦讀和傳播。
〔註59〕劉義慶編，劉孝標注，余嘉錫箋疏，《世說新語箋疏》上卷〈文學〉，頁229。
〔註60〕同上註。
〔註61〕同上註，頁233。
〔註62〕同上註。

針對此條記載還進一步解釋殷浩爲何會「初見《維摩詰》，疑《般若波羅密》太多，後見《小品》，恨此語少」，劉注云：

> 波羅密，此言到彼岸也。《經》云：「到者有六焉：一曰檀；檀者，施也。二曰毗黎；毗黎者，持戒也。三曰羼提；羼提者，忍辱也。四曰尸羅；尸羅者，精進也。五曰禪；禪者，定也。六曰般若；般若者，智慧也。然則五者爲舟，般若爲導，導則俱絕有相之流，升無相之彼岸也。故曰波羅密也。」淵源未暢其致，少而疑其多；已而究其宗，多而患其少也。〔註63〕

殷浩（字淵源，又稱殷中軍）對《維摩詰經》中「般若波羅密」一語由嫌多到嫌少的轉變中，反映了殷浩對佛經有了不同階段、層次的理解。此則記載中，劉孝標先自注何謂「波羅密」，繼而舉《法華經》所云詳加注解「波羅密」，最後再對殷浩爲何對佛經的理解，前後有所不同，表達他個人的見解。鄙意以爲，若非劉孝標熟稔佛學義理，且有相當自信，如何評斷殷浩研習佛學的感想。

又如，劉孝標對高僧竺法汰解說「六通、三明同歸，正異名耳」的內涵，先引《華嚴經》作注解，之後亦進一步闡釋他個人之見，云：

> 《經》云：「六通者，三乘之功德也。一曰天眼通，見遠方之色；二曰天耳通，聞障外之聲；三曰身通，飛行隱顯；四曰它心通，水鏡萬慮；五曰宿命通，神知已往；六曰漏盡通，慧解累世。三明者，解說在心，朗照三世者也。」然則天眼、天耳、身通、它心、漏盡此五者，皆見在心之明也。宿命則過去心之明也。因天眼發未來之智，則未來心之明也。同歸異名，義在斯矣。〔註64〕

劉孝標不僅舉佛經所云加以注解，在引經之後還能自注，表達個人的看法，得見其佛學底蘊的深厚。另《世說新語·文學》記載有客問樂廣「旨不至」之義，樂廣並沒有細加剖析文句，而遽以塵尾柄觸几來解釋「旨不至」的清談玄理，劉孝標對此注曰：

> 夫藏舟潛往，交臂恆謝，一息不留，忽焉生滅。故飛鳥之影，莫見其移；馳車之輪，曾不掩地。是以去不去矣，庸有至乎？然則前至不異後至，至名所以生；前去不異後去，去名所以立。今天下無去

〔註63〕同上註，頁233～234。
〔註64〕同上註，頁236。

矣，而去者非假哉？既爲假矣，而至者豈實哉？〔註65〕

晉時玄、佛交流，使清談內容更爲豐富，劉孝標此處的文義解釋是自己的闡釋，「一息不留，忽焉生滅」大有佛家之體會。通觀《世說新語注》中有關劉孝標個人的自注的部分，以字數而言，普遍不多，然而自注中涉及佛學的闡述者，篇幅相對較大，此正突顯爲劉注的特色。

（三）採佛經「合本子注」的注釋體例

魏晉南北朝的史學發展相當繁榮多元，從史注學的發達即可窺知一二，此時期史注數目大，種類繁多，名家輩出。〔註66〕史注具有化難爲易、化不明爲明、化不理解爲理解等重要功用，且往往注中有補有考，有辨有論，具有重要的史料價值，蘊藏著豐富的史學思想。本文第三章探討佛教對中國史注學影響，曾針對「合本子注」概念加以釐清、解釋。東漢以降，佛教東漸，佛經譯本紛紛湧現，爲了正確闡釋解說佛經義理，注經者以一種譯本作爲母本，在經文中引入其它譯本作爲子注，以便於研尋、對照，這種注經方法被陳寅恪稱爲「合本子注」。

唐代的劉知幾雖批評劉孝標乃「好事之子，思廣異聞，而才短力微，不能自達，庶憑驥尾，千里絕群」，遂「掇眾史之異辭，補前書之所闕」〔註67〕爲《世說新語》作注，不過卻也高度讚賞劉孝標云：

> 孝標善於攻繆，博而且精，固以察及泉魚，辨窮河豕。嗟呼！以峻
> 之才識，足堪遠大，而不能探賾彪、嶠，網羅班、馬，方復留情於
> 委巷小說，銳思於流俗短書，可謂勞而無功，費而無當者矣。〔註68〕

劉知幾不滿劉孝標「留情於委巷小說，銳思於流俗短書」，可知劉知幾其實並不看重《世說新語》；但肯定劉孝標的才識能與班、馬相侔，惜才堪著史，但

〔註65〕同上註，頁205。
〔註66〕魏晉南北朝的史注家繼承前輩注史的傳統，吸收儒經注疏及佛經合本子注的經驗，傳述事實，證發文意，對前代及晚近史書進行注解和闡發，除注音、釋義、評論及發凡起例外，還講述其得失，補注其缺漏，積累了豐富的史注方法。此時期的史注數目很大，達30餘種，1000卷；種類繁多，有注體、解體、訓體、考辨體、音義體、集解體、自注體等體式；內容豐富，涉及紀傳體史書、歷史地理、筆記雜誌等類史書；名家輩出，注家中馳名後世與原書作者齊名的很多，甚至超過原書作者的也不乏其人。參見陶懋炳，《中國古代史學史略》（長沙：湖南人民出版社，1987年），頁174。
〔註67〕劉知幾著，浦起龍釋，王煦華整理，《史通通釋》，卷五〈補注〉，頁122。
〔註68〕同上註，頁123。

小用。由於劉知幾對史注的畫分是依據補前人之書，抑或自行刊補，因此劉孝標的《世說新語注》便沒有歸入楊衒之《洛陽伽藍記》「定彼榛楛，列爲子注」的史注一類，以致注列行中，如子從母的合本子注形式，並未套用在劉孝標《世說新語注》而受到注意，直到陳寅恪的說法提出後才被注意。陳氏在《徐高阮重刊洛陽伽藍記序》云：

> 凡承祚所不載，而事宜存錄者，則周不畢取，以補其闕。又同說一事，而辭有乖離，或出事本異，而疑不能判者，則並皆抄內，以補異聞。據此言之，裴氏三國志注實一廣義之合本子注也。劉孝標世說新書注，經後人刪略，非復原本。幸日本猶存殘卷，得藉以窺見劉注之舊，知其書亦廣義之合本子注也。酈善長之水經注，其體裁蓋同裴劉。〔註69〕

然而，周一良對陳寅恪的說法提出懷疑，在〈魏晉南北朝史學著作的幾個問題〉一文中論到：

> 陳寅恪先生〈支愍度學說考〉詳考佛書合本子注之體，以後又在〈讀《洛陽伽藍記》書後〉文中發揮此義……陳先生在文末推論，楊衒之《洛陽伽藍記》，以及裴注《三國志》、劉注《世說新語》、酈注《水經》，皆是受此種佛家影響的體裁，並舉《洛陽伽藍記》卷五圓凝寺條記惠生、宋雲使西域事爲例，……《洛陽伽藍記》此類例子確是比較符合「瞻上視下，讀彼案此」的要求，猶之同本異譯的佛經，同一內容而各家譯文表達有別，並列起來易於比對。至於裴松之、劉孝標、酈道元的注，多爲補遺訂誤，而非字句出入，往往連篇累牘，達千百言。這與同本異譯簡單明瞭的情況有很大的不同，不太好「分章斷句，使事類相從」，更不可能「瞻上視下，讀彼案此」。所以，這幾家的注恐怕未必與佛教合本子注傳統有何淵源吧？〔註70〕

佛經合本子注之體本意在「分章斷句，使事類相從，令尋之者瞻上視下，讀彼案此，足以釋乖迕之勞」，〔註71〕周一良認爲與《洛陽伽藍記》相比，裴注、劉注和酈注，多爲補遺訂誤，而非字句出入，往往連篇累牘，實無法「釋乖

〔註69〕陳寅恪，《寒柳堂集》（上海：上海古籍版社社，1980年版），頁143。
〔註70〕周一良，〈魏晉南北朝史學著作的幾個問題〉，收入氏著，《魏晉南北朝史論集》，頁409。
〔註71〕釋僧祐撰，蘇晉仁、蕭鍊子點校，《出三藏記集》卷八，頁310。

迂之勞」。陳氏、周氏兩造說法，各有所偏。眾所周知，陳寅恪治史向來特重
史料與實證，其特別表彰佛家「合本」對中土史學的積極影響，此實著眼於
其保存史料之功。〈楊樹達論語疏證序〉云：

> 寅恪嘗謂裴松之《三國志注》、劉孝標《世說書注》、酈道元《水經
> 注》、楊衒之《洛陽伽藍記》等，頗似當日佛典中之合本子注。然此
> 諸書皆乙部，至經部著作，其體例則未見有受釋氏之影響者。〔註72〕

可見陳氏對於經學和史學間的差別是有明確認識的，其考察《世說新語注》、
《洛陽伽藍記》等書的體裁不從儒家注經的方式，而是向佛家合本尋找解
釋，絕非偶然。陳寅恪從《隋書・經籍志》將這些書放在乙（史）部而不是
甲（經）部，探究原因，既然是在乙（史）部，則就該從史學的本質——發
明事實、保存史料去尋找根源，故陳氏不採儒家經注，而是從佛家角度去追
根究底。佛教傳播教義的特點，在擅於用類比故事宣揚教義，故能孕育出「事
類相從」爲特點的「合本」，其所提供的亦多爲原始材料。同樣的，魏晉南
北朝時期，佛經多本異譯的情形相當普遍，佛經編輯者的目的則是將佛經的
多家譯本提供給讀者，並不是爲母本作注，〔註73〕因此編者的任務僅限於裁
合眾本，不作主觀評論。「合本子注」帶有比較眾本以篩選最優版本的意圖，
客觀上保存了史料。故從史注強調「達事」的核心價值，以致需要重視史事
的豐富性而言，廣採別史異聞的史注型態遂應運而生。而此點，乃是合本子
注與中國史注的內在聯繫。

　　竊意以爲，魏晉南北朝時，各種文化思想相互激盪、融合，學者在接觸
各學術領域後，自然在治學時會自覺不自覺地將其融攝，調和折衷。雖不必
然全盤接收、複製和採用，卻可悠遊於各學術領域中截長補短，靈活運用，
故陳寅恪敏銳觀察到當時史注的發展「頗似」佛典之合本子注，將裴注、劉
注、水經注視爲「廣義」之合本子注，陳氏之見便是站在學術交流的角度立
論，保留一彈性思考的空間，反而周一良將陳氏說法過於僵化，主張裴注、
劉注和酈注並不符合合本子注的特色，故質疑陳氏之說。事實上「頗似」與
「等同」二者仍有差距，而「頗似」正可反映思想的自由活潑性，故不會一

〔註72〕陳寅恪，《金明館叢稿二編》，頁233。
〔註73〕吳晶主張子本雖被擬配於母本之下，形式如同子注，但本質上仍是原典。故
　　　　陳寅恪所提出「合本子注」概念中，「子注」實爲子本，「合本子注」遂稱「合
　　　　本」即可。詳參吳晶，〈陳寅恪「合本子注」說新探〉，《浙江社會科學》2008
　　　　年第12期，頁86。

味抄襲、複製。質言之，合本子注的方式，在當時學術思想交流頻繁的時代氛圍中，對中國史注學的發展的確不無啓發。

再者，周一良從形式上指出，裴、劉諸注與同本異譯，簡單明瞭的情況有很大不同。跟《洛陽伽藍記》相比，楊衒之的子注較符合「瞻上視下，讀彼案此」的要求，猶之同本異譯的佛經，同一內容而各家譯文表達有別，並列起來易於比對。不過，周一良所理解的合本子注似侷限於同本異譯之「字句出入」者，實際上，史學領域的抄納眾家異辭異聞，即「備異」、「補闕」之用，此正與佛經合本特點一致。劉孝標既尊奉佛法，參與譯經，自然接觸過合本子注，當他爲《世說新語》作注時，運用合本子注的方式注解，此說殆無爭議。下舉數例證之。《世說新語‧德行》載：

> 陳元方子長文有英才，與季方子孝先各論其父功德，爭之不能決，
> 咨於太丘。太丘曰：「元方難爲兄，季方難爲弟。」〔註74〕

劉孝標注曰：

> 一作元方難爲弟，季方難爲兄。〔註75〕

《世說新語‧傷逝》載：

> 王戎喪兒萬子，山簡往省之，王悲不自勝。簡曰：「孩抱中物，何至
> 於此？」王曰：「聖人忘情，最下不及情；情之所鍾，正在我輩。」
> 簡服其言，更爲之慟。〔註76〕

劉孝標注曰：

> 一說是王夷甫喪子，山簡弔之。〔註77〕

上述二則是注解時扼要舉出不同記載，供讀者參考。此外，劉注的備異方式亦有因爲所引書注與《世說新語》記載不同，特別在引文後指出者，例如：《世說新語‧賞譽》載：

> 諺曰：「楊州獨步王文度，後來出人郗嘉賓。」〔註78〕

劉孝標於此則引《續晉陽秋》一書注解云：

> 《續晉陽秋》曰：「超少有才氣，越世負俗，不循常檢。時人爲一代
> 盛譽者，語曰：『大才槃槃謝家安，江東獨步王文度，盛德日新郗嘉

〔註74〕劉義慶編，劉孝標注，余嘉錫箋疏，《世說新語箋疏》上卷〈德行〉，頁11。
〔註75〕同上註。
〔註76〕同上註，下卷〈傷逝〉，頁637。
〔註77〕同上註。
〔註78〕劉義慶編，劉孝標注，余嘉錫箋疏，《世說新語箋疏》中卷〈賞譽〉，頁484。

賓。」其語小異，故詳錄焉。〔註79〕

值得注意的是引文末，劉孝標附帶指出《續晉陽秋》和《世說新語》二者「其語小異，故詳錄焉」。又如《世說新語·傷逝》載：

> 桓大司馬乘雪欲獵，先過王、劉諸人許。眞長見其裝束單急，問：「老賊欲持此何作？」桓曰：「我若不爲此，卿輩亦那得談？」〔註80〕

劉孝標引《語林》注曰：

> 宣武征還，劉尹數十里迎之，桓都不語，直云：「垂長衣，談清言，竟是誰功？」劉答曰：「晉德靈長，功豈在爾？」二人說小異，故詳載之。〔註81〕

引文末，劉孝標亦附帶指出「二人說小異，故詳載之」。另外，《世說新語》之〈言語〉、〈文學〉、〈識鑒〉、〈容止〉、〈汰侈〉等篇中，〔註82〕也有幾則記載爲劉孝標於引文後特別指出「此語微異，故詳載之」、「兩說不同，故詳錄之」，或「二說不同，故詳載焉」。

除了上述扼要或是詳載兩說的「備異」方式，劉孝標注解《世說新語》時，「偏記雜談，旁收博采」，〔註83〕廣採別史異聞補充說明，使讀者可以知道其他的相關記載，與《世說新語》並讀，加強瞭解；更重要的是，藉此補闕，許多史料得以保存流傳至今。例如《世說新語·簡傲》載：「高坐道人於丞相坐，恆偃臥其側。見卞令，肅然改容云：『彼是禮法人。』」〔註84〕劉孝標對此則是旁採《高坐傳》，進一步注解補充曰：

> 王公曾詣和上，和上解帶偃伏，悟言神解。見尚書令卞望之，便斂衿飾容。時歎皆得其所。〔註85〕

使讀者對晉代高僧帛尸黎密多羅（高坐道人）對待丞相王導和卞壺的態度迥異，更能印象鮮明。又如《世說新語·德行》載：「王戎父渾有令名，官至

〔註79〕同上註。
〔註80〕同上註，下卷〈排調〉，頁800。
〔註81〕同上註。
〔註82〕可參見《世說新語》之〈言語〉第107條、〈文學〉第61條、97條、〈識鑒〉第6條、〈容止〉第7條、〈汰侈〉第1條。此處若再逐條引用《世說新語》原文和劉注，恐過於繁瑣，故上述乃採用劉義慶編，劉孝標注，余嘉錫箋疏，《世說新語箋疏》一書的條數，方便查詢。
〔註83〕見胡應麟，《史書佔畢》卷一，收入《少室山房筆叢》，頁175。
〔註84〕劉義慶編，劉孝標注，余嘉錫箋疏，《世說新語箋疏》下卷〈簡傲〉，頁771
〔註85〕同上註。

涼州刺史。渾薨，所歷九郡義故，懷其德惠，相率致賻數百萬，戎悉不受。」
〔註86〕劉義慶《世說新語》的記載是以王戎皆不收受作結，劉孝標則引虞
預《晉書》加以補充說明云：「戎由是顯名」，〔註87〕如此使讀者知道王戎
的人品使其聲名得以彰顯。藉由劉孝標的補闕，使人物的形象更加立體，鮮
活生動。再者如《世說新語・德行》載：

> 王戎、和嶠同時遭大喪，俱以孝稱。王雞骨支牀，和哭泣備禮。武
> 帝謂劉仲雄曰：「卿數省王、和不？聞和哀苦過禮，使人憂之。」仲
> 雄曰：「和嶠雖備禮，神氣不損；王戎雖不備禮，而哀毀骨立。臣以
> 和嶠生孝，王戎死孝。陛下不應憂嶠，而應憂戎。」〔註88〕

劉孝標於「王雞骨支牀，和哭泣備禮」此句下引《晉陽秋》一書注解道：

> 《晉陽秋》曰：「戎爲豫州刺史，遭母憂，性至孝，不拘禮制，飲酒
> 食肉，或觀慕弈，而容貌毀悴，杖而後起。時汝南和嶠，亦名士也，
> 以禮法自持。處大憂，量米而食，然憔悴哀毀，不逮戎也。」〔註89〕

透過史料的補充，將史事的來龍去脈更加清楚勾勒，實爲補闕的重要功能。

綜觀上述，史注中的廣採眾家異辭異聞，即「備異」、「補闕」之用，是
呈現史實的重要憑藉，而此誠如上文所強調，正是與佛教合本子注的特點如
出一轍。

整體而言，劉孝標「博極群書，文藻秀出」，〔註90〕自當能悠游於典籍
中各種注解體例，無論是傳統經注、佛教合本子注，抑或是如裴松之的史注
方式，〔註91〕皆能加以靈活運用。劉孝標身爲佛教徒，長年接觸佛經，注《世
說新語》時不可能完全不受佛教影響，鄙意劉孝標是將劉義慶《世說新語》
視作傳述魏晉史實的母本，並且堅持史注「達事」的精神，盡可能博採別史
異聞，旁徵博引其他史籍（借陳寅恪之言，這些史籍可視爲子注），孝辨精
核，企圖以豐富翔實的史事還原魏晉時代的眞正史實。〔註92〕

〔註86〕同上註，上卷〈德行〉，頁23。

〔註87〕同上註。

〔註88〕同上註，頁19～20。

〔註89〕同上註。

〔註90〕《南史》卷四十九《劉懷珍列傳附劉峻傳》，頁1219。

〔註91〕逯耀東指出劉孝標注《世說新語》，是承裴松之的餘緒。見逯耀東，《魏晉史
學的思想與社會基礎》，頁507。

〔註92〕劉知幾對劉孝標的評價，並非著眼於史注體例上的問題，而是針對劉孝標「善
於攻繆，博而且精」，擅長史實的考訂、論斷而發。故劉孝標注《世說新語》

（四）站在護持佛教的立場

劉孝標早年遁入空門，皈依佛法，曾參與北魏復佛事業，這樣的人生經歷使其與佛教關係甚爲密切，爲一虔奉佛法之人。此等親近佛教的態度，反映在注《世說新語》時，不僅表現於前文論述的引用僧傳與佛經、闡發佛理、採用合本子注的注釋體例等，筆者發現劉孝標對於批評佛教的言論，會在字裡行間流露出較大的情緒反應。《世說新語・尤悔》載：

> 阮思曠奉大法，敬信甚至。大兒年未弱冠，忽被篤疾。兒既是偏所愛重爲之祈請三寶，晝夜不懈。謂至誠有感者，必當蒙祐。而兒遂不濟。於是結恨釋氏，宿命都除。〔註93〕

劉孝標注曰：

> 以阮公智識，必無此弊。脫此非謬，何其惑歟！夫文王期盡，聖子不能駐其年，釋種誅夷，神力無以延其命。故業有定限，報不可移。若請禱而望其靈，匪驗而忽其道，固陋之徒耳，豈可以言神明之智者哉！〔註94〕

此注中，劉孝標引用「業有定限，報不可移」，即業報不可轉移的理論替佛教辯護。以他早年所受佛教相關訓練，自然深刻了解業感緣起是佛教根本思想之一。以劉孝標筆受曇曜、吉迦夜所譯《雜寶藏經》來說，其中就有許多業力思想，〔註95〕茲以字數比較簡要的第 111 則〈難陀王與那伽斯那共論緣〉爲例試析之：

> ……時（難陀）王復問：「一切地獄，刀劍解形，分散處處，其命猶存，實有此不？」斯那答言：「譬如女人，噉食餅肉瓜菜，飲食悉皆消化，至於懷妊，歌羅羅時，猶如微塵，云何轉大，而不消化？」王言：「此是業力。」斯那答言：「彼地獄中，亦是業力，命根得存。」

除了博引群書，更重要的是能重視史實，糾正劉義慶《世說》錯誤之處，考據精嚴。

〔註93〕劉義慶編，劉孝標注，余嘉錫箋疏，《世說新語箋疏》下卷〈尤悔〉，頁 903。

〔註94〕同上註。

〔註95〕梁麗玲在《雜寶藏經研究》中，針對《雜寶藏經》121 則故事進行全面整理，依其故事類別與結構，分爲本生故事、因緣故事、譬喻故事三種；至於內容，將之細分爲孝養、慈悲、業力、諂僞、誹謗、行施、教化、諍鬥等八類，其中業力類正是宣揚佛教三世因果報應的思想。作者將書中故事逐一舉出，頗便於查閱。參見梁麗玲，《雜寶藏經研究》，頁 129～184。

〔註 96〕

佛教因果報應說的理論基礎是業感緣起論,其認爲宇宙間的萬事萬物都是有識眾生之業因感召生成。《佛說十善業道經》上說:「一切眾生,心想異故,造業亦異,由是故有諸趣輪轉」,〔註97〕輪轉趨向的好壞是由「業」的性質決定的。眾生造業必然承受相應果報,業力千差萬別,感召的結果也大相迥異。〔註 98〕佛教雖指出眾生行善則受福報,作惡則招禍殃,可是在現實生活中,則往往存在惡人得福,善人致禍的現象。慧遠爲消除眾人對佛教的疑惑,撰〈三報論〉曰:「經說業報有三,一曰現報,二曰生報,三曰後報。現報者,善惡始於此身,即此身受;生報者,來生便受;後報者,或經二生三生、百生千生,然後乃受。」〔註 99〕並指出善惡報應是一條自然規律,無法避免,只是報應遲速早晚罷了,而這一切都取決於業力的強弱。

在上述《世說新語·尤悔》中,阮思曠因痛失愛兒,遂對佛教埋怨不解,其實這與廣大群眾質問「積善而殃集,凶邪而致慶」〔註100〕的心理是一致的。而劉孝標在注解中表達自己的意見,反映他仍是堅信「業有定限,報不可移」的佛教理論,並且認爲「以阮公智識,必無此弊。脫此非謬,何其惑歟!」懷疑此則記載是劉義慶《世說新語》的誤植,同時劉孝標也對「請禱而望其靈,匪驗而忽其道」者,指責其爲「固陋之徒耳」,將不滿情緒表露無遺。不過,儘管劉孝標具有護持佛教之心,卻非盲目佞佛之人。《世說新語·排調》載:

> 二郗奉道,二何奉佛,皆以財賄。謝中郎云:「二郗諂於道,二何佞於佛。」〔註101〕

劉孝標引《中興書》注曰:

> 郗愔及弟奉天師道。〔註102〕

又引《晉陽秋》注曰:

〔註96〕曇曜、吉迦夜譯,《雜寶藏經》卷九〈難陀王與那伽斯那共論緣〉,T4/203,頁 493a。
〔註97〕實叉難陀譯,《佛記十善業道經》,T15/600,頁 157c。
〔註98〕魏承思,《中國佛教文化論稿》,頁 106。
〔註99〕〔東晉〕慧遠,〈三報論〉,收入釋僧祐,《弘明集》卷五,T52/2102,頁 34b。
〔註100〕同上註。
〔註101〕劉義慶編,劉孝標注,余嘉錫箋疏,《世說新語箋疏》下卷〈排調〉,頁 814。
〔註102〕同上註。

何充性好佛道，崇修佛寺，供給沙門以百數。久在揚州，徵役吏民，功賞萬計，是以爲遐邇所譏。充弟準，亦精勤，唯讀佛經，營法寺廟而已矣。〔註103〕

《晉書・何充傳》載：「（充）性好釋典，崇修佛寺，供給沙門以百數，靡費巨億而不吝也。親友至于貧乏，無所施遺，以此獲譏於世。」〔註104〕可見何充信佛甚篤，將個人資財多用於築寺養僧，「靡費巨億而不吝」。關於何準崇佛，《晉書》卷九十三〈外戚・何準傳〉亦記載：「何準字幼道，穆章皇后父也。高尙寡欲……充居宰輔之重，權傾一時，而準散帶衡門，不及人事，唯誦佛經，修營塔廟而已。」〔註105〕由上述史料得知，何充兄弟信佛主要表現爲「崇修佛寺」、「修營塔廟」，而這需要耗費大量的公私財物，因此受到時人的譏笑。無怪乎《世說新語》將此記於〈排調篇〉。這一則記載之所以引起筆者關注，在於劉孝標對於佞佛的何充、何準兩兄弟，並無袒護，反而是引述《晉陽秋》的相關內容，詳盡地注解，說明緣由。據此可知，劉孝標儘管身爲虔誠佛教徒，站在護持佛持的立場，沒有對奉佛失當的何充兄弟加以批評；然而他的心中自有尺度，能客觀看待佛教發展過程中衍生的負面現象，故注解時也沒有特意隱諱。筆者認爲，此等公正的態度，可以說是與劉孝標從事史注工作時，秉持質疑糾謬以辨虛實的徵實精神，是相互呼應的。

　　總結本節所論，劉孝標生於亂世，與佛教因緣甚深，不僅曾爲僧（早年出家，後還俗），且在北魏滯溜期間，奠定深厚的佛學基礎。潛逃南來，因不爲梁武帝所喜，以至遇才不遇，挹鬱不得志。博學多識且欲留取聲名於後的劉孝標，出自個人自意爲之的動機，以注史而非注文的態度爲劉義慶《世說新語》作注。當中，將其自身的佛教信仰、佛學涵養，以及對僧人事蹟的關注，非屬刻意爲之地表現在引書注或自注中，此可從引用佛教相關典籍作注、對佛學的闡發與議論、採佛經「合本子注」的注釋體例，以及站在護持佛教的立場等四方面觀察得知。故劉孝標自意爲之的《世說新語注》，是一部受到佛教影響的史注著作，確然可證。

〔註103〕同上註。
〔註104〕《晉書》卷七十七〈何充列傳〉，頁2030。
〔註105〕《晉書》卷九十三〈外戚列傳・何準傳〉，頁2417。

表 5-3 《世說新語注》中與佛教相關的注文

序號	篇名條數	《世說新語》原文	劉 孝 標 注		
			注 文	方式	內容類別
1	德行30	桓常侍聞人道深公者，輒曰：「此公既有宿名，加先達知稱，又與先人至交，不宜說之。」	僧法深，不知其俗姓，蓋衣冠之胤也。道徽高扇，譽播山東，爲中州劉公弟子。值永嘉亂，投迹楊土，居止京邑，內持法綱，外允具瞻，弘道之法師也。以業慈清淨，而不耐風塵，考室剡縣東二百里岇山中，同遊十餘人，高棲浩然。支道林宗其風範，與高麗道人書，稱其德行，年七十有九，終於山中也。〔註106〕	引書注	僧人事蹟
2	言語39	高坐道人不作漢語，或問此意，簡文曰：「以簡應對之煩。」	《高坐別傳》曰：「和尙胡名尸黎密，西域人。傳云國王子，以國讓弟，遂爲沙門。永嘉中，始到此土，止於大市中。和尙天姿高朗，風韻遒邁。丞相王公一見奇之，以爲吾之徒也。周僕射領選，撫其背而嘆曰：『若選得此賢，令人無恨。』俄而周侯遇害，和尙其靈坐，作胡祝數千言，音聲高暢，既而揮涕收淚，其哀樂廢興此其類。性高簡，不學晉語。諸公與之言，皆因譯，然神領意得，頓在言前。」《塔寺記》曰：「尸黎密冢曰高座，在石子岡常行頭陀，卒於梅岡，即葬焉。晉元帝於冢邊立寺，因名高坐。」	引書注	僧人事蹟
3	言語41	庾公嘗入佛圖，見臥佛。	《涅槃經》云：「如來背痛，於雙樹間北首而臥，故後之圖繪者爲此象。」	引書注	佛經
4	言語45	佛圖澄與諸石遊。	《澄別傳》曰：「道人佛圖澄，不知何許人，出於敦煌，好佛道，出家爲沙門。永嘉中，至洛陽，値京師有難，潛遁草澤間。石勒雖異好殺害，因勒大將軍郭默略見勒。以麻油塗掌，占見吉凶。數百里外聽浮圖鈴聲，逆知禍福，勒甚敬信之。虎即位，亦師澄，號大和尙。自知終日，開棺無屍，唯袈裟法服在焉。」	引書注	僧人事蹟

〔註106〕此條注文在僧法深上應有脫文，不知劉孝標所引何書。

5	言語48	竺法深在簡文坐，劉尹問：「道人何以游朱門？」答曰：「君自見其朱門，貧道如游蓬戶。」	《高逸沙門傳》曰：「法師居會稽，皇帝重其風德，遣使迎焉，法師暫出應命。」司徒會稽王天性虛澹，與法師結殷勤之歡。師雖升履丹墀，出入朱邸，泯然曠達，不異蓬宇也。」	引書注	僧人事蹟
6	言語51	玄謂：「被親故泣，不被親故不泣。」敷曰：「不然，當由忘情故不泣，不能忘情故泣。」	《大智度論》：「佛在陰庵羅雙樹間入般涅槃，臥北首，大地震動。諸三學人，憯然不樂，郁伊交涕；諸無學人，但念諸法，一切無常。」	引書注	佛經
7	言語52	庾法暢造庾太尉，握麈尾至佳，公曰：「此至佳，那得在？」法暢曰：「廉者不求，貪者不與，故得在耳。」	法暢氏族所出未詳。法暢著《人物論》，自敘其美云：「悟銳有神，才辭通辯。」〔註107〕	孝標自注〔註108〕引書注	僧人事蹟
8	言語	支道林常養數匹馬。或言「道人畜馬不韻。」支曰：「貧道重其神駿。」	《高逸沙門傳》曰：「支遁字道林，河內林慮人，或曰陳留人，本姓關氏。少而任心獨往，風期高亮，家世奉法。嘗於餘杭山沈思道行，泠然獨暢。年二十五始釋形入道，年五十三終於洛陽。」	引書注	僧人事蹟
9	言語76	支公好鶴，住剡東岇山。	《支公書》曰：「山去會稽二百里。」	引書注	地理
10	言語93	道壹道人好整飾音辭。	《沙門題目》曰：「道壹文鋒富贍。孫綽爲之贊曰：『馳騁遊說，言固不虛。唯茲壹公，綽然有餘。譬若春圃，載芬載敷。條柯猗蔚，枝榦扶疏。』」	引書注	僧人事蹟
11	文學16	客問樂令「旨不至」者，樂亦不復剖析文句，直以麈尾柄确几曰：「至不？」客曰：	夫藏舟潛往，交臂恆謝，一息不留，忽焉生滅。故飛鳥之影，莫見其移；馳車之輪，曾不掩地。是以去不去矣，庸有至乎？然則前至不異後至，	孝標自注	佛學

〔註107〕余嘉錫對劉孝標此注加以箋疏曰：「《高僧傳》四〈康僧淵傳〉云：『晉成之世，與康法暢、支敏度等俱過江。暢亦有才思，善爲往復，著人物始義論等。』暢常執麈尾行。每值名賓，輒清談盡日。庾元規謂暢曰：『此麈尾何以常在？』暢曰云云。考晉代沙門，無以庾爲姓者。康爲西域胡姓，然晉人出家，亦出師爲姓。故孝標以爲疑。後文學篇注康僧淵亦云：『僧淵氏族，所出未詳。』足證二人皆姓康矣。」見劉義慶編，劉孝標注，余嘉錫箋疏，《世說新語箋疏》上卷〈言語〉，頁112。

〔註108〕表5-3中將字特別反黑，是爲標示其乃劉孝標自注者。

		「至!」樂因又舉塵尾曰:「若至者,那得去?」	至名所以生;前去不異後去,去名所以立。今天下無去矣,而去者非假哉?既為假矣,而至者豈實哉?		
12	文學23	殷中軍見佛經云:「理亦應阿堵上。」	佛經之行中國尚矣,莫詳其始。《牟子》曰:「漢明帝夜夢神人,身有日光,明日,博問群臣。通人傅毅對曰:『臣聞天竺有道者號曰佛,輕舉能飛,身有日光,殆將其神也。』於是遣羽林將軍泰景、博士弟子王遵等十二人之大月氏國,寫取佛經四十二部,在蘭臺石室。」劉子政《列仙傳》曰:「歷觀百家之中,以相檢驗,得仙者百四十六人,其中七十四人已在佛經,故撰得七十。可以多聞博識者遐觀焉。」如此,即漢成、哀之間,已有經矣。與《牟子》、《傳記》便為不同。《魏略·西戎傳》曰:「天竺城中有臨兒國。浮屠經云:『其國王生浮圖。浮圖者,太子也。父曰屑頭邪,母曰莫邪。浮屠者,身服色黃,髮如青絲,爪如銅。其母夢白象而孕。及生。從右脅出,而有髻,墜地能行七步。』天竺又有神人曰沙津。昔漢哀帝元壽元年,博士弟子景盧受大月氏王使伊存口受浮屠經。曰復立者,其人也。」《漢武故事》曰:「昆邪王殺休屠王,以其眾來降,得其金人之神,置之甘泉宮。金人皆長丈餘,其祭不用牛羊,唯燒香禮拜。上使依其國俗祀之。」此神全類於佛,豈當漢武之時,其經未行於中土,而但神明事之邪。故驗劉向、魚豢之說,佛至自哀、成之世明矣。然則牟傳所言四十二者,其文今存非妄。蓋明帝遣使廣求異聞,非是時無經也。	孝標自注 引書注	其他(佛教發展)
13	文學30	有北來道人好才理,與林公相遇於瓦官寺,講《小品》。於時竺法深、孫興公悉共聽。此道人語,屢設疑難,林公辯答清析,辭氣俱爽。此道人每輒摧屈。孫問深	庾法暢《人物論》曰:「法深學義淵博,名興蚤著,弘道法師也。」	引書注	僧人事蹟

		公：「上人當是逆風家，向來何以都不言？」			
14		林公曰：「白旃檀非不馥，焉能逆風？」	《成實論》曰：「波利質多天樹，其香則逆風而聞。」	引書注	佛經
15	文學35	支道林造〈即色論〉。	《支道林集·妙觀章》云：「夫色之性也，不自有色，色不自有，雖色而空。故曰色即爲空，色復異空。」	引書注	佛學
16		論成，示王中郎，中郎都無言。支曰：「默而識之乎？」王曰：「既無文殊，誰能見賞？」	《維摩詰經》曰：「文殊師利問維摩詰云：『何者是菩薩入不二法門？』時維摩詰默然無言。文殊師利歎曰：『是眞入不二法門也。』」	引書注	佛經
17	文學36	因論《莊子》〈逍遙遊〉。支作數千言，才藻新奇，花爛映發。王遂披襟解帶，留連不能已。	《支法師傳》曰：「法師研十地，則知頓悟於七住；尋莊周，則辯聖人之逍遙。當時名勝，咸昧其音旨。」《道賢論》以七沙門比竹林七賢。遁比向秀，雅尚《莊》、《老》。二子異時，風尚玄同也。	引書注	僧人事蹟
18	文學37	三乘佛家滯義，支道林分判，使三乘炳然。諸人在下坐聽，皆云可通。支下坐，自共說，正當得兩，入三便亂。今義弟子雖傳，猶不盡得。	《法華經》曰：「三乘者，一曰聲聞乘，二曰緣覺乘，三曰菩薩乘。聲聞者，悟四諦而得道也。緣覺者，悟因緣而得道也。菩薩者，行六度而得道也，然則羅漢得道，全由佛教，故以聲聞爲名也。辟支佛得道，或聞因緣而解，或聽環珮而得悟。神能獨達，故以緣覺爲名也。菩薩者，大道之人也，方便則止行六度，眞教則通修萬善，功不爲己，志存廣濟，故以大道爲名也。」	引書注	佛經
19	文學40	支道林、許掾諸人共在會稽王齋頭。支爲法師，許爲都講。	《高逸沙門傳》曰：「道林時講《維摩詰經》。」	引書注	僧人事蹟
20	文學42	支道林初從東出，住東安寺中。	《高逸沙門傳》曰：「遁居會稽，晉哀帝欽其風味，遣中使至東迎之。遁遂辭丘壑，高步天邑。」	引書注	僧人事蹟
21	文學43	殷中軍讀《小品》。	釋氏《辨空經》，有詳者焉，有略者焉。詳者爲《大品》，略者爲《小品》。	引書注	佛經
22		下二百籤，皆是精微，世之幽滯。嘗欲與支道林辯之，竟不得。今《小品》猶存。	《高逸沙門傳》曰：「殷浩能言名理，自以有所不達，欲訪之於遁。遂邂逅不遇，深以爲恨。其爲名識賞重，如此之至焉。」	引書注	僧人事蹟

23	文學44	佛經以為祛練神明，則聖人可致。	釋氏經曰：「一切眾生，皆有佛性。但能修智慧，斷煩惱；萬行具足，便成佛也。」	孝標自注〔註109〕	佛學
24	文學45	往返多時，林公遂屈。厲聲曰：「君何足復受人寄載！」	《名德沙門題目》曰：「于法開才辨從橫，以術數弘教。」《高逸沙門傳》曰：「法開初以義學著名，後與支遁有競；改遁居剡縣，更學醫術。」	引書注	僧人事蹟
25	文學48	殷、謝諸人共集。謝因問殷：「眼往屬萬形，萬形來入眼不？」	《成實論》曰：「眼識不待到而知，虛塵假空與明；故得見色。若眼到色到，色閒則無空明。如眼觸目，則不能見彼。當知眼識不到而知。」依如此說，則眼不往，形不入，遙屬而見也。謝有問，殷無答，疑闕文	引書注孝標自注	佛經佛學
26	文學50	殷中軍被廢東陽，始看佛經。初視《維摩詰》	僧肇注《維摩經》曰：「維摩詰者，秦言淨名，蓋法身之大士，見居此土，以弘道也。」	引書注	佛學
27		疑「般若波羅密」太多，後見《小品》，恨此語太少。	波羅密，此言到彼岸也。《經》〔註110〕云：「到者有六焉：一曰檀；檀者，施也。二曰毗黎；毗黎者，持戒也。三曰羼提；羼提者，忍辱也。四曰尸羅；尸羅者，精進也。五曰禪；禪者，定也。六曰般若；般若者，智慧也。然則五者為舟，般若為導，導則俱絕有相之流，升無相之彼岸。故曰波羅密也。淵源未暢其致，少而疑其多；已而究其宗，多而患其少也	孝標自注引書注	佛經佛學
28	文學54	汰法師云：「六通、三明同歸，正異名耳。」	《安法師傳》曰：「竺法汰者，體器弘簡，道情冥到，法師友而善焉。」一說法汰即安公弟子也。《經》〔註111〕云：「六通者，三乘之功德也。一曰天眼通，見遠方之色；二曰天耳通，聞障外之聲；三曰身通，飛行隱顯；四曰它心通，水鏡萬慮；五曰宿命通，神知已往；六曰漏盡通，慧解累世。三明者，解說在心，朗照三世者也。」然則天眼、天耳、身通、它心、	引書注孝標自注	僧人事蹟佛經佛學

〔註109〕劉孝標此條注引釋氏經，經筆者翻查並無特指某經，應是劉孝標個人對佛經中涉及佛性、成佛之說的個人心得，故筆者將此注文歸納為自注。
〔註110〕按此條注文中的《經》為《法華經》。
〔註111〕按此條注文中的《經》為《華嚴經》

29	文學 59	殷中軍被廢，徙東陽，大讀佛經，皆精解。唯至「事數」處不解。	事數：謂若五陰、十二入、四諦、十二因緣，五根、五九、七覺之聲。	孝標自注	佛學
			漏盡此五者，皆見在心之明也。宿命則過去心之明也。因天眼發未來之智，則未來心之明也。同歸異名，義在斯矣。		
30	文學 61	殷荊州曾問遠公。	張野〈遠法師銘〉曰：「沙門釋慧遠，雁門樓煩人。本姓賈師，世爲冠族。年十二，隨舅令狐氏遊學許、洛。年二十一，欲南渡，就范宣子學，道阻不通，遇釋道安以爲師。抽簪落髮，研求法藏。釋曇翼每資以燈燭之費。誦鑒淹遠，高悟冥賾。安常歎曰：『道流東國，其在遠乎？』襄陽既沒，振錫南遊，結宇靈嶽。自年六十，不復出山。名被流沙，彼國僧眾，皆稱漢地有大乘沙門。每至然香禮拜，輒東向致敬。年八十三而終。」	引書注	僧人事蹟
31	文學 64	提婆初至，爲東亭第講《阿毗曇》。	〈出經敘〉曰：「僧伽提婆，罽賓人，姓瞿曇氏。儁朗有深鑒，符堅至長安，出諸經。後渡江，遠法師請譯阿毗曇。」遠法師〈阿毗曇敘〉曰：「阿毗曇心者，三藏之要領，詠歌之微言。源流廣大，管綜眾經，領其宗會，故作者以心爲名焉。有出家開士字法勝，以《阿毗曇》源流廣大，卒難尋究，別撰斯部，凡二百五十偈，以爲要解，號之曰『心』。罽賓沙門僧伽提婆，少玩斯文，因請令譯焉。」阿毗曇者，晉言大法也。道標法師曰：「阿毗曇者，秦言無此法也。」〔註112〕	引書注 孝標自注	僧人事蹟 佛經 佛學
32		東亭問法岡道人曰：	法岡，未詳氏族。	孝標自注	僧人事蹟
33		「弟子都未解，阿彌那得已解？所得云何？」曰：「大略全是，故當小未精覈耳。」	〈出經敘〉曰：「提婆以隆安初遊京師，東亭侯王珣迎至舍講阿毗曇。提婆宗致既明，振發義奧，王僧彌一聽便自講，其明義易啓人心如此。未詳年卒。」	引書注	僧人事蹟

〔註112〕　「道標法師曰」此句不知劉孝標引自何書。

34	方正 45	後來年少多有道深公者。深公謂曰:「黃吻年少,勿爲評宿士。昔嘗與元明二帝、王庾二公周旋。」	《高逸沙門傳》曰:「晉元、明二帝,遊心玄虛,託情道味,以賓友禮待法師。王公、庾公傾心側席,好同臭味也。」	引書注	僧人事蹟
35	雅量 31	支道林還東。	《高逸沙門傳》曰:「遁爲哀帝所迎,遊京邑,心在故山,乃拂衣王都,還就巖穴。」	引書注	僧人事蹟
36	雅量 32	郗嘉賓欽崇釋道安德問。	《安和上傳》曰:「釋道安者,常上薄柳人,本姓衛,年十二作沙門。神性聰敏而貌至陋,佛圖澄甚重之。值石氏亂,於陸渾山木食修學,爲慕容俊所逼,乃住襄陽。以佛法東流,經籍錯謬,更爲條章,標序篇目,爲之注解。自支道林等皆宗其理。無疾卒。」	引書注	僧人事蹟
37	賞譽 48	時人欲題目高坐而未能,桓廷尉以問周侯,周侯曰:「可謂卓朗。」桓公曰:「精神淵箸。」	《高坐傳》曰:「庾亮、周顗、桓一代名士,一見和尚,披衿致契。曾爲和尚作目,久之未得,有云:『尸利密可稱卓朗。』於是桓始咨嗟,以爲標之極似。宣武嘗曰:『少見和尚,稱其精神淵箸,當年出倫。』甚爲名士所歎如此。」	引書注	僧人事蹟
38	賞譽 88	王右軍道謝萬石「在林澤上,爲自遒上」。歎林公「器朗神儁」。	《支遁別傳》曰:「遁任心獨往,風期高亮。」	引書注	僧人事蹟
39	賞譽 98	王長史歎林公:「尋微之功,不減輔嗣。」	《支遁別傳》曰:「遁神心警悟,清識玄遠,嘗至京師,王仲祖稱其造微之功,不異王弼。」	引書注	僧人事蹟
40	賞譽 110	王、劉聽林公講,王語劉曰:「向高坐者,故是凶物。」復東聽,王又曰:「自是鉢釪後王、何人也。」	《高逸沙門傳》曰:「王濛恒尋道,遇祗洹寺中講,正在高坐上,每舉麈尾,常領數百言,而情理俱暢。預坐百餘人,皆結舌注耳。濛云:『聽講眾僧,向高坐者,是鉢釪後王、何人也。』」	引書注	僧人事蹟
41	賞譽 114	初,法汰北來未知名,王領軍供養之。每與周旋,行來往名勝許,輒與俱。不得汰,便停車不行。因此名遂重。	《名德沙門德目》曰:「法汰高亮開達。」孫綽爲汰〈贊〉曰:「淒風拂林,明泉映壑。爽爽法汰,校德無怍。事外蕭蕭,神內恢廓。實從前起,名隨後躍。」《泰元起居注》曰:「法汰以十二年卒。烈宗詔曰:『法	引書注	僧人事蹟

			汰師喪逝，哀痛傷懷，可贈錢十萬。』		
42	品藻 67	郗嘉賓問謝太傅曰：「林公談何如嵇公？」謝云：「嵇公勤著腳，裁可得去耳。」	《支遁傳》曰：「遁神悟機發，風期所得，自然超邁也。」	引書注	僧人事蹟
43	規箴 24	遠公在廬山中。	遠法師〈廬山記〉曰：「山在江州尋陽郡，左挾彭澤，右傍通川，有匡俗先生，出自殷、周之際，遁世隱時，潛居其下。或云：匡俗受道於仙人，而共遊其嶺，遂託室崖岫，即巖成館，故時人謂為神仙之廬而命焉。」〈法師遊山記〉曰：「自託此山二十三載，再踐石門，四遊南嶺，東望香鑪峰，北眺九江。傳聞有石並方湖，中有赤鱗踊出，野人不能敘，直嘆其奇而已矣。」	引書注	地理
44	傷逝 11	支道林喪法虔之後，精神霣喪，風味轉墜。	《支遁傳》曰：「法虔，道林同學也。儁朗有理義，遁甚重之。」	引書注	僧人事蹟
45	傷逝 13	戴公見林法師墓。	《支遁傳》曰：「遁太和元年終於剡之石城山，因葬焉。」	引書注	僧人事蹟
46		曰：「德音未遠，而拱木已積。冀神理綿綿，不與氣運俱盡耳！」	王珣〈法師墓下詩序〉曰：「余以寧康二年，命駕之剡石城山，即法師之丘也。高墳鬱為荒楚，丘隴化為宿莽，遺跡未滅，而其人已遠。感想平昔，觸物悽懷。」其為時賢所惜如此。	引書注 孝標自注	僧人事蹟
47	簡傲 7	高坐道人於丞相坐，恆偃臥其側。見卞令，肅然改容云：「彼是禮法人。」	《高坐傳》曰：「王公曾詣和上，和上解帶偃伏，悟言神解。見尚書令卞望之，便斂衿飾容。時歎皆得其所。」	引書注	僧人事蹟
48	排調 22	何次道往瓦官寺禮拜甚勤。	允崇釋氏，甚加敬也。	孝標自注	其他（奉佛情形）
49	排調 28	支道林因人就深公買岇山，深公答曰：「未聞巢，由買山而隱。」	《高逸沙門傳》曰：「遁得深公之言，憖悆而已。」	引書注	僧人事蹟

50	輕詆 24	庾道季詫謝公曰：「裴郎云：『謝安謂裴郎乃可不惡，何得爲復飲酒？』裴郎又云：『謝安目支道林，如九方皋之相馬，略其玄黃，取其儁逸。』」	《支遁傳》曰：「遁每標舉會宗，而不留心象喻，解釋章句，或有所漏，文字之徒，多以爲疑。謝安石聞而善之曰：『此九方皋之相馬也，略其玄黃，而取其儁逸。』」	引書注	僧人事蹟
51	假譎 11	愍度道人始欲過江，與一傖道人爲侶。謀曰：「用舊義在江東，恐不得辦得食。」便共立「心無義」。既而此道人不成渡，愍度果講義積年。	《名德沙門題目》曰：「支愍度才鑒清出。」孫綽〈愍度贊〉曰：「支度彬彬，好是拔新。俱稟昭見，而能越人。世重秀異，咸競爾珍。孤桐嶧陽，浮磬泗濱。」	引書注	僧人事蹟
52		後有傖人來，先道人寄語云：「爲我致意愍度，無義那可立？」	舊義者曰：「種智有是，而能圓照。然則萬累斯盡，謂之空無；常住不變，謂之妙有。」而無義者曰：「種智之體，豁如太虛，虛而能知，無而能應。居宗至極，其唯無乎？」	孝標自注	佛學

備註：表 5-3 乃根據劉義慶編，劉孝標注，余嘉錫箋疏，《世說新語箋疏》製作。

第二節 「假佛寺之名，志帝京之事」的《洛陽伽藍記》

　　《洛陽伽藍記》是一部集歷史、地理、佛教、文學於一身的名著。〔註113〕歷來圖書分類中，大部分多承襲《隋書‧經籍志》，將之歸於「史部地理類」，可見多數史家將《洛陽伽藍記》視爲一部地理書。不過，若依據楊衒之的著作動機與態度而言，則該書強烈的歷史意識實不容忽視。如楊勇〈《洛陽伽藍記》之旨趣與體例〉即云：「余以此書雖以記伽藍爲名，實則敘錄當代史蹟，上自太和（原文誤作太元），下自永熙，四十年間，北魏風物，家國大事，無不備書」。〔註114〕明代毛晉綠君亭本〈洛陽伽藍記跋〉云：

〔註113〕在文學史傳統上，《洛陽伽藍記》與《水經注》向來因其散文成就被相提並論，周祖謨云：「楊衒之不但熟悉當時的掌故，而且長於著述，敘述檢括，文筆雋秀，足可與酈道元《水經注》媲美。既是地理書，又是一部史書，並且是一部極好的文學著作。」參見楊衒之撰，周祖謨校釋，《洛陽伽藍記校釋‧序》，頁9。周一良〈《洛陽伽藍記》的幾條補注〉也說：「《洛陽伽藍記》是一部有名的歷史著作，也是有名的文學作品。」見周一良，《魏晉南北朝史論集》，頁423。

〔註114〕（北魏）楊衒之著，楊勇校箋，《洛陽伽藍記校箋》（臺北：正文書局，1982

魏自顯祖好浮屠之學，至胡太后而濫觴焉。此伽藍記之所繇作也。
鋪揚佛宇，而因及人文。著撰園林、歌舞、鬼神、奇怪、興亡之異，
以寓其褒譏，又非徒以記伽藍而已也。妙筆葩芬，奇思清峙，雖衛
叔寶之風神，王夷甫之姿態，未足以方之矣。〔註115〕

毛晉所言指出，「浮屠」、「濫觴」是觸發楊衒之撰寫《洛陽伽藍記》的動機，
「鋪揚佛宇」則爲書中主要架構，此外，「園林」、「歌舞」、「鬼神」、「奇怪」、
「興亡」等題材，散見夾敘其中，內容多元豐富，而「寓其褒譏」則爲楊衒
之下筆之目的。《四庫全書總目提要》則云：「其兼敘爾朱榮等變亂之事，委
曲詳盡，多足與史傳參證。」〔註116〕又該書既題名爲「伽藍」，與佛教的關係
自然密切，故《新唐書・藝文志》將《洛陽伽藍記》列入「子部道家類（即
釋家）」。就現存文獻史料觀之，關於北魏洛陽時期的佛教記載仍以《洛陽伽
藍記》最爲翔實豐富，以致一旦關乎北魏佛教的相關研究，幾乎無法忽略該
書。因此，符合歷史與佛教雙重內涵的《洛陽伽藍記》，是本文探討佛教對北
朝史學有何影響，相當適切的研究對象。

一、《洛陽伽藍記》的撰著緣由

　　《洛陽伽藍記》的作者據此書中自述及書首所署曰：「魏撫軍府司馬楊衒
之撰」。楊衒之，北魏人，生卒年不詳，生平不見於史傳，歷代墳籍論及者，
寥寥可數。唯官銜，知道他在北魏永安中爲奉朝請，北魏末任秘書監，曾任
期城郡太守，著書時爲東魏撫軍府司馬。〔註117〕楊衒之在《洛陽伽藍記》書

〔註115〕年）〈附錄〉，頁249。
〔註115〕本版本《洛陽伽藍記》收於毛晉所輯之《津逮祕書》，又名「綠君亭本」。〔明〕
　　　　毛晉，《津逮祕書》（臺北：藝文印書館，1966年）第九冊，此版本無頁碼，
　　　　附於全書五卷之末。
〔註116〕〔清〕乾隆敕撰，紀昀等纂，《四庫全書總目題要》卷七十〈史部・地理類三〉，
　　　　頁396。
〔註117〕楊衒之事蹟不見載於《魏書》、《北史》，作品除廣弘明集收錄一篇《上東魏主
　　　　啓》外，僅存《洛陽伽藍記》，書中衒之略有自述，成爲今存了解衒之最可靠
　　　　最直捷的第一手資料。根據《洛陽伽藍記》記載，「永安中衒之爲奉朝請」、「武
　　　　定五年，余因行役，重覽洛陽」，書成時衒之官職爲魏撫軍府司馬。此外隋費
　　　　長房《歷代三寶記》云：「期城郡太守楊衒之撰」以及釋道宣《廣弘明集》云：
　　　　「楊衒之，北平人，元魏末爲秘書監。」另〔唐〕釋道宣《大唐內典錄》載
　　　　《洛陽伽藍記》：「期城郡守楊衒之撰」。上述費長房、釋道宣之言，引自楊衒
　　　　之撰，范祥雍校注，《洛陽伽藍記校注》（上海：上海古籍出版社，2006年）
　　　　附編一「楊衒之傳略」，頁356。

序即表明其撰述動機云：

> 至武定五年，歲在丁卯，余因行役，重覽洛陽。城郭崩毀，宮室傾
> 覆。寺觀灰燼，廟塔丘墟。牆被蒿艾，巷羅荊棘。野獸穴於荒階，
> 山鳥巢於庭樹。遊兒牧豎，躑躅於九逵，農夫耕者，藝黍於雙闕。
> 麥秀之感，非獨殷墟，黍離之悲，信哉周室。京城表裏，凡有一千
> 餘寺，今日寮廓，鐘聲罕聞，恐後世無傳，故撰斯記。〔註118〕

當銜之因公重覽洛陽，觸目所及滿是歷史滄桑，人事全非，刺激楊銜之「恐後世無傳」，於是發願著書，欲爲洛陽城保存人文歷史的記憶，這無疑是一種史不可亡的意識。

　　此處尤值關切者：楊銜之爲何會「恐」後世無傳？這種恐懼的感覺因何而生？國可亡而史不可亡，這是中國傳統史家的共識。這種觀念實爲中國史學特色之一。而此觀念意識之根，實栽植於「不朽」的理念層次。首先，人文群體的絕滅——民族的衰毀、文化的消散——才是人生最後的毀滅。人文群體之是否絕滅，其重大關鍵之一即爲歷史是否中絕空闕。史文中絕，斯則小我、大我一切成空，不朽云胡哉？〔註119〕《洛陽伽藍記》全書所記載的事蹟，是以北魏孝文帝遷都洛陽至東、西魏分裂的四十二年間爲時間斷限（西元493～534年）。此期間，北朝政局發生急劇的變化，先是北魏末六鎮起事，爾朱氏藉平定六鎮有功，帶兵入洛強秉朝政；接著高歡藉口清君側，取代爾朱氏權力，並且變本加厲，最終迫使孝武帝元修西奔關中宇文泰，而後高歡改立元善見爲帝，北魏分裂成東、西兩個政權，這一年是西元五百三十四年，東魏孝靜帝天平元年，是年十月京師遷鄴，正式結束北魏洛陽城的歷史。京師遷鄴後的第十四年，楊銜之因公務重覽洛陽，但見城郭崩毀，宮室傾覆，寺觀灰燼，廟塔丘墟，〔註120〕楊銜之唏噓徒嘆之餘，油然生起歷史使命感，

〔註118〕楊銜之撰，周祖謨校釋，《洛陽伽藍記校釋·序》，頁24～25。

〔註119〕參見雷家驥先生，《中古史學觀念史》第九章〈正史及其形成理念（上）〉，頁432～433。

〔註120〕孝靜帝天平元年（534）京師遷鄴，高歡命洛陽四十萬戶大舉東遷。翌年尚書右僕射高隆之更發派十萬夫前去搬運洛陽宮殿的木材入鄴。繼而是東、西魏雙方戰火所帶來的破壞。天平四年（537）宇文泰趁沙苑大捷，命獨孤信進據洛陽。元象元年（538），東魏又派侯景、高敖曹反攻洛陽金墉，高歡則親率大軍繼之。這場戰役的結果，侯景「悉燒洛陽內外官寺民居，存者什二三」。洛陽城自孝文帝營建以來遭逢的第一次浩劫尚僅是宮殿建材，第二次浩劫則包括了所有的官府、寺院以及民居。故嚴格來說，洛陽城的崩毀主要是 535

意識到國可亡，然史不可亡，史文之廢續與否，乃匹夫責無旁貸之使命。

其次，除了有感於今非昔比之歷史興亡變遷，繼而產生史文絕滅之心理恐懼外，高氏父子專擅朝政的所作所爲，〔註121〕以及其御用史官魏收無法秉筆直書，應當也是楊衒之撰著《洛陽伽藍記》不可忽略的原因。王文進於《洛陽伽藍記——淨土上的烽煙》一書中分析，發現楊衒之對魏收的態度有異乎尋常之處。因爲以魏收在朝廷的地位以及活動率的頻繁，楊衒之卻只在平等寺一節中，輕輕提及。〔註122〕具有相當強烈北方本位主義的楊衒之，〔註123〕只要北魏稍有名氣的文人，在《洛陽伽藍記》中，無不用力渲染，例如對同樣被稱爲「北魏三才」的溫子昇與邢邵，書中一再記載、稱頌他們的事跡，但卻對魏收異常冷漠。王文進認爲原因在楊衒之對魏收抱有疑慮，因不滿魏收的修史態度，以致在《洛陽伽藍記》中，竭力記下衒之所認爲的史實。〔註124〕針對王文進的看法，筆者認爲容有商榷之處，以下梳理魏收、楊衒之兩人的仕宦經歷，試作表5-4，藉以作爲考察、探討兩人關係的依據。

至 538 短短三年間的事。分別參見《資治通鑑》卷一百五十七〈梁紀十三〉「武帝大同元年二月條」，頁 48864；及〈梁紀十四〉「武帝大同四年七月條」，頁 4893。

〔註121〕東、西魏分裂後，東魏政權實由高氏父子把持，視孝靜帝爲傀儡，態度極其蠻橫無禮。《魏書》載：「文襄嘗侍飲，大舉觴曰：『臣澄勸陛下酒。』帝不悅，曰：『自古無不亡之國，朕亦何用此活！』文襄怒曰：『朕！朕！狗腳朕！』文襄使季舒毆帝三拳，奮衣而出。見《魏書》卷十二〈孝靜帝本紀〉武定八年條，頁 313。

〔註122〕《洛陽伽藍記》載：「永熙元年平陽王入篡大業，始造五層塔一所。平陽王武穆王少子，詔中書侍郎魏收等，爲寺碑文。」楊衒之撰，周祖謨校釋，《洛陽伽藍記校釋》卷二「平等寺條」，頁 87。

〔註123〕楊衒之撰《洛陽伽藍記》是以北魏洛陽文化爲中原正統之代表，因受到過度文化使命感的激化，而對南方文化轉成貶抑、排斥的強烈立場。有關楊衒之重北貶南，對南方地域文化呈現「排他型」的相關論述，請參見林郁迢，〈北魏三書南北文化觀〉（臺北：國立政治大學中國文學研究所博士論文，2008年），頁 342～345。

〔註124〕王文進認爲楊衒之撰寫《洛陽伽藍記》「極可能就正在對魏收從事抗議的工作」。書中分別從溫子昇事件、廣陵王事件和永寧寺浮圖事件，評估《洛陽伽藍記》和《魏書》的史學書法，以爲魏收的「黨齊毀魏」遠比不上楊衒之的史家精神。參見王文進，《洛陽伽藍記——淨土上的烽煙》，頁 22～24、90～99。

表 5-4　魏收、楊衒之仕宦經歷表

時　　間		魏收（506～572）	楊衒之（生卒不詳）〔註125〕
北魏孝明帝孝昌二年	526	因父功，除太學博士	
北魏孝莊帝永安中	528～530〔註126〕	司徒楊椿的記室參軍	奉朝請
永安三年	530	除北主客郎中。	秘書監
北魏節閔帝二年	531	遷散騎侍郎，尋敕典起居注，並修國史，兼中書侍郎。	期城郡守〔註127〕

〔註125〕詹秀惠認爲從《洛陽伽藍記》書中爬梳楊衒之活動的年代，乃歷經元魏孝明帝（熙平至武泰年間）、幼主釗、孝莊帝、節閔帝、孝武帝，至東魏孝靜帝（武定五年以前）。見詹秀惠，〈洛陽伽藍記的作者與成書年代〉，《國立中央大學文學院院刊》第 1 期，1983 年 6 月，頁 54～57。另嚴可均《全北齊文》楊衒之小傳稱「齊天保中卒」。嚴可均，《全上古三代秦漢三國六朝文》《全北齊文》卷二，頁 3835。筆者按，天保是齊文宣帝高洋篡魏建北齊的年號，共十年（西元 550～559）。但嚴氏此語，不知從何根據。

〔註126〕《洛陽伽藍記》云：「柰林南有石碑一所，魏明帝所立也，題云苗茨之碑。高祖於碑北作苗茨堂。永安中年莊帝馬射於華林園，百官皆來讀碑，疑苗字誤。國子博士李同軌曰：『魏明英才，世稱三公祖；幹宣其羽翼，但未知本意如何，不得言誤也。』衒之時爲奉朝請，因即釋曰：『以蒿覆之，故言苗茨，何誤之有？眾咸稱善，以爲得其旨歸。』」見楊衒之撰，周祖謨校釋，《洛陽伽藍記校釋》卷一「景林寺條」，頁 53。能當著皇帝及百官面前，精確解釋魏明帝「苗茨」碑「苗茨」之義，乃取自「以蒿覆之」，這是楊衒之極感榮耀的事，故特別詳盡記載之。從此資料推論，北魏孝明帝武泰元年（528），胡太后弒帝，立幼主釗，同年爾朱榮起兵入洛陽，沉胡太后及釗于河，立長樂王子攸，是爲孝莊帝，起初的年號「建義」，在建義元年（528）四月改元永安。永安三年（530）孝莊帝誅爾朱榮，爾朱世隆爾和朱兆破洛陽，孝莊帝被俘，縊死晉陽，永安僅有三年。衒之稱「永安中年」爲奉朝請，蓋指 528～530 年。

〔註127〕期城郡隸屬於襄州，乃北魏孝明帝孝昌年間（525～527）設置，范祥雍證楊衒之爲期城郡太守時當在孝靜帝元象元年（538）之前，即作伽藍記之先，參見楊衒之撰，范祥雍校注，《洛陽伽藍記校注》附編一「楊衒之傳略」，頁 356。另據釋道宣《廣弘明集》云：「楊衒之，北平人，元魏末爲秘書監。」集書省是南北朝時期皇帝的侍從顧問機構，掌規諫、評議等事，南北朝時閒散官員多以奉朝請的名義被安置在集書省。楊衒之以奉朝請之職，在北魏孝莊帝及百官之前，精解「苗茨」碑「苗茨」之義，「眾咸稱善，以爲得其旨歸」。或許因個人學識能力的表現受到皇帝賞識，以致從七品的奉朝請升遷爲從三品的秘書監，典司圖籍。身處多位帝王變遷的北魏末年，官場陞遷屢異，楊衒之爲何從中央改調任地方郡守（或從地方調遷中央），原因不得而知。筆者整理楊衒之仕宦經歷，雖知其在撫軍府司馬一職前曾任官奉朝請、秘書監、期城郡守，然其先後順序，無法直接從現存史料當中確認，僅能試作推敲，提出個人見解。

北魏孝武帝太昌元年	532	攝本職，文誥填積，事咸稱旨。	
東魏孝靜帝元象元年	538		
東魏孝靜帝興和元年	539	兼通直散騎常侍。	
東魏孝靜帝武定元年	543	兼散騎常侍，修國史。	
武定二年	544	除正常侍領兼中書侍郎，仍修史。	
武定五年	547		撫軍府司馬
武定八年高澄薨	549	高洋令魏收與黃門郎崔季舒、高德正、吏部郎中尉瑾于北第參掌機密。轉秘書監，兼著作郎，又除定州大中正。	
齊將受禪	550	高洋令收撰禪代詔冊諸文。	
北齊文宣帝天保元年	550	命魏收除中書令，仍兼著作郎，封富平縣子。	
天保二年	551	受詔撰魏史。	
天保四年	553	除魏尹，專在史閣。	
天保五年	554	三月魏書成，秋，除梁州刺史 十一月，復奏十志。	
天保八年	557	除太子少傅、監國史，復參議律令。	
天保十年文宣崩	559	仍除侍中，遷太常卿。	
北齊孝昭帝皇建元年	561	轉中書監。繼而除兼侍中、右光祿大夫，仍儀同、監史。	
河清四年北齊武成帝崩	565	掌詔誥，除尚書右僕射。	
北齊後主天統元年	565	除左光祿大夫。	
天統二年	566	行齊州刺史，尋爲眞。	

備註：表 5-4 係根據《魏書》、《北齊書》、《北史》、《洛陽伽藍記》、《廣弘明集》製作。

　　王文進認爲「以魏收在朝廷的主要職務是修史這一層來推敲，楊衒之和魏收牽涉官場人事糾葛的成份不大，那麼楊衒之對魏收最大的疑慮還是來自對其修史態度的不滿」。〔註128〕實則以楊衒之曾任秘書監一職來看，魏收和楊

────────────

〔註128〕王文進，《洛陽伽藍記——淨土上的烽煙》，頁 23。

衒之皆曾任職朝廷修史機構。按自孝文帝改革北魏修史制度後，祕書省之著作省掌修史權，集書省之起居省掌修注權，遂將國史前序修撰權透過起居制度劃歸集書省的起居省，將終程修撰權仍置於祕書省之著作省，此離析分行的建制構想，爲後來齊、周、隋、唐所本。〔註129〕觀表 5-4，北魏末，魏收和楊衒之分別任職於集書省、秘書省，皆和修史工作相涉，自然或多或少具備史官的自我認知，並對修撰史書的正確態度有所要求，只是實踐程度高低有別。史家爲人態度不免影響其著述的公正客觀性，如本文第四章探討魏收的人格及《魏書》被諷爲「穢史」之始末。雖然礙於史料，沒有直接證據說明魏收和楊衒之在北魏朝廷的具體交集情形，然既同屬於修史系統的成員，楊衒之理應對個性輕薄，人稱「驚蛺蝶」〔註130〕的魏收有所聽聞，甚至較其他朝廷機構更熟悉魏收爲人，其易有以「愛僧恩怨，書人善惡」的缺點。因此，《洛陽伽藍記》序中提及楊衒之於武定五年（547）行役洛陽，則是書約略完成於東魏孝靜帝武定五年後，高氏尚未纂魏建齊之時。〔註131〕而自武定元年（543）始，魏收即奉掌權的高氏父子之命，正式修撰國史；質言之，相較於人品有所瑕疵的魏收能任職散騎侍郎，是皇帝的侍從供奉官員，可以典掌起居注，又長久位於修史的核心，但楊衒之儘管曾任秘書監，卻非直接參與修撰國史者，〔註132〕殆因此使衒之內心萌生不滿、不平的情緒。《洛陽伽藍記》寫作的同時，魏收擔任史職已有多年，對於魏收如何諂媚高氏政權成爲其心腹文人，及高氏父子如何藉由修史以虛美隱惡，或許楊衒之皆冷眼旁觀，憤慨於心，進而思以保存國史實錄。

〔註129〕有關孝文帝落實以史制君的觀念，對北魏史官制度的改革和調整，請參見雷家驥先生，《中古史學觀念史》第八章〈「以史制君」與反制：及其對南北朝官修制度的影響〉，頁 404～406。

〔註130〕《北齊書》載：「收昔在京洛，輕薄尤甚，人號云：『魏收驚蛺蝶』」。《北齊書》卷三十七〈魏收列傳〉，頁 486。

〔註131〕詹秀惠論證《伽藍記》的著成時代當在武定五年後的元魏之末，未入齊世。參見詹秀惠，〈洛陽伽藍記的作者與成書年代〉，《國立中央大學文學院院刊》第 1 期，1983 年 6 月，頁 58～59。

〔註132〕北魏前後共八次修撰國史，牛潤珍在〈北魏史官制度與國史纂修〉一文中，將自和平元年（450）至孝武帝永熙三年（534）見於史籍，所有負責修史的官員按其姓名、字號、籍貫、官職、任官時間等，仔細梳理羅列，可以參考。牛潤珍，〈北魏史官制度與國史纂修〉，《史學史研究》（北京：北京師範大學史學研究所《史學史研究》編輯出版）2009 年第 2 期總 134 期，頁 16～29。就牛潤珍歸納的資料，負責修史的官員幾乎皆出自秘書省、擔（兼）任著作郎。

　　從表 5-4 可知，魏收自北魏末以來，便長期任職於皇帝侍從與修史等工作，楊衒之在進入東魏後，則似乎遠離中央權力核心，而撫軍府司馬一職類似於今日的軍事參謀長，品位難與魏收相侔。在無法輕易接觸、利用朝廷典籍史料的不利條件下，楊衒之仍將自身春秋大義的心志寄託於《洛陽伽藍記》。然秉筆直書必會觸及高氏政權忌諱，復憚於北魏史禍的戒慎恐懼，因此他巧立名目，選擇了以記伽藍（寺廟）爲名的方式，利用正文配合子注的特殊形式來進行史事的存眞、傳眞，使《洛陽伽藍記》成爲了一部北魏衰亡史，正如清代吳若準《洛陽伽藍記集證》本序言曰：「撫軍府司馬楊衒之慨念故都，傷心禾黍，假佛寺之名，志帝京之事。凡夫朝家變亂之端，宗藩廢立之由，藝文古蹟之所關，苑囿橋梁之所在，以及民間怪異，外夷風土，莫不鉅細畢陳，本末可觀，足以補魏收所未備，爲拓跋之別史，不特遺聞逸事可資學士文人之考覈已也。」〔註133〕犀利指出楊衒之的撰史動機乃「假佛寺之名，志帝京之事」，足以成爲日後檢視質證魏收、《魏書》的照明燈。〔註134〕唯有掌握楊衒之撰史的背景，方能了解《洛陽伽藍記》中爲何關於地理空間方面的記錄，常保持客觀冷靜筆調，然在涉及歷史人物、事件的敘述時，作者的情緒常不可自抑地流露於字裡行間，以主觀熱烈的筆調描述故國之痛、褒忠斥奸、南北之爭等。〔註135〕實概以佛寺發展承載楊衒之懷念故鄉，傷心世變之思。

　　此外，楊衒之在書中卷二「景興尼寺條」中藉由隱士趙逸之口陳述其自身對於歷史書寫的反省：

> （逸）云：「自永嘉已來二百餘年，建國稱王者十有六君，吾皆遊其都邑，目見其事。國滅之後，觀其史書，皆非實錄，莫不推過於人，引善自向。苻生雖好勇嗜酒，亦仁而不殺。觀其治典，未爲兇暴。及詳其史，天下之惡皆歸焉。苻堅自是賢主，賊君取位，妄書生惡，凡諸史官，皆是類也。人皆貴遠賤近，以爲信然。當今之人，亦生愚死智，惑已甚矣。」人問其故，逸曰：「生時中庸之人耳，及其死

〔註133〕〔北魏〕楊衒之撰，〔清〕吳若準，《洛陽伽藍記集證》（臺北：廣文，1960年），頁 1。

〔註134〕林郁迢，〈北魏三書南北文化觀〉，頁 117。

〔註135〕有關楊衒之在《洛陽伽藍記》如何以冷筆寫空間，熱筆寫歷史面貌，可參考林文月，〈《洛陽伽藍記》的冷筆與熱筆〉，《臺大中文學報》1985 年 11 月第 1期，頁 105～137。及王文進，《洛陽伽藍記——淨土上的烽煙》，頁 178～180。

也，碑文墓誌，莫不窮天地之大德，盡生民之能事，為君共堯舜連

衡，為臣與伊皋等跡。牧民之官，浮虎慕其清塵；執法之吏，埋輪

謝其梗直。所謂生為盜跖，死為夷齊，佞言傷正，華辭損實。」當

時構文之士，慚逸此言。〔註136〕

趙逸的言論實為楊衒之自己個人的看法，借趙逸之口，道出他對史書寫作的
觀點。〔註137〕魏收仕宦於高齊，受詔修撰魏史，難免有所顧忌，無法秉筆直
書，楊衒之透過趙逸，指責永嘉以來，史官執筆的史書「皆非實錄，莫不推
過於人，引善自向」，殆有指桑罵槐之意，反映了楊衒之除了不信任史官，亦
對官修史書缺乏信心。而「構文之士，慚逸此言」亦正顯露楊衒之對其個人
修史觀點的信心，認為可使構文之士知所羞愧，這是否意有所指，暗諷受到
高氏政權倚任的御用文人（含史官），未可詳知，楊衒之在此處保留給讀者一
個想像的空間。

二、楊衒之與佛教

關於楊衒之對佛教的態度，歷來學者一直未有明確共識。主張反佛的學
者主要是引唐朝釋道宣《廣弘明集》的記載為證。在《廣弘明集》卷六列有
古來王臣訕謗佛法者二十五人，楊衒之赫然在焉，內容敘及楊衒之係「見寺
宇壯麗，捐費金碧，王公相競，侵漁百姓，乃撰《洛陽伽藍記》，言不恤眾庶
也」，並提到楊衒之還曾上書朝廷力陳佛教弊端：

述釋教虛誕，有為徒費，無執戈以衛國，有飢寒於色養，逃役之流，

僕隸之類，避苦就樂，非修道者。又佛言有為虛妄，皆是妄想。道

人深知佛理，故違虛其罪。啟又廣引財事乞貸，貪積無厭。〔註138〕

范祥雍即據此認定楊衒之深懷排佛意識。〔註139〕另一派學者則視楊衒之為虔

〔註136〕楊衒之撰，周祖謨校釋，《洛陽伽藍記校釋》，頁65。

〔註137〕《洛陽伽藍記》中隱士趙逸共出現五次，有詳有略，前後呼應，成為全書一
　　　　個神秘又重要的人物來串聯前後內容。爬梳《洛陽伽藍記》，趙逸為晉人，至
　　　　北魏已有250歲，在洛陽共三年，後不知去向。趙逸在《洛陽伽藍記》中被
　　　　塑造成是一位有份量，具權威的歷史見證人，楊衒之欲借趙逸此一虛構人物
　　　　之口，抒寫自己對歷史失真的看法，表達個人的史書寫作觀點。見黃浩彬，〈《洛
　　　　陽伽藍記》中的人物形像研究〉（雲林：國立雲林科技大學漢學資料整理研究
　　　　所碩士論文，2010年），頁21～25。

〔註138〕釋道宣，《廣弘明集》卷六，T52/2103，頁123c。

〔註139〕見楊衒之撰，范祥雍校注，《洛陽伽藍記校注》，〈洛陽伽藍記校注序〉，頁12～13。

誠佛教徒，以宋真宗年間釋道原所撰《景德傳燈錄》卷三記載楊衒之曾向達摩請示迷津為據：

> 菩提達摩與徒眾往禹門千聖寺止三日。有期城太守楊衒之早慕佛乘，門（當是問誤）師曰：「西天五印，師承為祖，其道如何？」師曰：「明佛心宗，行解相應，名之曰祖。」又問：「此外如何？」師曰：「須明他心，知其今古，不厭有無，於法無取。不賢不愚，無迷無悟。若能是解，故稱為祖。」又曰：「弟子歸心三寶，亦有年矣，而智慧昏蒙，尚迷真理。適聽師言，罔知攸措。願師慈悲，開示宗旨！」師知懇到，即說偈曰：「亦不睹惡而生嫌，亦不觀善而勤措，亦不捨智而近愚，亦不拋迷而就悟。達大道兮過量，通佛心兮出度。不與凡聖同躔，超然名之曰祖。」衒之聞偈，悲喜并交，并曰：「願師父住世間，化導群有！」師曰：「吾即逝矣，不可久留。根性萬差，多逢患難。」衒之曰：「未審何人弟子為師除得？」師曰：「吾以傳佛祕密，利益迷途，害彼自安，必無此理。」衒之曰：「師若不言，何表通變觀照之力？」師不獲已，乃為讖曰：「江槎分玉浪，管炬開金鎖。五口相共行，九十無彼我。」衒之聞語，莫究其端，默記於懷，禮辭而去。師之所讖，雖當時不測，而後皆符驗。〔註140〕

楊衒之向達摩請示迷津的過程，語甚懇切篤誠，文中敘及楊衒之「早慕佛乘」、「歸三心寶」，是以衒之當為虔誠的佛教徒，故禮請菩提達摩開釋。然觀上文，預記讖語，以求符驗，范祥雍質疑其可信度，認為此乃後人有意比附。〔註141〕此外，王文進則是態度持中，認為楊衒之並不排斥佛教，只不過是反對過度營造的迷信，一個激烈的排佛分子，不可能有耐心，來描寫佛寺之美和神像之莊嚴；一個沈迷佛法的信徒，寫了如此一部大書，也不可能不順筆宣揚佛法。正因為楊衒之並不落於任何一端，所以能以文人特殊的感性，將北魏這個都城的佛教色彩細緻地反映出來。〔註142〕

　　針對楊衒之的宗教態度，歷來學者討論不輟，茲參酌前賢研究，間下己

〔註140〕《景德傳燈錄》卷三，T51/2076，頁220b。此外，元朝念常的《佛祖歷代通載》卷九亦節錄了《傳燈錄》這件事，清朝李葆恂在《說劍齋重刻集證本》的跋中也附錄了這段文字，視楊衒之為一位虔誠佛教徒的說法，顯然自成一派。

〔註141〕范祥雍認為楊衒之與達摩相稔，乃後人傅會以成說。見楊衒之撰，范祥雍校注，《洛陽伽藍記校注》附編一「楊衒之傳略」，頁356。

〔註142〕王文進，《洛陽伽藍記──淨土上的烽煙》，頁109～110。

意。筆者的立場傾向於楊衒之不一定是信佛至深的佛教徒，卻也不是個不信佛法，乃至激烈反佛者。楊衒之的生平事蹟既然在史傳中已完全付之闕如，若欲探究他究竟是信佛還是排佛的問題，最可靠的答案，還是直接從《洛陽伽藍記》尋找解答。關於楊衒之一生的行狀，《洛陽伽藍記》中除了上文已提到在書序、精解苗茨之義兩處資料外，另有三節文字敘及他自身的行事。卷一永寧寺條，記明帝與胡太后共登九級浮圖，因浮圖過高，視宮內如掌中而禁止他人登升，繼而子注曰：「衒之嘗與胡孝世共登之，下臨雲雨，信哉不虛！」〔註143〕記歷史地理而作者於書中現身說法者，古今有之，文中楊衒之以見證人的語氣，說明自己曾經和河南尹胡孝世共登浮圖，為此壯觀宏偉的建築物記錄道：「信哉不虛！」

　　再者，衒之自述與胡孝世登塔之後，接著有一節文句提及「「時有西域沙門菩提達摩者，波斯國胡人也。起自荒裔，來遊中土」，當時菩提達摩來到魏境，目睹永寧寺之美由衷讚美曰：「見金盤衒目，光照雲表，寶鐸含風，響出天外，歌詠讚歎，實是神功。自云年一百五十歲，歷涉諸國，靡不周遍，而此寺精麗，閻浮所無也，極物境界，亦未有此。口唱南無，合掌連日。」〔註144〕很顯然的，楊衒之肯定地記載這位被公認為中國禪宗初祖的達摩禪師，曾經遊歷永寧寺，抑且他在自述登塔後，用「時有」二字，似乎和胡孝世登塔之際，聽聞菩提達摩亦曾至永寧寺一遊。《洛陽伽藍記》所記菩提達摩所到的第二處寺院是洛陽青陽門內御道北的修梵寺，寺內雕牆峻宇，比屋連甍，亦是名寺，「修梵寺有金剛，鳩鴿不入，鳥雀不棲。菩提達摩云得其真相也」。〔註145〕鄙意以為就《洛陽伽藍記》這兩則史料很難進一步證明《傳燈錄》所載：楊衒之曾「親自」會見過達摩，並請達摩開釋。不過，卻可以反證《傳燈錄》的記載不會是無中生有、空穴來風，意即達摩在魏末時雲遊至永寧寺，而楊衒之登上永寧寺浮圖也在魏末，但時間略晚於達摩，《傳燈錄》所載之兩人會面一事，應當是附會、渲染，畢竟衒之若親見達摩，何以不在《洛陽伽藍記》中加以敘及；再者，由此可知，楊衒之並非對佛教持反

〔註143〕《洛陽伽藍記》卷一「永寧寺條」載：「永寧寺，熙平元年靈太后胡氏所立也。……中有九層浮圖一所，架木為之，舉高九十丈，有剎復高十丈，合去地一千尺。去京師百里，已遙見之。……裝飾畢功，明帝與胡太后共登之。視宮內如掌中，臨京師若家庭，以其見宮中，禁人不聽升。」楊衒之撰，周祖謨校釋，《洛陽伽藍記校釋》，頁11。
〔註144〕楊衒之撰，周祖謨校釋，《洛陽伽藍記校釋》卷一「永寧寺條」，頁11～13。
〔註145〕同上註，卷一「修梵寺條」，頁47。

對態度，否則便不會如此關注達摩在中國的動向及其對中國佛寺、造像之看法。而且，透過達摩之口讚賞佛寺之美，造像之巧，不啻是一種間接肯定北魏佛教的藝術成就。

歷來學術界多根據楊衒之在《洛陽伽藍記》的序文云：

> 至晉永嘉唯有寺四十二所。逮皇魏受圖，光宅嵩洛，篤信彌繁，法教愈盛。王侯貴臣，棄象馬如脫屣，庶士豪家，捨資財若遺跡。於是招提櫛比，寶塔駢羅，爭寫天上之姿，競摸山中之影。金刹與靈臺比高，廣殿共阿房等壯。豈直木衣綈繡，土被朱紫而已哉！〔註146〕

不少學者主張楊衒之因見佛寺宏偉壯麗，精雕細琢的背後，是耗費可觀，勞民傷財，王公相競以有形之寺、像表達信佛之心，卻不恤眾庶，侵漁百姓，故衒之有感而發寫作《洛陽伽藍記》。不過，細讀全書，我們發現楊衒之以瑰麗細膩的文筆描述寺觀園林，筆調冷靜中帶有欲引人入勝，從中領略北魏佛教鼎盛，表現在佛寺建築是何等令人嘆爲觀止，反倒沒有充斥強烈的批判氣息。例如，上述楊衒之於卷一介紹的永寧寺，除了用「（胡）太后以爲信法之徵，是以營建過度」這樣的字眼加以批評之外，該篇文句記述自己登塔的感受，以及描述達摩如何歌詠讚歎永寧寺之精麗，給予讀者的觀感，毋寧是愉悅正面的。

其次，楊衒之對於眞正虔誠信仰佛教者，筆下帶有敬意。例如寫永寧寺失火，「火初從第八級中平旦大發，當時雷雨晦冥，雜下霰雪，百姓道俗，咸來觀火。悲哀之聲，振動京邑」，〔註147〕在哀鴻遍野的情況下，有三比丘赴火殉塔，令人爲之動容。又如卷五詳細記載了孝明帝時，宋雲、惠生等人奉胡太后之命西行求法的經過，楊衒之寫其萬里求法之切，堅毅跋涉之苦，令人動容。假設楊衒之是位排佛者，似乎不會花費極大的篇幅介紹宋雲、惠生西行求法的種種經歷，且筆調是夾帶詠贊、敬佩的情緒。因此，楊衒之並不排斥佛教，他反對的只是王公貴族「營建過度」、「棄象馬如脫屣，捨資財若遺跡」的宗教狂熱。

復次，楊衒之在《洛陽伽藍記》的序文云：「三墳五典之說，九流百氏之言，並理在人區，而義兼天外。至於一乘二諦之原，三明六通之旨，西域備詳，東土靡記。自頂日感夢，滿月流光，陽門飾豪眉之像，夜臺圖紺髮之形，爾來奔競，其風遂廣。」〔註148〕楊衒之在序中一開始即簡述佛教東來的歷史，

〔註146〕楊衒之撰，周祖謨校釋，《洛陽伽藍記校釋‧序》，頁22～24。
〔註147〕楊衒之撰，周祖謨校釋，《洛陽伽藍記校釋》卷一「永寧寺條」，頁31。
〔註148〕楊衒之撰，周祖謨校釋，《洛陽伽藍記校釋‧序》，頁20～22。

從其看法可知，對佛教的認識猶如魏收。本文第四章探討《魏書‧釋老志》即說明魏收除了將佛教視作一種宗教，也從思想文化的角度，和諸子學派略作比較，認爲「佛家」是和九流十家並行的一種思想學說，只是來自域外且興起較晚而已。楊衒之和魏收皆注意到佛教有其學術文化的思想內涵，此或許是北朝知識分子對佛教的普遍認知。〔註149〕然而，相較於魏收在〈釋老志〉中，對佛教在中國發展的歷史脈絡作了相當具體清晰的說明，並介紹佛教經典，抑且以精鍊通俗的文字，對佛教的基本經旨教義及教徒的習俗儀式等，以文化的角度作簡明的介紹，也反映了當時儒、釋交流的現象，如三歸比作三畏，五戒比做五常。〔註150〕反觀，楊衒之對佛教思想僅著墨「一乘二諦」、「三明六通」等佛教詞彙術語，論述的深淺、多寡與魏收有異。筆者認爲從楊衒之以「伽藍」爲撰史主題，以及書中對佛教的敘述說明（雖然十分扼要，並不深入），我們可以確定楊衒之不反佛亦不佞佛，只是無從進一步確認其與佛教的聯繫至何種程度。

王青認爲同爲信徒，但對宗教的投入程度並不一樣，至少可以區分出三個層次。第一類爲專業的神職人員，他們制定、解釋並宣傳教義，主持各種宗教儀式，宗教乃是他們的全部生活，他們乃是宗教最堅定的捍衛者和支柱。第二類爲虔誠的信仰者，其思想觀念的核心是建築在宗教觀念的基礎之上的，他們定期參加各種宗教活動，並積極參與布施。第三類是一般信仰者，他們僅僅只是在思想的某一層面上受宗教熏染，接受宗教的某些觀點，偶爾參加宗教儀式；甚至只是把宗教當作當作一種時尚，作爲生活的點綴。〔註151〕筆者借王青的分類，認爲楊衒之對佛教的信仰程度殆爲第三類。《洛陽伽藍記》的撰寫顯示出楊衒之對佛教粗淺的認識和接觸，加上他具有的史家自覺和實錄原則，使他不偏不倚，既能正視佛教弊端，也能將佛教界值得詠贊之人、事、物，忠實地記錄保留。

〔註149〕另如《魏書》載：「（高謙之）以父舅氏沮渠蒙遜曾據涼土，國書漏闕，謙之乃修《涼書》十卷，行於世。涼國盛事佛道，爲論貶之，因稱佛是九流之一家。當世名士，競以佛理來難，謙之還以佛義對之，竟不能屈。」《魏書》卷七十七〈高崇列傳附子高謙之傳〉，頁1708～1709。

〔註150〕〈釋老志〉云：「佛、法、僧，謂之三歸，若君子之三畏也。又有五戒，去殺、盜、淫、妄言、飲酒，大意與仁、義、禮、智、信同，名爲異耳。」見《魏書》卷一百一十四〈釋老志〉，頁3026。

〔註151〕王青，《魏晉南北朝時期的佛教信仰與神話》，頁9。

三、受佛教影響的《洛陽伽藍記》

　　《洛陽伽藍記》既以「伽藍」爲名，是一部記載城市佛教寺院的史書，則楊衒之受到時代環境薰染，身處佛教氛圍濃厚的北朝，從佛教的角度切入記錄北魏的衰亡，殆可說明其受到佛教的影響而撰述該書。觀《洛陽伽藍記》一書提供了豐富而翔實的北魏遷都洛陽四十年間的佛教史料，足見楊衒之在史料蒐集、保存上的用心。范祥雍認爲若非楊衒之具有良史之材，做過祕書監一類的史官，熟習政府檔案，留心當代藝文，又曾有深入社會的生活實踐，了解現實，而又重視民間口碑，重視歷史遺蹟，則他對於史料的搜集未必這樣豐富，對於史料的組織未必這樣完密。〔註152〕范氏之說誠是。楊衒之在書中處理洛陽城與其四周大小伽藍，以及諸伽藍有關的歷史人、事、物，整體而言，是以空間（伽藍）爲經，時間爲緯，時空交織，構成一幅北魏歷史的縮影。承上述，楊衒之撰述《洛陽伽藍記》的目的是欲對當代歷史事實進行保存、思考及批判，而北魏洛陽城本身就是佛教王國，從佛教的發展來論述，頗能反映當時政治、社會和文化概況。故選擇佛寺來作爲全書的骨架及開端，以佛寺爲憑藉，確實可掩人耳目地進行敘史存眞的工程。

　　除了以記洛陽伽藍爲題，顯而易見受到佛教影響外，細讀《洛陽伽藍記》的內容，猶有許多值得探究之處，以下試論之。

（一）採用「合本子注」

　　楊衒之於《洛陽伽藍記》的敘述模式雖自空間始，但行文常輔以歷史事件。楊衒之附繫史事的方法，是因空間而推延及於時間；換言之，於寺院之地理方位，建築結構記錄完畢後，才轉入有關史事的敘述，然後採用子注的方式，翔實地將這些史事作深入的介紹說明。以全書重點永寧寺爲例：永寧寺是洛陽一千多座佛寺中位階最高，建築最華麗的代表，楊衒之全力描寫永寧寺的方位、廟塔建築等空間描述之後，文曰：「建義元年，太原王爾朱榮總

〔註152〕見楊衒之撰，范祥雍校注，《洛陽伽藍記校注》，〈洛陽伽藍記校注序〉，頁18。曹虹研究指出在楊衒之著書之前至少已有東晉末業佚名《南京寺記》、劉宋靈味寺《京師寺塔記》、劉宋時期劉俊《益都寺記》、蕭梁時期劉璆《京師寺塔記》等，可見南北朝時期寺記之作多有。另外在都記方面，也有無名氏《洛陽記》、陸機《洛陽記》、《洛陽宮殿簿》、無名氏《洛陽故宮名》、戴延之《洛陽記》等，可見楊衒之以《洛陽伽藍記》爲題，「假佛寺之名，志帝京之事」確實可以掩人耳目，詳參曹虹，〈《洛陽伽藍記》新探〉，《文學遺產》1995年第4期，頁4～11。

士馬於此寺」，緊接著以子注方式附繫歷史，簡介爾朱榮的出身背景，再敘及爾朱榮因反對胡太后殺子攬權，而與元天穆結合，於是展開北魏末一連串的血腥叛亂。全篇以冷靜客觀的筆調描述正文的空間景物，然後再以子注穿插史事，改用熾熱筆墨描寫其時間的變遷，一次又一次的歷史事件。永寧寺條下的文字長達三千七百餘字，其中記載爾朱氏一族爲亂的部分，便超過二千三百字，約占此條全文三分之二強的比例；楊衒之以正文、子注這種特殊的敘述形式，再透過冷筆、熱筆交替互補的文學技巧，將北魏洛陽政權的興廢枯榮隱含於表面華麗宏偉的空間結構中。然而這樣重視以子注來輔助呈現史實，不僅是迂迴曲折且蘊含針貶地將其所認知的史實傳達出來，亦是基於史家自我的要求，欲延續、發揚史注的傳統。

楊衒之具有良史之才，重視史學，在《洛陽伽藍記》中藉隱士趙逸之口發表個人對史學的見解，嚴厲指責永嘉以來的史官所執筆的史書「皆非實錄」，如此全面否定史官所修之書爲實錄，言下之意，楊衒之對歷史書寫自當有一套嚴格的標準。如何撰述一部可稱爲「實錄」的史學著作，相信楊衒之必然謹慎思考過，《洛陽伽藍記》便是其想法具體落實的成果。如上述，子注是楊衒之迴避政治敏感與呈現實錄史學的最佳方式，則史注的體例、內容自然是他首重之事。

陳寅恪將合本子注的體例，引申解釋楊衒之《洛陽伽藍記》中的正文子注體，此處筆者續對陳氏之見進行析論。「合本子注」是一種佛經編纂的技巧，指佛經會譯時以一本爲主，將同一內容的不同表述裁合擬配，如此「事類相從」的結果，可方便讀者「瞻上視下，案彼讀此」，對經說更爲明瞭。隨著佛教的興盛，佛教與中國自身學術思想的交流愈趨頻繁、深刻，學者或多或少，或深或淺地曾接觸「合本子注」，進而受到「合本子注」之法的影響。陳寅恪認爲楊衒之習染佛法，其書體裁乃摹擬魏晉南北朝僧徒合本子注之體，可惜後世章句儒生，雖精世典，而罕讀佛書，不知南北朝僧徒著作之中實有此體，故於《洛陽伽藍記》之製裁義例，懵然未解。〔註153〕陳氏舉《洛陽伽藍記》卷五宋雲、惠生等人西行求法的事蹟爲例說明：

> 復西南行六十里，至乾陀羅城。東南七里，有雀離浮圖。《道榮傳》云：
>
> 城東四里。〔註154〕

〔註153〕參見陳寅恪，〈讀《洛陽伽藍記》書後〉，收入陳寅恪，《金明館叢稿二編》，頁455〜458。

〔註154〕楊衒之撰，周祖謨校釋，《洛陽伽藍記校釋》卷五「聞義里宋雲惠生使西域條」，

（迦尼色迦）王更廣塔基三百餘步。《道榮傳》云：三百九十步。〔註155〕

除了陳氏所舉上述二例外，該卷在敘述宋雲、惠生的西行過程倘若《道榮傳》有不同的記載，楊衒之皆將其附注於下。《洛陽伽藍記》大部分是楊衒之自己親見、親聞之洛陽佛寺的景色及其有關逸聞掌故，只有卷五宋雲、惠生、道榮等人的西行部分，則多按輯於前人撰述。依筆者之見，楊衒之想要盡力追求歷史眞實與史料的翔實豐富，因此自注的方式能靈活運用各種適合的史注形式，例如抄納眾家異辭異聞，爲史實備異、補闕，佛經「合本子注」的特點正可契合。從楊衒之在卷末云：「衒之曰《惠生行記》事多不盡錄，今依《道榮傳》、《宋雲家記》，故並載之，以備缺文。」〔註156〕所謂「並載」、「備缺」正是爲了達到史注存眞、傳眞的目標，此處的「衒之曰」將作者個人秉持史家自許自律的高貴心志，顯露無遺。

劉知幾《史通》卷五《補注篇》稱許楊衒之具有博學多識的志向，以「定彼榛楛，列爲子注」的方式爲《洛陽伽藍記》作注。楊衒之所作的子注雖被劉知幾評爲瑣雜，〔註157〕但不可否認的是，這些注解卻是敘述史事，呈現史實非常重要的環節。楊衒之採用佛經「合本子注」的注釋體例，一則反映了佛教對當時史學的影響，一則也從旁輔證衒之與佛教的關係絕非對立，故能以佛經合本子注的方式，大幅記述佛教僧人西行求法的事蹟，徵引他家之說，提供讀者不同的記載做綜合比較，使史實更加顯明。

（二）載述佛教靈異

范祥雍言：「我們讀這部書（《洛陽伽藍記》）好像讀小說，比讀魏晉以搜神志怪一類雜事短書，粗陳梗概的小說；比讀《世說新語》一類輯錄歷史人物軼事的小說，都覺更加快意。我想這是由於書有體系，有史有文；不僅談神說怪，獵奇拾遺，而且敘述宛轉有致，文辭穠麗秀逸，富於小說趣味的

頁 199～200。

〔註155〕同上註，頁 200。

〔註156〕同上註，頁 209。

〔註157〕《史通》云：「若蕭、羊之瑣雜，王、宋之鄙碎，言殊揀金，事比雞肋，異體同病，焉可勝言。」見劉知幾著，浦起龍釋，王煦華整理，《史通通釋》，卷五〈補注〉，頁 123。雖劉知幾批評楊衒之官居史職，在《洛陽伽藍記》中手自刊補，但因缺乏條理次序的才能，要刪除煩雜的部分，在感情上有所不捨；要全部記載，說法上又有所矛盾，故在正文之外，將繁雜之事列爲小注。劉知幾認爲史書應以褒貶爲宗，反對爲史書加注；然而爲了保留史實，故備異、補闕實有其重要性，在「尋詳」、「周悉」的前提下，史注實難避免於瑣雜之譏。

緣故。」〔註 158〕范氏之語指出《洛陽伽藍記》的特色之一，便是瀰漫著儒家正統以外的鬼怪神異之說，使《洛陽伽藍記》在文學方面的價值，同樣受到高度的重視。洛陽是一個宗教氣氛濃厚的城市，流傳著許多「非經驗事件」，〔註 159〕以下筆者將《洛陽伽藍記》所載錄的各種異靈志怪之事加以梳理、羅列，製成表 5-6「《洛陽伽藍記》中的靈異志怪記載」，爲避免表格所占篇幅太大以致影響觀文流暢，故將表 5-6 置於本節之後，另根據表 5-6 進行分類統計，復製表 5-5 如下：

表 5-5　《洛陽伽藍記》中靈異志怪類別〔註 160〕

分類	1. 佛教靈異	2. 政治預兆	3. 鬼神志怪	4. 因果報應	5. 神通
序號	2、3、4、6、8、10、12、17、18、20、21、24、25、26、27、28、29、30、31、32、33、34、35、36、37	1、2、8、9、10、11、12、18、20、25	7、13、14、15、19、22、23	4、5、6、16、24	21、26、27、28、29、30、31、32、33、34、35、36、37
數量	25	10	7	5	13

〔註 158〕楊衒之撰，范祥雍校注，《洛陽伽藍記校注》，〈洛陽伽藍記校注序〉，頁 18。
〔註 159〕林文月認爲《洛陽伽藍記》收集了不少「非經驗事件」，使得該書亦給人以一種「搜奇記異」的印象，再加上作者文筆優美流暢，被評爲深具小說價值。林文月，〈洛陽伽藍記的文學價值〉指出：「《洛陽伽藍記》所收輯的靈異志怪故事頗不少，……《太平廣記》、《法苑珠林》即每每引自《洛陽伽藍記》。故而欲治南北朝的鬼神志怪小說者，除了《搜神記》、《幽明錄》、《冤魂志》、《冥祥記》等比較重要的作品之外，此書也提供了可貴的小說及小說史研究資料。」參見林文月，《中古文學論叢》（台北：大安出版社，1989 年），頁 338。王文進指出，「由於伽藍記在骨架上建構了極眞實的空間舞台，反而使得在這裡發生的怪異之事，有了逼眞的屬性。楊衒之的才華，魔術般地打通了兩個世界的對立性。這對於後代傳奇作品的寫作，有了極深遠的影響。」王文進進一步將這些神異記載，略分爲四種類型：國運天移之說的類型、因果報應的類型、藉冥界遊行宣揚教義的類型和諷刺朝政的類型。見王文進，《洛陽伽藍記——淨土上的烽煙》，頁 186、138～142。康韻梅認爲楊衒之運用了虛構的形式來敘述北魏的歷史事件，表現了一種給予事實藝術的再創造特色，具有一種小說風格。見康韻梅，〈《洛陽伽藍記》的敘事〉，收入國立成功大學中文系編，《魏晉南北朝文學與思想學術研討會論文集》（臺北：文津出版社，1997 年）第三輯，頁 329。
〔註 160〕表 5-6「《洛陽伽藍記》中的靈驗志怪記載」，爲明確觀察《洛陽伽藍記》與佛教的相關性，故筆者將凡是涉及到佛教者，歸納爲類別 1，故難免與其他類別的記載有所重疊。

由以上數據可知《洛陽伽藍記》中所載靈異志怪的奇聞逸事，在各類別中以和佛教相關者數量最多。據筆者統計歸類所得，類別1「佛教靈異」的內容包括與政治有關的靈徵，以及和佛（如來）有關之神蹟奇事、因果報應，或是採佛教的咒語法術以克敵治病等，與其他類別多有重疊。值得注意的是，類別2「政治預兆」涉及北魏末年一連串政治失序，並且以佛教靈異顯示徵兆者爲序號 2、8、10、12、18、20、25，占政治預兆總數的十分之七。如此偏高的重疊性顯示出，中國傳統的政治讖緯已與外來的佛教深刻結合。楊衒之在《洛陽伽藍記》涉及北魏衰亡的敘述，三次述及遷都至鄴之事，往往連帶出現和佛教相關的靈驗事蹟：

> 其年（永熙三年）五月中有人從東萊郡來，云：「見浮圖於海中。光明照耀，儼然如新，海上之民。咸皆見之：俄然霧起。浮圖遂隱。」至七月中，平陽王爲侍中斛斯椿所使，奔於長安。十月，而京師遷鄴。（卷一「永寧寺條」）

> （永熙）二年二月五日，土木畢工，帝率百僚作萬僧會。其日寺門外有石像，無故自動，低頭復舉，竟日乃止。帝躬來禮拜，怪其詭異。中書舍人盧景宣曰：「石立社移，上古有此，陛下何怪也？」帝乃還宮。七月中，帝爲侍中斛斯椿所使，奔於長安。至十月終，而京師遷鄴焉。（卷二「平等寺條」）

> 暉遂造人中夾紵像一軀，相好端嚴，希世所有。置皓前廳須彌寶座。永安二年中，此像每夜行繞其坐，四面腳跡，隱地成文。於是士庶異之，咸來觀矚。由是發心者，亦復無量。永熙三年秋，（像）忽然自去，莫知所之。其年冬，而京師遷鄴。（卷四「永明寺條」）

從上述三段史料可以發現楊衒之似有其固定的敘述模式。首先，楊衒之皆以「京師遷鄴」四字，戛然而止地頓筆，卻不發表任何議論，言簡意賅卻含意深遠，予人一種深沉壓抑的悲痛感。其次，在這三段引文前，楊衒之皆記載了靈異的徵兆，暗示著北魏國運蒙上陰影。「霧隱浮圖」似乎暗指北魏衰亡的徵兆，果然浮圖隱沒的後續發展即是「京師遷鄴」。守護寺廟的永明寺石像突然無故自動、低頭復舉；又人中夾紵像竟然每夜行遶其坐，後來還消失不知去向，凡此皆充滿神祕色彩，繪聲繪影成爲「京師遷鄴」的預兆。楊衒之在書中選擇不對北魏滅亡的原因進行譴責或反省，反而屢屢在「京師遷鄴」這段客觀史實之前，先敘述一段「非經驗事件」，爲王朝崩毀建立超

自然的歷史因果關係，使京師遷鄴和靈異事件之間產生一種天意論的因果關聯性。〔註 161〕以天意論來解釋歷史發展的因果關係，似與我們前述那位重視實錄，強調記實存眞的楊衒之，在形象上有所出入。

《洛陽伽藍記》的敘事公式一貫是開卷先鉅細靡遺地詳述洛陽城東、南、西、北十二城門的淵源始末，以精確的地理空間描繪，和極其翔實的歷史考察營造出一種權威性，使人信服。然而同時，楊衒之筆下又夾雜著許多怪力亂神、離奇虛幻的「非經驗事件」，且其傳錄這些「非經驗事件」作爲史事發生的徵兆，甚至作爲史事的解釋或評斷，形成書寫落差。以現代科學眼光看楊衒之所記載的這些「非經驗事件」及其附會歷史因果的經過，不免覺得荒謬、迷信。但是，倘若還原到當時的時空背景，這些「非經驗事件」在時人眼中其實是解釋歷史發展因果關係之極嚴肅的議題，絕非荒誕。本文第二章已論及，從《隋書·經籍志》對靈異志怪的集錄與歸類爲史部雜傳或雜史類，箇中關聯不言而喻；而此歸類的思考方式其實反映了隋唐以前人們對於「靈驗事件」的態度與理解。換言之，當時人對於「非經驗事件」的眞實虛幻成分可能比較欠缺思辨，而經常直接視之爲新聞事件，尤其面臨國體失序、社會動盪之際，那種強烈的末世危機感，勢必造成民心不安與騷動，於是流言惑眾，災異之事大量湧現，其中不免多所穿鑿，甚至被附會成政局不安的原因。〔註 162〕

古時候的神祕怪異現象經常被人們視爲政事靈徵，用以警示帝王失德或朝政失修，而類此事件又往往被記載成爲歷史典籍當中的雜史、雜事，並且敘事者本身所採取的敘事模式也幾乎與史傳寫作完全一致，進而形成一種擬史體的眞實感。〔註 163〕中國五行災異、天人感應的靈徵觀念一直深植人心，《漢書·五行志》的本質即是用陰陽五行學說來推驗禍福，指導政治，以作王事之表。這些今日看來荒誕無稽，充斥著迷信、宗教色彩的故事，在古代中國卻承載著歷史敘述的功能，形成一套獨特的思想體系。〔註 164〕而這套思想發展至魏晉南北朝，則因佛教的加入，使其內容更豐富多樣。《洛陽伽

〔註 161〕林郁迢，〈北魏三書南北文化觀〉，頁 112。

〔註 162〕同上註，頁 109。

〔註 163〕參見李豐楙，〈六朝精怪傳說的結構性意義〉，收入逢甲大學中文系編，《六朝隋唐文學研討會論文集》（臺北：文史哲出版社，2004 年），頁 12。

〔註 164〕參見劉湘蘭，《中古敘述文學研究》（北京：北京大學出版社，2011 年），頁 99。

藍記》從卷一到卷四，敘述對象都是中土的寺廟與人事，而卷五則有非常大的篇幅（約 5396 字）描述宋雲、惠生西域取經的經歷，記載許多發生在西域的故事奇聞、佛跡佛寺和西域當地的風土民情。筆者從表 5-6 所歸納的佛教靈異進一步觀察地域之別，發現卷五的則數幾占二分之一，尤其表現在神通事蹟；〔註 165〕而且卷一到卷四記敘中土方面，有關佛法神蹟之事，楊衒之著墨不多，反倒多與政治上的讖緯靈徵有所關聯。黃浩彬認爲佛法在西域，宗教性較強；而在中土，佛法已與政治結合，淪於統治工具之一，其宗教性便大大降低。〔註 166〕依筆者之見，宗教的傳播需要入境隨俗，從楊衒之在《洛陽伽藍記》中所載中土和西域之佛教靈異的內容各有側重，一則突顯中國在政治讖緯長久與宗教合作的傳統特色，一則也印證本文所關注——地域上宗教異同現象的重視與探求，即佛教的傳播發展既有西域和中土之別，也有中土南與北之異。

　　推驗禍福、預決吉凶在中國有著歷史久遠的讖緯卜言的文化傳統，影響力頗大，尤其在政治方面更是一把雙刃劍，故在漢晉以降，一邊經常仍被使用，一邊卻屢屢遭到朝廷禁絕。但社會動亂的頻仍潛伏著對政治讖語和個人命運吉凶預卜的需求，無論是在朝廷還是民間，於是讖緯預言就得尋找另外的表現途徑。佛教除了作爲一種宗教所具有的神祕性及意識權威性外，它原來就存有著讖、卜預言的體系。隨著佛教在中國獲得長足的發展，獨樹一幟的佛教卜、讖以寺廟殿堂爲依託，因果宿命爲依據，後來居上，吸引著大批善男信女，占有了中國傳統卜、讖很大一部分陣地。〔註 167〕前述北魏末國運轉移的靈驗事蹟中，《洛陽伽藍記》卷四「白馬寺條」還記載了一位沙門寶公「心識通達，過去未來，預覩三世，發言似讖，不可得解，事過之後，始驗其實」，〔註 168〕胡太后聽聞寶公的神奇能力，便問以世事。寶公回答：「把粟與雞呼朱朱」，時人不明其義。日後胡太后爲爾朱榮所殺，始徵驗寶公所言。像這樣運用佛讖展示佛教之神通奇妙的高僧，在當時爲數眾多，有

〔註 165〕陳桂市研究《高僧傳》中修禪且具有神異感通能力的僧人，有相當高的比例出自西域，陳氏又云西域禪法和神通對中原地區佛教影響頗大。見陳桂市，《高僧傳》神僧研究》，頁。

〔註 166〕黃浩彬，〈《洛陽伽藍記》中的人物形像研究〉（雲林：國立雲林科技大學漢學資料整理研究所碩士論文，2010 年），頁 175。

〔註 167〕參見嚴耀中，〈魏晉南北朝時期的占卜讖言與佛教〉，《史林》2000 年第 4 期，頁 12～17。

〔註 168〕楊衒之撰，周祖謨校譯，《洛陽伽藍記校釋》卷四「白馬寺條」，頁 135～136。

助於吸引人們信奉佛教，〔註 169〕「因之事佛者甚眾」。〔註 170〕藉由神奇、神異來折服人心，使佛教更爲盛行；同時佛教的興盛，又使佛教神奇、神異廣爲接受、流傳，二者相輔相成。無怪乎，不論是魏晉南北朝的志怪小說，抑或該時期的史書（例如僧傳以及正史中的五行志、符瑞志、靈徵志等），內容出現愈來愈多和佛教相關的神奇靈異記載。總之，人是在社會政治變遷的時空脈絡裡建構歷史知識的，故歷史知識必然受到社會政治變遷的滲透。〔註 171〕因此，《洛陽伽藍記》之所以收錄許多靈異志怪的「非經驗事件」，實與時代氛圍關係密切。

（三）傳錄因果報應

靈異故事與宣揚因果報應的說教結合在一起，在弘揚佛法方面發揮了巨大作用，此在本文第二章已有論述。楊衒之在《洛陽伽藍記》記載蘊含果報觀的靈異志怪故事，其目的並不在弘揚佛法，而是出自史學的動機。觀楊衒之不滿寺院發展過度，認爲寺宇壯麗，損費金碧，王公相競，侵漁百姓；但對佛教的神奇靈異事蹟，則是不加排斥，在書中大量引錄。此和他在序中所云洛陽中小伽藍「取其祥異，世諦俗事，因而出之」，〔註 172〕相互呼應。儘管楊衒之稱此類祥異爲「俗事」，但他並沒有強烈質疑其真實性，然後大肆抨擊。這可說明在楊衒之的思想裡，這些因果報應的觀念是自然存在於他的生活中，自然地被接受，同時習焉不察、潛移默化成爲他審視歷史發展的思考角度。

《洛陽伽藍記》卷一「永寧寺條」載「永安三年，逆賊爾朱兆囚莊帝於

〔註169〕隨著佛教在中國傳播日久，和中國文化的交流、融合便愈深刻，反映在佛教識卜上，便是帶有更明顯的因果性，更多地顯示對個人命運的關懷，這和早期的的佛教「秘讖」已有所不同，可謂佛教中國化的一種表現。這種蘊含因果報應的識卜，是佛教識卜較中國自身的傳統識卜更能深植人心，進而擴大宗教影響力的重要原因。見嚴耀中，〈魏晉南北朝時期的占卜讖言與佛教〉，《史林》2000 年第 4 期，頁 16。

〔註170〕《高僧傳・釋曇霍》載：曇霍「並奇其神異終莫能測，然因之事佛者甚眾」見釋慧皎撰，《高僧傳》卷十〈釋曇霍傳〉，頁 352。又如《高僧傳・佛圖澄傳》載：「聽鈴音以言事，無不效驗……受業追游，常有數百，前後門徒，幾且一萬。所歷州郡，興立佛寺八百九十三所，弘法之盛，莫與先矣。」見釋慧皎撰，《高僧傳》卷九〈佛圖澄傳〉，頁 352。可知佛識力量的吸引人心，影響之廣。

〔註171〕參見黃俊傑編，《歷史知識與歷史思考》（臺北：國立台灣大學出版中心，2003年），頁 110。

〔註172〕楊衒之撰，周祖謨校釋，《洛陽伽藍記校釋・序》，頁 26。

寺」，子注云：

> ……爾朱氏自封王者八人。長廣王都晉陽，遣潁川王爾朱兆舉兵向
> 京師。子恭軍失利，兆自雷陂涉渡，擒莊帝於式乾殿。（莊）帝初
> 以黃河奔急，謂兆未得猝濟。不意兆不由舟楫，憑流而渡。是日水
> 淺，不沒馬腹，故及此難，書契所記，未之有也。衙之曰：「昔光
> 武受命，冰橋宜於滹水；昭烈中起，的盧踊於泥溝，皆理合於天，
> 神祇所福。故能功濟宇宙，大庇生民。若兆者，蜂目豺聲，行窮梟
> 獍，阻兵安忍，賊害君親。皇靈有知，鑒其凶德！反使孟津由膝，
> 贊其逆心，《易》稱天道禍淫，鬼神福謙，以此驗之，信爲虛說……。
> 〔註173〕

此處論及與國家興亡有關的神異事件時，楊衒之的用字遣詞一改寫景描物的
冷筆，情緒顯得激動憤慨，甚至模仿正史的論贊方式大發議論。文中慨然引
述光武帝與蜀漢昭烈帝的兩件歷史記載，針對黃河突然水量銳減，不沒馬腹，
使得爾朱兆可以不假舟楫，輕鬆渡河，最終不費吹灰之力擒獲莊帝的奇聞，
表達他天道禍福標準的強烈質疑，甚至主張「《易》稱天道禍淫，鬼神福謙，
以此驗之，信爲虛說」，否定善惡果報。

　　然而，在卷四「宣忠寺條」記敘城陽王元徽爲莊帝獻策誅殺爾朱榮，導
致爾朱兆擒拿莊帝，元徽懼禍棄莊帝奔投寇祖仁家，結果遭祖仁忘恩背義，
但祖仁亦終被爾朱兆懸首高樹，鞭捶而死。針對此事，楊衒之反而大談因果
報應的觀念：

> 楊衒之曰：「崇善之家，必有餘慶；積禍之門，殃所畢集。祖仁負恩
> 反噬，貪貨殺徽，徽即託夢增金馬，假手於兆，還以斃之。使祖仁
> 備經楚撻，窮其塗炭，雖魏其侯之笞田蚡，秦主之刺姚萇，以此論
> 之，不能加也。」〔註174〕

比較楊衒之對上述兩則歷史事件所發表的意見，楊衒之先是否定「禍淫福謙」
的天道觀念；隨後又肯定「崇善之家，必有餘慶；積禍之門，殃所畢集」的
因果報應，前後態度並不一致。造成敘事的矛盾，主因在於是否觸及到楊衒
之對北魏亡國的悲痛。〔註175〕

〔註173〕楊衒之撰，周祖謨校釋，《洛陽伽藍記校釋》卷一「永寧寺條」，頁28～30。
〔註174〕同上註，卷四「宣忠寺條」，頁132。
〔註175〕林郁迢指出楊衒之對於事件本身所持的態度隱然決定了敘事的內容與解釋的

　　若再與其他並未涉及政治敏感的靈徵異聞比較起來，我們可以發現楊衒之又恢復書中一貫的冷靜，平鋪直述那些流傳在洛陽城裡的軼聞怪談。例如《洛陽伽藍記》卷四「開善寺條」載：

> 南陽人侯慶有銅像一軀，可高尺餘。慶有牛一頭，擬貨爲金色。遇急事，遂以牛他用之。經二年，慶妻馬氏忽夢此像。謂之曰：「卿夫婦負我金色，久而不償，今取卿兒醜多以償金色焉。」馬氏悟覺，心不惶安。至曉，醜多得病而亡。慶年五十，唯有一子，悲哀之聲，感於行路。醜多亡日，像自有金色，光照四鄰。〔註176〕

開善寺南陽人侯慶向神像許願又違誓未還，缺乏誠信以致遭譴。楊衒之娓娓敘來，沒有太多的情緒起伏與個人意見的發表。又卷二「崇眞寺條」載：

> 比丘惠凝，死經七日還活。經閻羅王檢閱，以錯召放免，惠凝具說：『過去之時，有五比丘同閱。一比丘云是寶明寺智聖，坐禪苦行，得升天堂。有一比丘是般若寺道品，以誦四十卷《涅槃》，亦升天堂。有一比丘云是融覺寺曇謨最，講《涅槃》、《華嚴》，領從千人。』閻羅王曰：『講經者心懷彼我，以驕凌物，比丘中第一粗行。今唯試坐禪、誦經，不問講經。』其曇謨最曰：『貧道立身以來，唯好講經，實不閒誦。』閻羅王敕付司，即有青衣十人，送曇謨最向西北門，屋舍皆黑，似非好處。有一比丘云是禪林寺道弘，自云：『教化四輩檀越，造一切經，人中金象十軀。』閻羅王曰：『沙門之體，必須攝心守道，志在禪誦，不干世事，不作有爲。雖造作經像，正欲得它人財物：既得它物，貪心即起，既懷貪心，便是三毒不除，具足煩惱。』亦付司，仍與曇謨最同入黑門。有一比丘云是靈覺寺寶眞，自云：『出家之前，嘗作隴西太守，造靈覺寺。寺成，即棄官入道。雖不禪誦，禮拜不缺。』閻羅王曰：『卿作太守之日，曲理枉法，劫奪民財，假作此寺，非卿之力，何勞說此！』亦付司，青衣送入黑門。〔註177〕

《洛陽伽藍記》所記載的這段奇聞軼事，敘述比丘惠凝死後七日復活，在冥界目睹了另外五個比丘死後經閻羅王的檢閱，而得到各自應得的果報。針對

向度。因此，書中才會出現這種看似矛盾的敘事心理。換言之，楊衒之自有其善惡是非的心證標準與解釋模式。見林郁迢，〈北魏三書南北文化觀〉，頁114。

〔註176〕楊衒之撰，周祖謨校釋，《洛陽伽藍記校釋》卷四「開善寺條」，頁146～147。

〔註177〕同上註，卷二「崇眞寺條」，頁59～62。

這五種佛教認爲的果報，情形各異，〔註178〕其中坐禪苦行的智聖與誦經的道品升入天堂，而講經的曇謨最、造作經像的道弘、以及曲理枉法，劫奪民財的寶眞皆交付有司，送入地獄。楊衒之並沒有針對五人的結局發表任何議論，而是客觀陳述此一傳聞，態度沈著，冷筆記之。此外，根據此記載裡閻羅王對比丘的審判，除了傳達生前若行爲不公不義，縱使出家後「禮拜不缺」，也仍然善惡有報，死後須入地獄；同時，我們也看到比丘不同的修行方式，竟然成爲閻羅王審判的重要標準，由此，無疑明顯肯定了誦經坐禪最優，而講經、造作經像不值得鼓勵。這種將修行信仰的方式結合果報的差別，一方面是反對北方濫造佛寺、經像的信仰風氣；一方面則是突顯北方佛教重視誦經坐禪，貶低南方佛教之偏重講經說法。最後，從此則佛教靈異奇聞，亦反映了佛教中土化進程在南北朝時期的基本定型。漢魏兩晉小說所描述的地府幾乎皆爲泰山地府，佛教地獄觀念雖有滲透，然尚未顚覆傳統的泰山地府思維模式：即冥界主宰爲泰山府君，治罪場景尚未形成地獄審判的模式。南北朝之際，巡遊地獄與地府審罪施刑題材的小說開始興起；與此相對的是，巡遊泰山地府小說在小說總數中所占的比例明顯下降。巡遊地府的題材小說如實反映中土冥界信仰與印梵佛教地獄信仰的融合過程，恰好給我們提供考察佛教信仰傳播的視角。〔註179〕在楊衒之身處的北朝，伴隨佛教盛行，天堂地獄信仰亦逐漸深入中國社會，爲民衆接受，故才有相關的冥界地府之奇聞在社會廣泛流傳，而被楊衒之蒐羅載入。附帶一提的是，天堂地獄不僅與善惡因果相關聯，同時也成爲時人對世間美善之地的形容，如《洛陽伽藍記》卷一「景樂寺」曰：

> 有佛殿一所，像輦在焉。雕刻巧妙，冠絕一時。堂廡周環，曲房連接，輕條拂户，花藥被庭。至於六齋，常設六樂，歌聲繞梁，舞袖徐轉，絲管廖亮，諧妙入神。以是尼寺，丈夫不得入。得往觀者，以爲至天堂。〔註180〕

〔註178〕（1）寶明寺智聖，因「坐禪苦行，得升天堂」；（2）般若寺道品，因「誦四十卷涅槃，亦升天堂」；（3）融覺寺曇謨最，因「講涅槃、華嚴，領衆千人」而下地獄；（4）禪林寺道弘，因「造作經像」而下地獄；（5）靈覺寺寶眞，因「出家之前，嘗作隴西太守……曲理枉法，劫奪民財」，即使出家後「禮拜不缺」，也仍然入地獄。

〔註179〕邵穎濤，〈巡遊泰山地府題材小說流變與冥界觀的演進〉，《學術論壇》2011年第7期，頁91。

〔註180〕楊衒之撰，周祖謨校釋，《洛陽伽藍記校釋》卷二「崇眞寺條」，頁42。

以「天堂」來描述、讚嘆景樂寺的美不勝收，反映佛教思想滲透中國社會，
人們對天堂的憧憬、嚮往。

爲呈現實錄的標準，楊衒之盡可能記實存眞，將洛陽城存在的、發生的，
人們聽聞的、巷弄裡流傳的，都能將之記載在《洛陽伽藍記》中，無法避而
不載。敘述筆調時而激動憤慨，簿責論理；時而異常冷靜，存而不論；此中
的落差、矛盾正說明楊衒之自有取捨之道及信念價值存焉。而不論如何取捨，
敘述時情感如何外顯或內斂，楊衒之的思想中確實具有果報觀念，自不待辭
費矣。值得注意的是，從《洛陽伽藍記》的記載，筆者發現其實楊衒之對「果
報」的觀念包含了中國《易經》的果報觀，〔註181〕以及佛教自身的果報觀，
兩者已混淆不分，或者說融合爲一。事實上，楊衒之的認知也是接近當時庶
民大眾的普遍認知，這種思想交疊性，使佛教因果報應說能在中國廣爲流傳，
成爲有鉅大影響力的佛教教義。〔註182〕

（四）視北魏爲正統與佛國

楊衒之在《洛陽伽藍記》特別喜歡強調洛陽文物的存在，從洛陽諸城門
的歷史沿革到洛陽城內的各地景物描摹，凡涉及歷史掌故，皆刻意詳盡記
載，明顯有意藉北魏建都洛陽，暗示北魏與漢魏晉朝的正統聯繫。強調以北
魏洛陽文化爲中原正統代表的思想，還表現在南北政治正統的爭執上，我們
可以看到楊衒之在行文之際屢用「皇魏」、〔註183〕「聖闕」、〔註184〕「天闕」

〔註181〕楊衒之引用《易經》：「天道虧盈而益謙，地道變盈而流謙，鬼神禍盈而福謙，
人道惡盈而好謙」以及「積善之家，必有餘慶；積不善之家，必有餘殃」。楊
衒之撰，周祖謨校釋，《洛陽伽藍記校釋》，分見卷一「永寧寺條」，頁 30；
卷四「宣忠寺條」，頁132。佛教的業報輪迴說與以家族血緣爲基礎的善惡報
應的倫理觀念不同。按佛教的業報輪迴理論，個人的禍福遭遇是自己積聚的
業力所定。而中國古代則認爲禍福是上帝或鬼神所施。此外佛教的果報論認
爲報應是個人的事情，爲善者自獲福果，爲惡者自受其殃，而遭報的時間點
有可能是現世、來世或未來世。中國傳統的報應觀則是會牽連家庭、子孫，
且沒有轉世的觀念，較強調現世報。

〔註182〕儒家之言因果，重在教人畏因。佛教之言因果，重在勸人畏因。佛教因果報
應說的道德教化作用，其層次要遠遠高於中國傳統的上天崇拜和鬼神崇祀，
它不但具有客觀監督作用，而且更強調人們自己內心的約束。使他律性的道
德規範轉他爲自律性的道德規範。人們不再是戰戰兢兢地去服從天道和神
意；而是自覺自願地去爲自己修善除惡，積累功德。佛教因果報應說的傳播，
完善了中國古代的道德結構，因而成爲社會上最有影響力的佛教教義。見魏
承思，《中國佛教文化論稿》，頁107。

〔註183〕楊衒之，《洛陽伽藍記·序》云：「逮皇魏受圖，光宅嵩洛，篤信彌繁，法教

〔註185〕等字眼自我強化，而呼波斯、西域爲「胡人」，這正是以北魏爲唯一正統政權的公開宣言。此外，北魏四館四里的建置，其名稱不僅暗寓其高高在上的強勢立場，並顯示北魏如何以天下共主的身分將南朝與「東」、「西」、「北」夷等加以「周邊化」、「邊陲化」而自居於天下新中心。〔註186〕再者，檢視《洛陽伽藍記》全書，當時北人呼來奔之南人爲「吳兒」、〔註187〕將南方魚食貶抑爲「邾莒」，茗飲折辱成「酪奴」等，〔註188〕透過南北風俗高下的比較，得出南俗北雅的結果，反映當時南北對峙下，北人貶抑南方文化的社會心態，據以凸顯北方文化的優越性。〔註189〕

愈盛。」楊衒之撰，周祖謨校釋，《洛陽伽藍記校釋・序》，頁22～23。

〔註184〕《洛陽伽藍記》卷二「龍華寺條」載：「（蕭）綜遂歸我聖闕，更改名曰讚，字世務。始爲寶卷，追服三年喪，明帝拜綜太尉公封丹陽王。」楊衒之撰，周祖謨校釋，《洛陽伽藍記校釋》卷二「龍華寺條」，頁57～58。

〔註185〕《洛陽伽藍記》載：「惠生在烏場國二年，西胡風俗，大同小異，不能具錄。至正光二年二月，始還天闕。」楊衒之撰，周祖謨校釋，《洛陽伽藍記校釋》卷五「聞義里宋雲惠生使西域條」，頁209。

〔註186〕王文進，《洛陽伽藍記——淨土上的烽煙》，頁148～151。

〔註187〕《洛陽伽藍記》載：「時朝廷方欲招懷荒服，待吳兒甚厚。寒裳渡於江者。皆居不次之位。」雖然楊衒之提到北魏朝廷對王肅、蕭寶夤、蕭綜等南方世族投奔者甚爲禮遇，但是北朝社會輿論對於南來之士其實極爲輕蔑，呼來奔之南人爲「吳兒」。楊衒之撰，周祖謨校釋，《洛陽伽藍記校釋》卷二「景寧寺條」，頁89。

〔註188〕《洛陽伽藍記》載：「（王）肅初入國，不食羊肉及酪漿等物，常飯鯽魚羹，渴飲茗汁。京師士子，見肅一飲一斗，號爲『漏巵』。經數年以後，肅與高祖殿會，食羊肉酪粥甚多。高祖怪之，謂肅曰：『卿中國之味也。羊肉何如魚羹？茗飲何如酪漿？』肅對曰：『羊者是陸產之最，魚者乃水族之長；所好不同，並各稱珍；以味言之，甚是優劣。羊比齊魯大邦，魚比邾莒小國。唯茗不中，與酪作奴。」楊衒之撰，周祖謨校釋，《洛陽伽藍記校釋》卷三「報德寺條」，頁109～110。

〔註189〕《洛陽伽藍記》載：「魏朝甚盛，猶曰五胡；正朔相承，當在江左；秦皇玉璽，今在梁朝。」北人楊元慎聽完後，立刻嚴詞反駁：「江左假息，僻居一隅，地多濕蟄，攢育蟲蟻，疆土瘴癘，蛙黽共穴，人鳥同群。短髮之君，無杸首之貌，文身之民，稟叢陋之質。浮於三江，棹於五湖，禮樂所不沾，憲章弗能革。雖復秦餘漢罪，雜以華音，復閭楚難言，不可改變。雖立君臣，上慢下暴。……卿沐其遺風，未沾禮化，所謂陽翟之民。不知瘦之爲醜。我魏膺籙受圖，定鼎嵩洛，五山爲鎮，四海爲家。移風易俗之典，與五帝而並跡，禮樂憲章之盛，凌百王而獨高。豈卿魚鱉之徒，慕義來朝，飲我池水，啄我稻粱，何爲不遜，以至於此？」楊衒之撰，周祖謨校釋，《洛陽伽藍記校釋》卷二「景寧寺條」，頁90～92。這場南、北之間的辯論，楊衒之秉持一貫有關必錄的撰史原則，將之如實記載，顯見當時北人對南方文化的貶低、輕蔑。

　　楊衒之如此自豪於北魏的歷史文化，視北魏爲中國正統之代表，這樣
的擁護，使楊衒之筆下的北魏（中國），一躍成爲佛教文化昌盛的「佛國」。
〔註190〕《洛陽伽藍記》卷五「宋雲惠生使西域條」下云：

> 十二月初入烏場國。北接蔥嶺，南連天竺，土氣和暖，地方數千。
> ……國王精進，菜食長齋。晨夜禮佛。……國王見宋雲云：「大魏
> 使來，膜拜受詔書。」聞太后崇奉佛法，即面東合掌，遙心頂禮。
> 遣解魏語人問宋雲曰：「卿是日出人也？」宋雲答曰：「我國東界有
> 大海水，日出其中，實如來旨。」王又問曰：「彼國出聖人否？」
> 宋雲具說周、孔、莊、老之德；次序蓬萊山上銀闕金堂，神僊聖人，
> 並在其上；說管輅善卜，華陀治病，左慈方術；如此之事，分別說
> 之。王曰：「若如卿言，即是佛國，我當命終，願生彼國。」宋雲
> 於是與惠生出城外，尋如來教跡。〔註191〕

然在《北魏僧惠生使西域記》的「烏場國」一段，並無如此詳細的對話與記
載，其云：

> 十二月初旬入烏場國。北接蔥嶺，南連天竺，土氣和暖，原田膴膴，
> 民物殷阜，國王菜食長齋，晨夜禮佛。日中以後，始治國事，鐘聲
> 遍界，異花供養。聞魏使來，膜拜受詔，國中有如來晒衣履石之處，
> 其餘佛跡，所至炳然。每一佛跡，輒有寺塔履之，比丘戒行清苦。
>
> 〔註192〕

比對《洛陽伽藍記》與《北魏僧惠生使西域記》這二則資料，《洛陽伽藍記》
稱「大魏使來」，而《北魏僧惠生使西域記》則僅稱「魏使來」，並且《洛陽
伽藍記》中記載烏場國國王將中國視作「佛國」，甚至當其命終後，願生中
國，但在《北魏僧惠生使西域記》並未見此說法。其次，《洛陽伽藍記》卷
四「永明寺條」載：「永明寺，宣武皇帝所立也，在大覺寺東。時佛法經像
盛於洛陽，異國沙門，咸來輻輳，負錫持經，適茲樂土。世宗故立此寺以憩

〔註190〕大乘經典所說的佛國，佛是位說法者、教化者，在其願力的含攝下，眾生得
　　　　以在較優越的環境中修行——覺醒、實踐，因此，其佛國並不是「國家」，而
　　　　是種場域、氛圍。見蔣義斌，〈《大智度論中的淨土觀》〉，收入藍吉富主編，《印
　　　　順思想——印順導師九秩晉五壽慶論文集》（新竹：正聞出版社，2000年），
　　　　頁227。
〔註191〕楊衒之撰，周祖謨校釋，《洛陽伽藍記校釋》卷五「聞義里宋雲惠生使西域條」，
　　　　頁185～186。
〔註192〕引自《北魏僧惠生使西域記》，T51/2086，頁867a。

之，房廡連亙，一千餘間。庭列修竹。蘑拂高松，奇花異草，駢闐堦砌，百國沙門，三千餘人。」〔註193〕北魏崇佛造寺的風氣相當盛行，使洛陽城佛寺林立，儼如佛國；在楊衒之筆下的洛陽城，是各國僧人紛至沓來，虔心朝聖、巡禮的「樂土」，彷彿是一國際性的佛教中心，〔註194〕北魏政府甚至專門爲之立寺，使之安居。北魏佛寺、造像的精巧華麗，無疑是佛國的象徵，在前文曾敘及菩提達摩來到魏境，目睹永寧寺之美由衷讚美曰：「此寺精麗，閻浮所無也，極物境界，亦未有此。口唱南無，合掌連日。」〔註195〕以及見修梵寺內的金剛像令「鳩鴿不入，鳥雀不棲」，贊賞此像栩栩如生，可謂「得其眞相也」。〔註196〕甚至有西域僧人看到北魏洛陽佛教興盛的情形，發出「佛國」之嘆。《洛陽伽藍記》載各寺的佛像在四月七日先至景明寺，至八日，千餘軀佛像依次進入宣陽門，來到皇帝宮前，北魏皇帝則在門樓上散花致禮：

> 於時金花映日，寶蓋浮雲，旛幢若林，香煙似霧，梵樂法音，聒動
> 天地。百戲騰驤，所在駢比。名僧德眾，負錫爲群，信徒法侶。持
> 花成藪。車騎塡咽，繁衍相傾。時有西域胡沙門見此，唱言佛國。

〔註197〕

西域沙門盛贊佛事之盛嚴如佛國。藉由烏場國國王的嚮往、欽羨，與佛教高僧對北魏佛教文化的推崇，實間接突顯了北魏具有佛國的地位。

　　從上文所述，楊衒之對佛教應是抱持客觀、友善的態度，不佞佛也不反佛，個人多少接觸過佛教的思想，否則我們不會在《洛陽伽藍記》的序文中看到楊衒之平實地簡述佛教教義和在中國流傳的經過。因此，佛典中原來對於「邊地」和「中國」的主張，楊衒之應有所聞，但卻在書中扭轉佛教既有理論。就佛教立場而言，所謂的「中國」是佛化文明的中心，代表佛教的聖域，若生於中國，則容易獲得聽聞佛法，得到教化的因緣；相反地，若生於邊地則不易值善因緣。佛教此種「中國」與「邊地」的空間文化思維模式，影響漢地僧人以中土漢地作爲「邊地」來思考自我的處境，刺激僧人、奉佛

〔註193〕楊衒之撰，周祖謨校釋，《洛陽伽藍記校釋》卷四「永明寺條」，頁157～158。
　　　　觀楊衒之此則描寫佛法經像盛於洛陽，異國沙門咸來北魏，及宣武帝爲異國
　　　　沙門所建之永明寺是何等壯觀精巧的情形，衒之的筆調實帶有一種自豪之情。
〔註194〕業露華，《法海一得》（北京：宗教文化出版社，2007年），頁39。
〔註195〕楊衒之撰，周祖謨校釋，《洛陽伽藍記校釋》卷一「永寧寺條」，頁11～13。
〔註196〕同上註，卷一「修梵寺條」，頁47。
〔註197〕同上註，卷三「景明寺條」，頁99。

者西行求法或巡拜聖蹟；胡太后命宋雲、惠行赴西域取經，便是希望能更接近「佛國」，進一步領受佛法的教化。《北魏僧惠生使西域記》中並沒有特別突顯北魏的重要，然而在《洛陽伽藍記》則是透過外國君主稱讚北魏乃「佛國」，以及外國君主「願生彼國」的皈依，刻意強調北魏（中國）的優越性。筆者認爲佛教所主張「邊地」和「中國」的觀念，對虔誠奉佛者而言，尤其是僧人，可以因爲宗教信仰而接納之；但是對於中國的知識分子，在聽聞佛教此種觀念後，極有可能將之調整、改變成爲符合中國本位的價值觀。楊衒之即是此類知識分子的代表。據此，筆者所欲特別指出的乃是楊衒之撰寫北魏歷史之際，對於北魏地位的認知，除了具有中國傳統史學注重的「正統」觀之外，同時也受到佛教的影響，在書中運用了佛經中「邊地」和「中國」的觀念，從佛教的角度側面肯定北魏的特殊地位。

綜上所論，楊衒之在《洛陽伽藍記》中採用佛經「合本子注」的注釋體例，書中大量載述的靈驗志怪，與佛教相關者不少，顯示出伴隨佛教勢力的興盛，佛教也逐漸融入中國政治靈徵和志怪異聞的傳統中，增添新血。這些以我們今日眼光視之爲志怪小說的題材者，楊衒之寫來有憑有據，似乎眞有其事；實際上，當時由於社會瀰漫、充斥著宗教神祕的靈驗風潮，故使鬼神志怪、靈驗神奇成爲當時人習焉不察的認知。這樣的世界觀使身處這樣時代氛圍的楊衒之，在記敘魏衰齊盛的歷史發展，以及記錄社會中發生的各種奇聞異事時，自然而然皆給予存眞記實的書寫空間。誠如《四庫全書總目提要》云：

> 魏自太和十七年作都洛陽，一時篤崇佛法，刹廟甲於天下。及永熙之亂，城郭邱墟。武定五年，衒之行役洛陽，感念廢興，因捃拾舊聞，追敘故蹟，以成是書。其文穠麗秀逸，煩而不厭，可與酈道元《水經注》肩隨。其兼敘爾朱榮等變亂之事，委曲詳盡，多足與史傳參證。其他古跡藝文，及外國土風道里，採摭繁富，亦足以廣異聞。〔註198〕

楊衒之的文采「穠麗秀逸」，「煩而不厭」則是他撰史的原則和觀念，因爲煩而不厭，故事不分大小，縱然是傳聞逸事，皆寫入書中，偶備遺亡，以致造就《洛陽伽藍記》一書具有珍貴的史料價值。此外，中國固有的善惡有報和佛教的因果報應，在南北朝更趨融合，是促使佛教廣爲傳佈的重要教義。《洛

〔註198〕〔清〕乾隆敕撰，紀昀等纂，《四庫全書總目題要》卷七十〈史部‧地理類三〉，頁396。

陽伽藍記》中不乏果報的志怪記載，值得注意的是，僧人修行方式的差異，竟也成為閻羅王判處進天堂或入地獄的重要指標。最後，挺立在改朝換代的歷史交叉點，以及三方政權鼎立的政治現實中，楊衒之受到文化使命感的激化，一方面在書中多次記載當時北人對南方文化貶抑、排斥的社會觀感，塑造北魏才是中國正統的代表；一方面，受到佛教「中國」與「邊地」觀念的影響，楊衒之眼裡的北魏也是各國沙門虔誠嚮往、朝聖的「佛國」、「樂土」。

表 5-6　《洛陽伽藍記》中靈異志怪記載

序號	出　處	內　容	類　別
1	書序	東頭第一曰開陽門。初，漢光武遷都洛陽，作此門始成，而未有名。忽夜中有柱自來在樓上。後琅琊郡開陽縣言南門一柱飛去，使來視之，則是也。遂以「開陽」為名。	政治預兆
2	卷一永寧寺	其年（永熙三年）五月中有人從東萊郡來，云：「見浮圖於海中。光明照耀，儼然如新，海上之民。咸皆見之；俄然霧起。浮圖遂隱。」至七月中，平陽王為侍中斛斯椿所使，奔於長安。十月，而京師遷鄴。	佛教靈異（政治預兆）
3	卷一昭儀尼寺	堂前生桑樹一株，直上五尺，枝條橫繞，柯葉傍布，形如羽蓋。複高五尺，又然。凡為五重，每重葉棋各異，京師道俗謂之神桑。觀者成市，施者甚眾。帝聞而惡之，以為惑眾，命給事中黃門侍郎元紀伐殺之。其日雲霧晦冥，下斧之處，血流至地，見者莫不悲泣。	佛教靈異（因果報應）
4	卷一昭儀尼寺・苞信縣令段暉宅注	地下常聞鐘聲。時見五色光明，照於堂宇。暉甚異之，遂掘光所，得金像一軀，可高三尺，並有二菩薩，趺坐上銘云：「晉泰始二年五月十五日侍中中書監荀勗造。」暉遂捨宅為光明寺。時人咸云此荀勗舊宅。其後盜者欲竊此像，像與菩薩合聲喝賊，盜者驚怖，應即殞倒。眾僧聞像叫聲，遂來捉得賊。	佛教靈異（因果報應）
5	卷一修梵寺・貴里注	掘此地者，輒得金玉寶物。邢鸞家常掘丹砂及錢數十萬，銘云：「董太師之物。」後卓夜中隨鸞索此物，鸞不與之，經年，鸞遂卒矣。	因果報應
6	卷二崇真寺	比丘惠凝，死經七日還活。經閻羅王檢閱，以錯召放免，惠凝具說：『過去之時，有五比丘同閱。一比丘云是寶明寺智聖，坐禪苦行，得升天堂。有一比丘是般若寺道品，以誦四十卷《涅槃》，亦升天堂。有一比丘云是融覺寺曇謨最，講《涅槃》、《華嚴》，領從千人。』閻羅王曰：『講經者心懷彼我，以驕淩物，	佛教靈異（因果報應）

		比丘中第一粗行。今唯試坐禪、誦經，不問講經。』其曇謨最曰：『貧道立身以來，唯好講經，實不闇誦。』閻羅王敕付司，即有青衣十人，送曇謨最向西北門，屋舍皆黑，似非好處。有一比丘云是禪林寺道弘，自云：『教化四輩檀越，造一切經，人中金象十軀。』閻羅王曰：『沙門之體，必須攝心守道，志在禪誦，不干世事，不作有爲。雖造作經像，正欲得它人財物；既得它物，貪心即起，既懷貪心，便是三毒不除，具足煩惱。』亦付司，仍與曇謨最同入黑門。有一比丘云是靈覺寺寶眞，自云：『出家之前，嘗作隴西太守，造靈覺寺。寺成，即棄官入道。雖不禪誦，禮拜不缺。』閻羅王曰：『卿作太守之日，曲理枉法，劫奪民財，假作此寺，非卿之力，何勞說此！』亦付司，青衣送入黑門。	
7	卷二崇眞寺・綏民里劉宣明宅注	神龜年中，（劉宣明）以直諫忤旨，斬於都市訖，目不瞑，尸行百步，時人談以枉死。宣明少有名譽，精通經史，危行及於誅死也。	鬼神志怪
8	卷二平等寺・寺門外金像注	寺門外有金像一軀，高二丈八尺，相好端嚴，常有神驗，國之吉凶，先炳祥異。孝昌三年十二月中，此像面有悲容，兩目垂淚，遍體皆溼，時人號曰「佛汗」。京師士女空市里往而觀之。有比丘以淨綿拭其淚，須臾之間，綿溼都盡；更換以他棉，俄然復溼。如此三日乃止。明年四月，爾朱榮入洛陽，誅戮百官，死亡塗地。永安二年三月，此像復汗，士庶復往觀之。五月，北海王入洛，莊帝北巡。七月，北海大敗，所將江淮子弟五千，盡被俘虜，無一得還。永安三年七月，此像悲泣如初，每經神驗，朝夕惶懼，禁人不聽觀之。	佛教靈異（政治預兆）
9	卷二平等寺・寺門外金像注	於是封長廣爲東海王，世隆加儀同三司、尚書令、樂平王，餘官如故。贈太原王相國、晉王，加九錫，立廟於芒嶺首陽。上舊有周公廟，世隆欲以太原王功比周公，故立此廟。廟成，爲火所災。有一柱焚之不盡，後三日雷雨震電，霹靂擊爲數段，柱下石及廟瓦皆碎於山下。復命百官議太原王配饗。司直劉季明議云不合。世隆問其故。季明曰：「若配世宗，於宣武無功；若配孝明，親害其母；若配莊帝，爲臣不終，爲莊帝所戮。以此論之，無所配也」。世隆怒曰：「卿亦合死！」季明曰：「下官既爲議臣，依禮而言。不合聖心，俘軴惟命。」議者咸歎季明不避強禦，莫不歎伏焉。	政治預兆

10	卷二 平等寺	永熙元年，平陽王入纂大業，始造五層塔一所。平陽王，武穆王少子，詔中書侍郎魏收等爲寺碑文。至二年二月五日，土木畢工，帝率百僚作萬僧會。其日寺門外有石像，無故自動，低頭復舉，竟日乃止。帝躬來禮拜，怪其詭異。中書舍人盧景宣曰：「石立社移，上古有此，陛下何怪也？」帝乃還宮。七月中，帝爲侍中斛斯椿所使，奔於長安。至十月終，而京師遷鄴焉。	佛教靈異 （政治預兆）
11	卷二 景寧寺	元愼，弘農人，晉冀州刺史嶠六世孫。曾祖泰，從宋武入關，爲上洛太守七年，背僞來朝，明帝賜爵臨晉侯，廣武郡、陳郡太守，贈涼州刺史，諡烈侯。祖撫，明經，爲中博士。父辭，自得丘壑，不事王侯。叔父許，河南令，蜀郡太守。世以學行著聞，名高州里。元愼情尙卓逸，少有高操，任心自放，不爲時羈。樂愛水山，好游林澤。博識文淵，清言入神，造次應對，莫有稱者。讀老、莊，善言玄理。性嗜酒，飲至一石，神不亂常。慷慨歎不得與阮籍同時生。不願仕宦，爲中散，常辭疾退閑，未常修敬諸貴，亦不慶吊親知。貴爲交友，故時人弗識也。或有人慕其高義，投刺在門，元愼稱疾高臥。加以意思深長，善於解夢。孝昌年，廣陽王元淵初除儀同三司，總衆十萬討葛榮，夜夢著衰衣，倚槐樹而立，以爲吉徵，問於元愼。元愼曰：「三公之祥。」淵甚悅之。元愼退還，告人曰：「廣陽死矣。『槐』字是木傍鬼，死後當得三公。」廣陽果爲葛榮所殺，追贈司徒公，終如其言。建義初，陽城太守薛令伯聞太原王誅百官，立莊帝，棄郡東走，忽夢射得雁。以問元愼。元愼曰：「卿執羔，大夫執雁，君當得大夫之職。」俄然令伯除爲諫議大夫。京兆許超夢盜羊入獄，問於元愼。元愼曰：「君當得陽城令。」其後，有功封城陽侯。元愼解夢，義出萬途，隨意會情，皆有神驗。雖令與侯小乖，按令今百里，即是古諸侯，以此論之，亦爲妙著。時人譬之周宣。及爾朱兆入洛陽，即棄官與華陰隱士王騰周遊上洛山。	政治預兆
12	卷二 景寧寺・殖貨里	殖貨里，里有太常民劉胡兄弟四人，以屠爲業。永安年中，胡殺豬，豬忽唱乞命，聲及四鄰。鄰人謂胡兄弟相毆鬥而來觀之，乃豬也。胡即舍宅爲歸覺寺，闔家人入道焉。普泰元年，此寺金像生毛，眉發悉皆具足。尙書左丞魏季景謂人曰：「張天錫有此事，其國遂滅，此亦不祥之徵。」至明年，而廣陵被廢死。	佛教靈異 （政治預兆）

13	卷三 大統寺・汝南王造磚浮圖於靈臺之上注	時有虎賁駱子淵者，自云洛陽人。昔孝昌年戍在彭城，其同營人樊元寶得假還京師，子淵附書一封，令達其家。云：「宅在靈臺南，近洛河，卿但至彼，家人自出相看。」元寶如其言，至靈臺南，了無人家可問，徙倚欲去，忽見一老翁來，問從何而來，徬徨於此。元寶具向道之。老翁云：「是吾兒也。」取書引元寶入。遂見館閣崇寬，屋宇佳麗。既坐，命婢取酒。須臾見婢抱一死小兒而過，元寶初甚怪之，俄而酒至，色甚紅，香美異常。兼設珍羞，海陸具備。飲訖，辭還。老翁送元寶出。云：「後會難期，以爲悽恨。」別甚殷勤。老翁還入，元寶不復見其門巷，但見高岸對水，淥波東傾，唯見一童子可年十五，新溺死，鼻中出血，方知所飲酒，是其血也。及還彭城，子淵已失矣。元寶與子淵同戍三年，不知是洛水之神也。	鬼神志怪
14	卷三 平等寺	菩提寺，西域胡人所立也，在慕義里。沙門達多發塚取磚，得一人以進。時太后與明帝在華林都堂，以爲妖異。謂黃門侍郎徐紇曰：「上古以來，頗有此事否？」紇曰：「昔魏時發塚，得霍光女婿范明友家奴，說漢朝廢立，與史書相符，此不足爲異也。」后令紇問其姓名，死來幾年，何所飲食。死者曰：「臣姓崔，名涵，字子洪，博陵安平人也。父名暢，母姓魏，家在城西阜財裡。死時年十五，今滿二十七，在地十有二年，常似醉臥，無所食也。時復遊行，或遇飯食，如似夢中，不甚辨了。」後即遣門下錄事張雋詣阜財里，訪涵父母，果得崔暢，其妻魏氏。雋問暢曰：「卿有兒死否？」暢曰：「有息子洪，年十五而死。」雋曰：「爲人所發，今日蘇活，在華林園中，主人故遣我來相問。」暢聞驚怖曰：「實無此兒，向者謬言。」雋還，具以實陳聞，後遣雋送涵回家。暢聞涵至，門前起火，手持刀，魏氏把桃枝，謂曰：「汝不須來！吾非汝父，汝非吾子，急手速去，可得無殃。」涵遂舍去，游於京師，常宿寺門下。汝南王賜黃衣一具。涵性畏日，不敢仰視，又畏水火及兵刃之屬，常走於逶路，遇疲則止，不徐行也。時人猶謂是鬼。洛陽大市北有奉終里，里內之人，多賣送死人之具及諸棺槨。涵謂曰：「作柏木棺，勿以桑木爲樀。」人問其故，涵曰：「吾在地下見發鬼兵，有一鬼訴稱：『是柏棺，應免。』主兵吏曰：『爾雖柏棺，桑木爲樀。遂不免。』」京師聞此，柏木踴貴。人疑賣棺者貨涵發此言也。	鬼神志怪
15	卷三 崇虛寺	崇虛寺，在城西，即漢之濯龍園也。延熹九年，桓帝祠老子於濯龍園，設華蓋之座，用郊天之樂，此其地也。高祖遷京之始，以地給民，憩者多見妖怪，是以人皆去之，遂立寺焉。	鬼神志怪

16	卷四 宣忠寺注	永安中，北海王入洛，莊帝北巡，自餘諸王，各懷二望，唯徽獨從莊帝至長子城。大兵阻河，雌雄未決，徽願入洛陽，舍宅爲寺。及北海敗散，國道重暉，遂舍宅焉。永安末，莊帝謀殺爾朱榮，恐事不果，請計於徽。徽曰：「以生太子爲辭，榮必入朝，因以斃之。」莊帝曰：「後懷孕未十月，今始九月，可爾以不？」徽曰：「婦人生產，有延月者，有少月者，不足爲怪。」帝納其謀，遂唱生太子。遣徽物至太原王第，告云皇儲誕育。值榮與上党王天穆博戲。徽脫榮帽，歡舞盤旋。徽素大度量，喜怒不形於色，繞殿內外歡叫，榮遂信之，與穆併入朝。莊帝聞榮來，不覺失色。中書舍人溫子升曰：「陛下色變！」帝連索酒飲之，然後行事。榮、穆既誅，拜徽太師司馬，餘官如故，典統禁兵，偏被委任。及爾朱兆擒莊帝，徽投前洛陽令寇祖仁。祖仁一門刺史，皆是徽之將校，以有舊恩，故往投之。祖仁謂子弟等曰：「時聞爾朱兆募城陽王甚重，擒獲者千戶侯。今日富貴至矣！」遂斬送之。徽初投祖仁家，齎金一百斤、馬五十匹。祖仁利其財貨，故行此事。所得金馬，總親之內均分之。所謂「匹夫無罪，懷璧其罪」，信矣。兆得徽首，亦不動賞祖仁。兆忽夢徽云：「我有黃金二百斤、馬一百匹，在祖仁家，卿可取之。」兆悟覺，即自思量，城陽祿位隆重，未聞清貧，常自入其家採掠，本無金銀，此夢或眞。至曉掩祖仁，徵其金馬。祖仁謂人密告，望風款服，云實得金一百斤、馬五十匹。兆疑其藏隱，依夢徵之。祖仁諸房素有金三十斤，馬三十匹，盡送致兆，猶不充數。兆乃發怒捉祖仁，懸首高樹，大石墜足，鞭捶之以及於死。時人以爲交報。楊衒之曰：「崇善之家，必有餘慶；積禍之門，殃所畢集。祖仁負恩反噬，貪貨殺徽，徽即託夢增金馬，假手於兆，還以斃之。使祖仁備經楚撻，窮其塗炭，雖魏其侯之笞田蚡，秦主之刺姚萇，以此論之，不能加也。」	因果報應
17	卷四 白馬寺注	寺在西陽門外三裡御道南。帝夢金神，長丈六，項背日月光明。胡人號曰佛，遣使向西域求之，乃得經像焉。時以白馬負經而來，因以爲名。明帝崩，起祇洹於陵上。自此以後，百姓塚上或作浮圖焉。寺上經函，至今猶存。常燒香供養之，經函時放光明，耀於堂宇。是以道俗禮敬之，如仰眞容。	佛教靈異 （神奇事蹟）
18	卷四 白馬寺注	沙門寶公者，不知何處人也，形貌鬼陋，心識通達，過去未來，預睹三世。發言似讖，不可得解，事過之後，始驗其實。胡太后聞之，問以世事。寶公曰：「把粟與雞呼朱朱。」時人莫之能解。建義元年，後爲爾朱榮所害，始驗其言。	佛教靈異 （政治預兆）

19	卷四 白馬寺注	時亦有洛陽人趙法和請占早晚當有爵否。寶公曰:「大竹箭,不須羽;東廂屋,急手作。」時人不曉其意。經十餘日,法和父喪。大竹箭者,苴杖。東廂屋者,倚廬。造十二辰歌,終其言也。	鬼神志怪
20	卷四 寶光寺	普泰末,雍州刺史隴西王爾朱天光總士馬於此寺。寺門無何都崩,天光見而惡之。其年天光戰敗,斬於東市也。	佛教靈異 (政治預兆)
21	卷四 法雲寺	法雲寺,西域烏場國胡沙門曇摩羅所立也。在寶光寺西,隔牆並門。摩羅聰慧利根,學窮釋氏。至中國,即曉魏言隸書,凡所聞見,無不通解,是以道俗貴賤,同歸仰之。作祇洹一所,工制甚精。佛殿僧房,皆爲胡飾。丹素炫彩,金玉垂輝,摹寫眞容,似丈六之見鹿苑;神光壯麗,若金剛之在雙林。伽藍之內,花果蔚茂,荒草蔓合,佳木被庭。京師沙門好胡法者,皆就摩羅受持之。戒行眞苦,難可揄揚。秘咒神驗,閻浮所無。咒枯樹能生枝葉,咒人變爲驢馬,見之莫不忻怖。西域所齎舍利骨及佛牙經像皆在此寺。	佛教靈異 (神奇事蹟)
22	卷四 法雲寺·慈孝、奉終里注	里內之人以賣棺槨爲業,賃輀車爲事。有輓歌孫巖,娶妻三年,妻不脫衣而臥。巖因怪之,伺其睡,陰解其衣,有毛長三尺,似野狐尾,巖懼而出之。妻臨去,將刀截巖髮而走,鄰人逐之,變成一狐,追之不得。其後京邑被截髮者一百三十餘人。初變爲婦人,衣服靚妝,行於道路,人見而悅近之,皆被截髮。當時有婦人著彩衣者,人皆指爲狐魅。	鬼神志怪
23	卷四 開善寺	京兆人韋英宅也。英早卒,其妻梁氏不治喪而嫁,更納河內人向子集爲夫,雖云改嫁,仍居英宅。英聞梁氏嫁,白日來歸,乘馬將數人至於庭前,呼曰:「阿梁,卿忘我耶?」子集驚怖,張弓射之,應箭而倒,即變爲桃人。所騎之馬亦變爲茅馬,從者數人盡化爲蒲人。梁氏惶懼,舍宅爲寺。	鬼神志怪
24	卷四 開善寺	南陽人侯慶有銅像一軀,可高尺餘。慶有牛一頭,擬貨爲金色,遇急事,遂以牛他用之。經二年,慶妻馬氏忽夢此像謂之曰:「卿夫婦負我金色,久而不償,今取卿兒醜多以償金色爲。」馬氏悟覺,心不遑安。至曉,醜多得病而亡。慶年五十,唯有一子,悲哀之聲,感於行路。醜多亡日,像自有金色,光照四鄰,一里之內,咸聞香氣。僧俗長幼,皆來觀覩。尚書左僕射元順聞里內頻有怪異,遂改阜財里爲齊諧里也。	佛教靈異 (因果報應)

25	卷四 永明寺	時有奉朝請孟仲暉者，武威人也。父賓，金城太守。暉志性聰明，學兼釋氏，四諦之義，窮其旨歸。恒來造第，與沙門論議，時號為玄宗先生。暉遂造人中夾紵像一軀，相好端嚴，希世所有。置皓前廳須彌寶座。永安二年中，此像每夜行繞其坐，四面腳跡，隱地成文。於是士庶異之，咸來觀矚。由是發心者，亦復無量。永熙三年秋，（像）忽然自去，莫知所之。其年冬，而京師遷鄴。	佛教靈異（政治預兆）
26	卷五 宋雲惠生使西域注	從末城西行二十二里，至扞摩城。城南十五里一大寺，三百餘僧眾。有金像一軀，舉高丈六，儀容超絕，相好炳然，面恒東立，不肯西顧。父老傳云：「此像本從南方騰空而來，于闐國王親見禮拜，載像歸，中路夜宿，忽然不見，遣人尋之，還來本處。王即起塔，封四百戶以供灑掃。戶人有患，以金箔貼像所患處，即得陰愈。後人於此像邊造丈六像者及諸像塔，乃至數千，懸綵幡蓋，亦有萬計。	佛教靈異（神奇事蹟）
27	卷五 宋雲惠生使西域注	于闐王不信佛法，有商胡將一比丘名毗盧旃在城南杏樹下，向王伏罪云：「今輒將異國沙門來在城南杏樹下。」王聞忽怒，即往看毗盧旃。旃語王曰：「如來遣我來，令王造覆盆浮圖一所，使王祚永隆。」王言：「令我見佛，當即從命。」毗盧旃鳴鐘告佛，即遣羅睺羅變形為佛，從空而現真容。王五體投地，即於杏樹下置立寺舍，畫作羅睺羅像，忽然自滅，于闐王更作精舍籠之。	佛教靈異（神奇事蹟）
28	卷五 宋雲惠生使西域注	西行六日，登蔥嶺山。復西行三日，至缽盂城。三日至不可依山。其處甚寒，多夏積雪。山中有池，毒龍居之。昔有三百商人，止宿池側，值龍忿怒，汎殺商人。盤陀王聞之，舍位與子，向烏場國學婆羅門咒，四年之中，盡得其術。還復王位，就池咒龍。龍變為人，悔過向王。王即徙之蔥嶺山，去此池二千餘裡。今日國王十三世祖也。	佛教靈異（神奇事蹟）
29	卷五 宋雲惠生使西域注	宋雲於是與惠生出城外，尋如來教跡。水東有佛曬衣處。初，如來在烏場國行化，龍王瞋怒，與大風雨，佛僧迦梨表裡通濕。雨止，佛在石下東面而坐，曬袈裟。年歲雖久，彪炳若新。非直條縫明見，至於細縷亦彰。乍往觀之，如似未徹，假令刮削，其文轉明。佛坐處及曬衣所，並有塔記。	佛教靈異（神奇事蹟）
30	卷五 宋雲惠生使西域注	水西有池，龍王居之。池邊有一寺，五十餘僧。龍王每作神變，國王祈請，以金玉珍寶投之池中，在後湧出，令僧取之。此寺衣食，待龍而濟，世人名曰龍王寺。	佛教靈異（神奇事蹟）

31	卷五 宋雲惠生使 西域注	王城北八十裡，有如來履石之跡，起塔籠之。履石之處，若踐水泥，量之不定，或長或短。今立寺，可七十餘僧。塔南二十步，有泉石。佛本清淨，嚼楊枝，植地即生，今成大樹，胡名日婆樓。	佛教靈異 （神奇事蹟）
32	卷五 宋雲惠生使 西域注	王城南一百餘里，有如來昔作摩休國剝皮爲紙、折骨爲筆處。阿育王起塔籠之，舉高十丈。折骨之處，髓流著石，觀其脂色，肥膩若新。	佛教靈異 （神奇事蹟）
33	卷五 宋雲惠生使 西域注	宋雲遠在絕域，因矚此芳景，歸懷之思，獨軫中腸，遂動舊疹，纏綿經月，得婆羅門咒，然後平善。	佛教靈異 （神奇事蹟）
34	卷五 宋雲惠生使 西域注	太子所食泉水北有寺，恒以驢數頭運糧上山，無人驅逐，自然往還。寅發午至，每及中餐。此是護塔神濕婆仙使之然。此寺昔日有沙彌，常除灰，因入神定。維那撽之，不覺皮連骨離。濕婆仙代沙彌除灰處，國王與濕婆仙立廟，圖其形像，以金傅之。隔山嶺有婆軒寺，夜叉所造，僧徒八十人。云羅漢夜叉常來供養，灑掃取薪，凡俗比丘，不得在寺。大魏沙門道榮至此禮拜而去，不敢留停。	佛教靈異 （神奇事蹟）
35	卷五 宋雲惠生使 西域注	復西南行六十裡，至乾陀羅城。東南七裡，有雀離浮圖。《道榮傳》云：「城東四里。」推其本緣，乃是如來在世之時，與弟子游化此土，指城東曰：「我入涅槃後二百年，有國王名迦尼色迦。在此處起浮圖。」佛入涅槃後二百年來，果有國王字迦尼色迦，出遊城東，見四童子累牛糞爲塔，可高三尺，俄然即失。《道榮傳》云：「童子在虛空中向王說偈。」王怪此童子，即作塔籠之。糞塔漸高，挺出於外，去地四百尺然後止。王更廣塔基三百餘步。《道榮傳》云：「三百九十步。」從地構木，始得齊等。《道榮傳》云：「其高三丈。悉用文石爲階砌、櫨栱，上構眾木，凡十三級。」上有鐵柱，高三百尺，金盤十三重，合去地七百尺。《道榮傳》云：「鐵柱八十八尺，八十圍，金盤十五重，去地六十三丈二尺。」施功既訖，糞塔如初，在大塔南三百步。時有婆羅門不信是糞，以手探看，遂作一孔，年歲雖久，糞猶不爛，以香泥填孔，不可充滿，今有天宮籠蓋之。雀離浮圖自作以來，三經天火所燒，國王脩之，還復如故。父老云：「此浮圖天火七燒，佛法當滅。」《道榮傳》云：「王修浮圖，木工既訖，猶有鐵柱，無有能上者。王於四角起大高樓，多置金銀及諸寶物，王與夫人及諸王子悉在上燒香散花，至心請神，然後轆轤絞索，一舉便到。故胡人皆云四天王助之，若其不爾，實非人力所能舉。」塔內	佛教靈異 （神奇事蹟）

		佛事，悉是金玉，千變萬化，難得而稱。旭日始開，則金盤晃朗；微風漸發，則寶鐸和鳴。西域浮圖，最爲第一。	
36	卷五 宋雲惠生使西域注	雀離浮圖南五十步，有一石塔，其形正圓，高二丈，甚有神變，能與世人表吉凶。以擋觸之，若吉者，金鈴鳴應；若凶者，假令人搖撼，亦不肯鳴。惠生既在遠國，恐不吉反，遂禮神塔，乞求一驗。於是以指觸之，鈴即鳴應。得此驗，用慰私心，後果得吉反。	佛教靈異 （神奇事蹟）
37	卷五 宋雲惠生使西域注	西北行七日，渡一大水，至如來爲屍毗王救鴿之處，亦起塔寺。昔屍毗王倉庫爲火所燒，其中粳米焦然，至今猶在，若服一粒，永無瘧患。彼國人民須禁日取之。《道榮傳》云：「至那迦羅阿國，有佛頂骨，方圓四寸，黃白色，下有孔，受人手指，閼然似仰蜂窠。至耆賀濫寺，有佛袈裟十三條，以尺量之，或短或長。複有佛錫杖，長丈七，以水箭盛之，金箔貼其上。此杖輕重不定，值有重時，百人不舉，值有輕時，一人勝之。那竭城中有佛牙佛發，並作寶函盛之，朝夕供養。至瞿波羅窟，見佛影。入山窟，去十五步，西面向戶遙望，則眾相炳然；近看，瞑然不見。以手摩之，唯有石壁。漸漸卻行，始見其相。容顏挺特，世所稀有。窟前有方石，石上有佛跡。窟西南百步，有佛浣衣處。窟北一裡，有目連窟。窟北有山，山下有七佛手作浮圖，高十丈。云此浮圖陷入地，佛法當滅。並爲七塔，七塔南石銘，云如來手書，胡字分明，於今可識焉。」	佛教靈異 （神奇事蹟）

備註：表 5-6 係根據楊衒之撰，周祖謨校釋，《洛陽伽藍記校釋》製作

第三節　《世說新語注》與《洛陽伽藍記》受佛教影響之比較

　　本章聚焦於探討正史之外，佛教對南北朝其他史書的影響，從史注的角度切入，以《世說新語注》和《洛陽伽藍記》爲例，第一節先論《世說新語注》，第二節再論《洛陽伽藍記》所受到的佛教影響。對這兩部史注有所掌握後，本節嘗試從幾個面向探討佛教在南朝、北朝發展之差異，是否亦會反映在《世說新語注》和《洛陽伽藍記》。下文就此一問題，展開辨析、加以論述。

一、對佛教的認識與護教

　　劉孝標早年出家爲僧，期間適逢北魏高僧曇曜推動復佛事業，劉孝標曾參與譯經，南渡還俗後仍保持佛教信仰，尊奉佛法。楊衒之的宗教態度則是既不反佛亦不佞佛，傾向中庸，雖也接觸佛教相關人事物，然與佛教的關係不若劉孝標的親近、深厚，遑論佛學造詣。承本章第一節所論，劉孝標在《世說新語注》中有關個人的議論多半爲其學術心得，其中不乏對佛教、佛理的介紹。例如《世說新語・文學》載：「殷中軍見佛經云：『理亦應阿堵上』。」劉孝標注曰：

> 佛經之行中國尚矣，莫詳其始。《牟子》曰：「漢明帝夜夢神人，身有日光，明日，博問群臣。通人傅毅對曰：『臣聞天竺有道者號曰佛，輕舉能飛，身有日光，殆將其神也。』於是遣羽林將軍泰景、博士弟子王遵等十二人之大月氏國，寫取佛經四十二部，在蘭臺石室。」劉子政《列仙傳》曰：「歷觀百家之中，以相檢驗，得仙者百四十六人，其中七十四人已在佛經，故撰得七十。可以多聞博識者遐觀焉。」如此，即漢成、哀之間，已有經矣。與《牟子》、《傳記》便爲不同。《魏略・西戎傳》曰：「天竺城中有臨兒國。浮屠經云：『其國王生浮圖。浮圖者，太子也。父曰屑頭邪，母曰莫邪。浮屠者，身服色黃，髮如青絲，爪如銅。其母夢白象而孕。及生。從右脅出，而有髻，墜地能行七步。』」天竺又有神人曰沙津。昔漢哀帝元壽元年，博士弟子景盧受大月氏王使伊存口受浮屠經。曰復立者，其人也。」《漢武故事》曰：「昆邪王殺休屠王，以其眾來降，得其金人之神，置之甘泉宮。金人皆長丈餘，其祭不用牛羊，唯燒香禮拜。上使依其國俗祀之。」此神全類於佛，豈當漢武之時，其經未行於中土，而但神明事之邪。故驗劉向、魚豢之說，佛至自哀、成之世明矣。然則牟傳所言四十二者，其文今存非妄。蓋明帝遣使廣求異聞，非是時無經也。〔註199〕

從佛經的傳播進而探究佛教何時傳入中國，依此注的內容可知劉孝標對於佛教發展的認識主要來自於各文獻記載，如《後漢書》、〔註200〕《列仙傳》、

〔註199〕劉義慶編，劉孝標注，余嘉錫箋疏，《世說新語箋疏》上卷〈文學〉，頁 213 ～214。

〔註200〕《後漢書・西域列傳》載：「世傳明帝夢見金人，長大，頂有光明，以問群臣。

〔註201〕《浮屠經》、〔註202〕《牟子理惑論》、《漢武故事》〔註203〕、《三國志》等。〔註204〕在這條注中，我們可以看到劉孝標並非單取某一書作解說，而是引證諸書，加以比較，得出較合理的說法。此一方面除了顯示劉孝標博覽群書，另一方面或可說明他對佛教有著一定程度的關注。相較於劉孝標旁徵博引相關典籍，嘗試對佛教在中國發展的歷史脈絡作說明，楊衒之對佛教在中國流傳的始末，則所述有限，以及談到佛教相關詞彙教義，則僅敘其名並未深究其義。〔註205〕

其次，兩相對照下，楊衒之《洛陽伽藍記》中述及佛經、佛義、宣揚佛法之處並不多。（參見下表5-7）

或曰：『西方有神，名曰佛，其形長丈六尺而黃金色。』帝於是遣使天竺問佛道法，遂於中國圖畫形像焉。楚王英始信其術，中國因此頗有奉其道者。《後漢書》卷八十八《西域列傳》，頁 2922。漢桓帝好神，數祀浮圖、老子，百姓稍有奉者，後遂轉盛。浮圖即佛也。

〔註201〕《列仙傳》作者不可考，但一般署名西漢劉向，是中國第一部流傳下來的關於神仙人物的傳記。《列仙傳》將散見於先秦諸子中關於神仙的事迹進行了搜索和整理，宣揚世上存在神仙，凡人也可以成爲神仙。這本書開了後世神仙傳記的先河，後來的神仙傳記多依此爲據。書中記載得仙一百四十八人，其中七十四人出自佛教，當是附會、失實。

〔註202〕據現有資料，伊存授經事原載于三國時魏人魚豢所撰《魏略·西戎傳》。該書已佚，有關史料見存於陳壽撰，裴松之注，《三國志·魏書》卷三十〈烏丸鮮卑東夷傳〉引注，頁858。

〔註203〕《漢武故事》的作者，前人有漢班固、晉葛洪、南齊王儉諸說，然皆無明確佐證。此書主要記載漢武帝時期的雜聞佚事，內容多與《史記》、《漢書》多有矛盾和出入，一般被認爲是雜史類的志怪小說，《隋志》著錄傳記類中。

〔註204〕《三國志·魏書·烏丸鮮卑東夷傳》注曰：「臨兒國，《浮屠經》云其國王生浮屠。浮屠，太子也。父曰屑頭邪，母云莫邪。浮屠身服色黃，髮青如青絲，乳青毛，蛉赤如銅。始莫邪夢白象而孕，及生，從母左脅出，生而有結，墮地能行七步。此國在天竺城中。天竺又有神人，名沙津。昔漢哀帝元壽元年，博士弟子景盧受大月氏王使伊存口受《浮屠經》曰復立者其人也。浮屠所載臨蒲塞、桑門、伯聞、疏問、白疏間、比丘、晨門，皆弟子號也。浮屠所載與中國《老子經》相出入，蓋以爲老子西出關，過西域之天竺，教胡。浮屠屬弟子別號，合有二十九，不能詳載，故略之如此。」陳壽撰，裴松之注，《三國志·魏書》卷三十〈烏丸鮮卑東夷傳〉，頁858。

〔註205〕楊衒之，《洛陽伽藍記·序》云：「三墳五典之說，九流百氏之言，並理在人區，而義兼天外。至於一乘二諦之原，三明六通之旨，西域備詳，東土靡記。自頂日感夢，滿月流光，陽門飾豪眉之像，夜臺圖紺髮之形，爾來奔競，其風遂廣。」見楊衒之撰，周祖謨校釋，《洛陽伽藍記校釋·序》，頁20～22。楊衒之將佛教視爲一種學派，對佛教思想僅著墨「一乘二諦」、「三明六通」等佛教術語；且對佛教在中國的流傳情形僅幾語帶過，未及闡釋、深究。

表 5-7　《洛陽伽藍記》中述及佛經、佛義、宣揚佛法的記載

序號	卷數	寺　名　條	內　　容　　概　　要
1	序	承明門條	高祖數詣城西的王南寺，與沙門論義。
2	一	永寧寺條	常景碑云：「須彌寶殿，兜率淨宮，莫尚於斯」。
3	一	胡統寺條	其寺諸尼，帝城名德，善於開導，工談義理，常入宮與太后說法。
4	二	秦太上君寺條	誦室禪堂，周流重疊，徧滿堦墀。常有大德名僧講一切經，受業沙門，亦有千數。
5	二	平等寺條	帝率百僚作萬僧會。
6	四	永明寺條	陳留王景皓捨宅安置佛徒，京師高僧聚宅說經義之事。
7	四	融覺寺條	北魏比丘曇謨最善於禪學，講《涅槃》、《華嚴》，千人聚聽。
8	四	融覺寺條	天竺國高僧菩提流支翻譯曇謨最的〈大乘義章〉，胡書寫之，傳至於西域。
9	五	宋雲惠生使西域條	烏場國：國王精進，荣食長齋，晨夜禮佛，擊鼓吹貝，琵琶箜篌，笙簫備有。日中已後，始治國事。
10	五	宋雲惠生使西域條	乾陀羅國：國中人民悉是婆羅門種，崇奉佛教，好讀經典。
11	五	宋雲惠生使西域條	乾陀羅國：國王迦尼色迦見四童子累牛糞爲塔，此句引《道榮傳》注曰：「童子在虛空中向王說偈。」

備註：表 5-7 係根據楊衒之撰，周祖謨校釋，《洛陽伽藍記校釋》製作。

上表中十一則記載僅是附帶性質的表示有此事，並沒有進一步補充說明討論、聆聽何經、何義，未似劉孝標針對《世說新語》中記述到某佛經、某高僧、某佛理、某佛寺時，他往往徵引典籍，或是發表個人意見來進一步解說。例如《世說新語·言語》載：

> 庾公嘗入佛圖，見臥佛，曰：「此子疲於津梁。」於時以爲名言。
> 〔註 206〕

劉孝標在「見臥佛」下引《涅槃經》注曰：

> 如來背痛，於雙樹間北首而臥，故後之圖繪者爲此像。〔註 207〕

〔註 206〕劉義慶編，劉孝標注，余嘉錫箋疏，《世說新語箋疏》上卷〈言語〉，頁 102。
〔註 207〕同上註。

或如《世說新語‧文學》載：

　　提婆初至，爲東亭第講阿毗曇。〔註208〕

劉孝標注解「阿毗曇」，分別引〈出經敘〉、〈遠法師阿毗曇敘〉和道標法師之言來詳加闡釋。〔註209〕而且也表達他個人的所見所知云：「阿毗曇者，晉言大法也。」〔註210〕

　　再者，考察楊衒之在《洛陽伽藍記》中，書寫對佛教的讚美、肯定，多半是在具體可見的造物、裝飾，包括文中藉菩提達摩之口詠讚中國佛教者，也主要是著眼於佛寺建築、造像的美輪美奐；抑或卷五記述宋雲、惠生、道榮前往西域求取佛經，楊衒之節錄三人的行記，介紹西域各國風土民情，內容若涉及佛教的盛行，同樣是著重於浮圖、佛寺、造像等題材，〔註211〕較無記敘、禮讚佛學之博大精深。要之，佛教在南朝、北朝的發展各異其趣，南方偏尚佛學義理，北方重在立寺、造像等宗教行爲，採此總體式的分歧特色來檢視《世說新語注》和《洛陽伽藍記》二書之注在敘及佛教部分，大致是可以成立的。

　　最後，劉孝標與楊衒之二人都能秉持史家客觀的立場，正視佛教弊端，既無激烈攻擊，也無一味袒護，如實的記載佞佛者如何耗費鉅資，營造過度。同時，也將佛教界值得肯定、讚譽的人、事、物，盡量存眞、傳眞加以記錄。不過，由於楊衒之所身處的北朝，政教結合較緊密，佛教具有國家性格，因此對懷抱經世之志的史家而言，在處理佛教題材時，便不免與政治層面相涉較多。由此角度檢視《洛陽伽藍記》，或許我們就不難理解該書表面是記佛寺，內容卻與國家興衰息息相關。另一方面需要指出的是，劉孝標與楊衒之在護持佛教的動機上有所不同。劉孝標主要表現在對佛理的堅信，對於那些信仰只停留在表面，一旦請禱徵驗不成，便質疑佛教者，劉孝標會語帶嚴厲，斥

〔註208〕劉義慶編，劉孝標注，余嘉錫箋疏，《世說新語箋疏》上卷〈文學〉，頁242。

〔註209〕同上註。

〔註210〕同上註。

〔註211〕《洛陽伽藍記》載宋雲和惠生西行取經的過程，其中烏場國的「城北有陀羅寺，佛事最多，浮圖高大，僧房逼側，周匝金像六千軀，王年常大會，皆在此寺」；乾陀羅國的白象宮「寺內佛事，皆是石像，莊嚴極麗，頭數甚多，通身金箔，眩耀人目」，以及崔離浮圖「塔內佛事，悉是金玉，千變萬化，難得而稱，旭日始開，則金盤晃朗，微風漸發，則寶鐸和鳴。西域浮圖，最爲第一」，參見楊衒之撰，周祖謨校釋，《洛陽伽藍記校釋》卷五「聞義里宋雲惠生使西域條」，頁188～203。

責其爲「固陋之徒」。而楊衒之因具有北魏乃中國正統的本位主義意識,使他相當推崇北魏的歷史文化,例如對佛教在北魏興盛而締造的佛教藝術、建築,在書中多處流露其自豪之心,甚至在書中藉由僧人之言,推崇北魏爲佛經中的佛國,地位特殊,吸引各方僧侶來北魏(佛國)朝聖。

二、採合本子注的體例作注

　　魏晉南北朝時期史注蓬勃發展,一則由於經、史之學分離,史學獲得了獨立發展的空間,私家修史在此時較爲流行,各類史書的大量湧現是史注繁榮的前提;再者,儒家的價值觀和品評標準經歷從被立爲權威至受到撼動的過程,不再是唯一的標準;此外,隨著佛教流傳中土愈廣,受到佛經編纂技巧的影響,史家在作注時汲取了合本子注的優點。凡此種種,讓魏晉南北朝的學者們有了更多的選擇,這樣多元化的學術氛圍影響了史注,使其呈現出多樣的特點。

　　劉孝標《世說新語注》是爲他書作注,除了對《世說新語》糾謬外,也補充大量的資料,所引書達四百多種,宋人高似孫《緯略》言:「梁劉孝標注此書,引援評確,有不言之妙……所載特詳,聞見未接,實爲注書之法。」〔註212〕而楊衒之則手自刊補,爲其所撰著的《洛陽伽藍記》注釋,其自注的方式是一種子注,注列行中,如子從母。楊衒之採正文夾雜子注的敘述模式,爲了避開高氏政權的忌諱,遂主要以子注來穿插史事,呈現史實,迂迴曲折且又蘊含針貶地將其所認知的歷史事實,藉由子注傳達出來。劉孝標以注史的態度爲《世說新語》作注,楊衒之在《洛陽伽藍記》中自撰史注,前爲他注,後爲自注,二者注書動機皆具有「徵實」的精神,希望能爲史事存眞、傳眞。因此如何藉由注解以充分達事,筆者認爲這是兩人在從事史注時,不斷自我要求的重要課題。於是,具有求好心切的注史心態,又加上兩人學識淵博,涉獵廣泛,受到了多種著述體式的滋養,自然可以靈活運用、結合各種注解的優點,將之融合於所注之書中。從這個角度思考,可以幫助我們釐清,無論是《世說新語注》,或是《洛陽伽藍記》,當中的注釋體例絕非拘泥於一種方式,包括筆者於本文所探析的合本子注,也僅是其中之一,並非涵括了全書之注的方式。

〔註212〕〔宋〕高似孫,《緯略》卷九,收入〔清〕乾隆敕撰,紀昀等纂,《四庫全書》第八五二冊,〈子部・雜家類二〉,頁355。

　　承上文所論，《世說新語注》和《洛陽伽藍記》皆或多或少使用合本子注的注釋體例，然由於和佛教接觸的多寡、互動的深淺有異，不免影響兩人注書時，對合本子注的應用有所差別。《洛陽伽藍記》卷五記載僧人惠生、宋雲、道榮等西行求法的經過，楊衒之在卷末云：「《惠生行記》事多不盡錄，今依《道榮傳》、《宋雲家記》，故並載之，以備缺文。」〔註213〕事實上，《洛陽伽藍記》中最能呈現合本子注之處者，便在於卷五此段西行的記錄。北魏神龜元年（518），胡太后遣崇立寺比丘惠生與敦煌人宋雲，向西域取經，由於兩人偕行，所撰的記載應出入不大，故楊衒之於正文描述惠生、宋雲的西行經歷，主要是以《惠生行記》和《宋雲家記》為本，而以曾經前往西域的僧人道榮撰著的《道榮傳》作為子注，供讀者「瞻上視下，讀彼案此」，俾使更能瞭解西域。此等操作手法中，《惠生行記》、《宋雲家記》和《道榮傳》，猶之同本異譯的佛經，同一內容而各家譯文表達有別，並列起來易於比對。茲舉隅如下：

> 復西南行六十里，至乾陀羅城。東南七里，有雀離浮圖。《道榮傳》云：城東四里。〔註214〕

> （迦尼色迦）王更廣塔基三百餘步。《道榮傳》云：三百九十步。〔註215〕

以上二例為備異。另外

> 佛入涅槃後二百年，果有國王字迦尼色迦出遊城東，見四童子累牛糞為塔，可高三尺，俄然即失。《道榮傳》云：童子在盧空中向王說偈。〔註216〕

> 從地構木，始得齊等。《道榮傳》云：其高三丈，悉用文石為階砌壚栱，上構眾木，凡十三級。〔註217〕

上述二例為補闕。此外，《惠生行記》未詳載那迦羅阿國之佛事，楊衒之遂採《道榮傳》以子注的方式補充說明。〔註218〕

　　再論劉孝標《世說新語注》，其既有扼要的文字備異，也有詳載兩說的事件備異。值得注意的是後者，劉孝標在引文後皆特別指出「此語微異，故詳

〔註213〕楊衒之撰，周祖謨校譯，《洛陽伽藍記校釋》卷五「聞義里宋雲惠生使西域條」，頁209。
〔註214〕同上註，頁200。
〔註215〕同上註，頁201。
〔註216〕同上註。
〔註217〕同上註。
〔註218〕參見上註，頁206～209。

載之」、「兩說不同，故詳錄之」，或「二說不同，故詳載焉」等，如《世說新語‧汰侈》載：

> 石崇每要客燕集，常令美人行酒。客飲酒不盡者，使黃門交斬美人。
> 王丞相與大將軍嘗共詣崇。丞相素不能飲，輒自勉彊，至於沈醉。
> 每至大將軍，固不飲，以觀其變。已斬三人，顏色如故，尚不肯飲。
> 丞相讓之，大將軍曰：「自殺伊家人，何預卿事！」〔註219〕

劉孝標先引王隱《晉書》曰：「石崇爲荊州刺史，劫奪殺人，以致巨富。」說明王崇成爲巨富的由來。再引王丞相《德音記》曰：

> 丞相素爲諸父所重，王君夫問王敦：「聞君從弟佳人，又解音律，欲一作妓，可與共來。」遂往。吹笛人有小忘，君夫聞，使黃門階下打殺之，顏色不變。丞相還，曰：「恐此君處世，當有如此事。」
> 〔註220〕

劉注最後指出「兩說不同，故詳錄」，明確表示此爲兩種不同的記載，在無法確知何者最貼近歷史眞相時，則一併提供給讀者對照並讀。不可諱言，這是一種對史實相當謹愼負責的態度，符合史注所要求「尋詳」、「周悉」的原則。以補闕而言，劉孝標注解《世說新語》時，「偏記雜談，旁收博采」，〔註221〕廣採別史異聞補充說明，使讀者可以知道其他的相關記載，有助於掌握史事的來龍去脈。如《世說新語‧德行》載：

> 晉文王稱阮嗣宗至愼，每與之言，言皆玄遠，未嘗臧否人物。〔註222〕

劉孝標分別引《魏書》、《魏氏春秋》與李康《家誡》於後注解：

> 《魏書》曰：「文王諱昭，字子上，宣帝第二子也。」〔註223〕
>
> 《魏氏春秋》曰：「阮籍字嗣宗，陳留尉氏人，阮瑀子也。宏達不羈，不拘禮俗。兗州刺史王昶請與相見，終日不得與言。昶愧歎之，自以不能測也。口不論事，自然高邁。」〔註224〕
>
> 李康《家誡》曰：「昔嘗侍坐於先帝，時有三長史俱見，臨辭出，上曰：『爲官長當清、當愼、當勤，修此三者，何患不治乎？』並受詔。

〔註219〕劉義慶編，劉孝標注，余嘉錫箋疏，《世說新語箋疏》下卷〈汰侈〉，頁877。
〔註220〕同上註。
〔註221〕見胡應麟，《史書佔畢》卷一，收入《少室山房筆叢》，頁175。
〔註222〕劉義慶編，劉孝標注，余嘉錫箋疏，《世說新語箋疏》上卷〈德行〉，頁17。
〔註223〕同上註。
〔註224〕同上註。

上顧謂吾等曰：『必不得已而去，於斯三者何先？』或對曰『清固爲本』。復問吾，吾對曰：『清愼之道，相須而成，必不得已，愼乃爲大。』上曰：『辨言得之矣，可舉近世能愼者誰乎？』吾乃舉故太尉荀景倩、尚書董仲達、僕射王公仲。上曰：『此諸人者，溫恭朝夕，執事有恪，亦各其愼也。然天下之至愼者，其唯阮嗣宗乎！每與之言，言及玄遠，而未嘗評論時事，臧否人物，可謂至愼乎！』」〔註225〕

先引《魏書》、《魏氏春秋》分別補充介紹晉文王和阮籍，繼而再引李康《家誡》更完整的記載，以補充說明《世說新語》此則的事件背景。

　　從上述所引諸例探討楊衒之和劉孝標在備異、補闕的方式。從中可以發現，楊衒之是較爲直接、簡明的，沒有太多思考上的起承轉合，以及缺少直探究竟，通盤理解的企圖；反觀劉孝標的注解，一則論述較層次分明，猶如佛家說經時的科判，〔註226〕重視論理的邏輯性，藉由條理分析來方便理解經義；〔註227〕一則「同說一事，而辭有乖雜」〔註228〕時，愼重保留有所出入的說法，猶如佛經在講解與論難過程中，讓衆家各抒己見，相互詰問，在思辨漸臻深微中，使義理亦日益精緻，終得其眞諦。鄙意造成兩人注解上的不同，其實恰似南朝、北朝佛教特色相殊之處。南朝佛教偏重義理，其邏輯分析、概念辨析及演繹推理，思維水平較高；〔註229〕北朝佛教卻是鄙薄空談義理與坐而論道。當然，不可諱言，兩人注解的方式容或有傳統學術相承的影響，然筆者於此乃依據劉、楊兩人爲書作注的相異處，從南朝佛教偏重佛學義理的論辯和闡揚，其思辨性較顯著的特點，嘗試提出另一種思考方向與解釋的可能。

〔註225〕同上註，頁 17～18。
〔註226〕吉藏《仁王般若經疏》卷一云：「然諸佛說經本無章段，始自道安法師分經以爲三段。第一序說，第二正說，第三流通說。序說者，由序義，說經之由序也。正說者，不偏義，一教之宗旨也。流通者，流者宣布義，通者不壅義，欲使法音遠布無壅也。」T33/1707，頁 315c。「三分科判」意即就經文做有層次的分段，進而論說經文，使聽者能更有系統地吸收。
〔註227〕佛教理論是一種形而上學的體系，它採用條分縷析的論說方式，利用純粹思辨的分析分解事相，闡發宗教理論。佛典論藏的每一本書都是一個分析的理論體系，進行嚴密的邏輯分析，細緻的概念辨析，善於使用推理演繹。魏晉南北朝時期史注、史考的發達與這一時期佛教的邏輯分析、概念辨析及演繹推理所帶來的思維水平的提高，有著深刻的內在聯繫。見吳懷祺主編，龐天佑著，《中國史學思想通史·魏晉南北朝卷》，頁 92。
〔註228〕陳寅恪，《寒柳堂集》，頁 143
〔註229〕吳懷祺主編，龐天佑著，《中國史學思想通史·魏晉南北朝卷》，頁 92。

三、記載靈異志怪之事

　　楊衒之在《洛陽伽藍記・序》言洛陽城中小伽藍「取其祥異，世諦俗事，因而出之」，在書中大量引錄神奇異聞。雖然楊衒之稱此類靈驗祥異爲「俗事」，但他並沒有因質疑其眞實性，以致給予怪力亂神、荒誕不經的批評；甚至對北魏亡國的解釋，楊衒之也旁採不少佛教靈異之說備載於書中。此反映由於當時社會瀰漫、充斥著宗教神祕的靈驗之風，故使鬼神志怪、靈異神奇成爲當時人們的世界觀。身處此種時代氛圍的楊衒之，這些無法用科學解釋的靈異神奇之事，是自然存在他的生活中、思想裡，因而習以爲常地接受它們的存在，然後將它們書寫下來。尤有甚者，楊衒之對歷史記錄有「目見其事」、「親覽」，秉持「煩而不厭，偶備遺亡」的原則，〔註230〕使得他在記述史事、古蹟時需要頗具公信力的證人，因此創造出「生」貫二百餘載，帶有神祕氣息的隱士趙逸。鄙意，趙逸的神祕殆與北魏社會整體的宗教神祕氛圍相互呼應，歷史寫作的特色離不開史家所處時空的影響，此在楊衒之身上應可作如是觀。質言之，楊衒之將這些含有佛教靈異的非經驗事件記錄、撰寫於《洛陽伽藍記》，其主要動機並非如一般釋氏輔教之書乃爲弘揚佛法，而是出自史家撰史煩而不厭，偶備遺亡的目的。

　　針對「果報觀」而言，筆者研究發現對於篤信佛教，並長期接觸佛經、佛學的蕭子顯，較能切合業感緣起的內涵，也熟悉慧遠的〈三報論〉。魏收則一方面在〈釋老志〉云：「凡爲善惡，必有報應。漸積勝業，陶冶粗鄙，經無數形，藻練神明，乃致無生而得佛道。」〔註231〕另一方面在〈靈徵志〉序曰：「化之所感，其徵必至，善惡之來，報應如響。斯蓋神祇眷顧，告示禍福。」〔註232〕知魏收對於「報應」的認識，在〈釋老志〉是較符合佛教意義，有著佛學的基礎，但在〈靈徵志〉所談到的報應，卻又傾向中國傳統的善惡報應觀。〔註233〕而從楊衒之的論述，他似乎無法詳加分辨與佛教有關的靈異奇聞中涉及到因果報應思想者，其和中國本土《易經》的果報觀有何不同，〔註234〕

〔註230〕黃浩彬，〈《洛陽伽藍記》中的人物形像研究〉，頁11。
〔註231〕《魏書》卷一百一十四〈釋老志〉，頁3026。
〔註232〕《魏書》卷一百一十二上〈靈徵志上〉，頁2893。
〔註233〕佛教的輪迴說與業報說相結合，否定了外在的主宰力量，故又與上帝創世說或由人格化的上帝、鬼神來主宰人的命運、執掌生殺權柄的神鬼觀念不同。見業露華，《法海一得》，頁175。
〔註234〕佛教因果報應論與中國傳統報應觀較大的差別在於：首先，與中國固有「天」主宰報應的觀念不同，佛教從人的「心」，即從人的思想意識，感情欲望方面

亦無提供佛理的依據來深一層闡釋。至於劉孝標《世說新語注》敘及佛教果報觀，上文舉《世說新語‧尤悔》為例，載阮思曠原奉佛甚篤，但因晝夜不懈祈請三寶，仍無濟於愛子的病痛，於是阮思曠便開始怨恨佛教。劉孝標對此注評曰：「業有定限，報不可移。」得見其對佛教三世果報觀有清楚的認識並且堅信，進而據此反譏阮思曠信奉不誠。從這四位史家在其史著中對果報觀念的相關論述，是否可以比較出四人在佛學造詣、信佛虔誠度的明顯差異，這仍需更多例證才能進一步說明、確認。

　　此外，就筆者爬梳的結果，劉孝標在《世說新語注》中，較無如楊衒之《洛陽伽藍記》明顯充斥佛教靈異、政治靈徵、鬼神志怪和因果報應的思想。筆者認為這與《世說新語》一書的性質有關。劉義慶愛好文史，不少文人雅士集其門下，劉義慶除了召集門客編纂志人小說——《世說新語》，同時也編集志怪小說——《幽明錄》、《宣驗記》。〔註235〕由於《世說新語》偏向專記人物言行和記載歷史人物的傳聞軼事，故不像志怪小說主要記述神鬼怪異故事。因為偏重對象不同，遂使《世說新語》和《幽明錄》、《宣驗記》的內容與風格有所差異，繼而劉孝標為《世說新語》作注時，若秉持緊扣該書旨趣來注解，措意不會特別強調所謂的非經驗事件。再者，佛教哲學的中心在於因緣和合論，按照印度佛教的觀點，世間萬物都是因緣和合而成的各種存在形式而已，是一種假有，其實質是「空」。因此對佛家而言，所有怪、力、亂、神等相亦皆屬有為法，皆是虛妄，實乃非相。〔註236〕對於早年曾遁入空門，

建立報應說，是由人自身的思想和活動來說，排除外因，強調內因。其次，將受報的主體規定在行為者本身，強調自作自受。最後，認為眾生有過去、現在、未來的三世因果說。見余沛翃，〈《太平廣記》報應故事的果報觀〉，《文學前瞻》2010 年 7 月總第 10 期，頁 44。

〔註235〕 魏晉南北朝，是中國小說的萌芽時期。當時的小說大致可以分為二類：一、志人小說：記載名人軼事，如劉義慶的《世說新語》、邯鄲淳的《笑林》、葛洪的《西京雜記》、裴啟的《語林》、等。二、志怪小說，講述神仙鬼怪之事，如：干寶的《搜神記》、劉義慶的《幽明錄》、《宣驗記》等。劉義慶《世說新語》堪稱六朝志人小說之冠冕，內容主要記述主要記述魏晉時期皇室與士人的生活和言行，反映了當時文人的思想，和上層社會的生活面貌。《幽明錄》、《宣驗記》雖然都是志怪小說，不過相比之下，《宣驗記》中有關佛教靈驗的記載更多，更符合釋氏輔教之書的內涵。

〔註236〕 參見嚴耀中，〈關於《搜神記》中佛教內容的質疑〉，《中華文史叢論》2009 年第 3 期，頁 100～101。嚴耀中並進一步指出中國佛教中形象具體的有神論是在東晉末及南北朝時期漸漸形成的。有神論配合因果報應、轉世輪迴在南北朝普遍深入人心，各種神祇靈異人物變化的故事就可以源源不斷地在民間湧出。然後被傳述。反映在志怪上，便是大量出現此類記載。嚴氏之論，其言甚切，

爛熟佛理的劉孝標而言，自然明白印度佛教原始教義其實是接近無神論，或因而使孝標在爲《世說新語》作注時，較不注重佛教神通靈異之事。

以是之故，筆者研尋《世說新語注》中劉孝標徵引的志怪小說，發現其實數量相當有限（參見下表 5-8），僅五種；而且探究劉孝標注曰的內容，其目的非全然在「宣揚教義」、「起信人心」，〔註237〕反而顯現一種「徵實見聞」的態度。例如《世說新語‧方正》引《靈鬼志》注解「蘇子高（蘇峻）事平」，提供明帝初年的一則謠傳，來從旁佐證有此一傳。細酌孝標之意，並不在穿鑿附會，刻意突顯神奇。又如〈巧藝篇〉引《孔氏志怪》注解，主要是補充說明《世說新語》記載荀勖以寶劍託付予母親，但《孔氏志怪》則是記述荀勖以寶劍付妻，據筆者之見，荀勖的寶劍究竟託付母親或妻子，劉孝標的用意是在提供讀者有兩造之說。又如〈賢媛篇〉引《幽明錄》從旁補充陶侃擔任魚梁吏相關的記載，更無涉志怪性質。以及如引錄《列仙傳》，主要是就《世說新語注》所敘及的人物給予更詳細的介紹。總之，對於博覽典籍，且身爲佛教徒的劉孝標而言，《世說新語注》中大凡涉及志怪異聞時，其注解內容較無予人一種荒誕、迷信之感，而是能感受到作注者以平實客觀的態度陳述當時發生何事，其他尚有何與《世說新語》所記出入的史料，能提供補充說明、印證，此可謂呈現了「參諸家之說，以核僞異；傳所有之事，詳其委屈；傳所無之事，補其闕佚」的史注優點。〔註238〕表 5-8「《世說新語注》徵引之志怪小說」與表 5-6「《洛陽伽藍記》中靈異志怪記載」二者相比，楊衒之書中的志怪記載較帶有神奇、神祕的宗教性色彩。

極可參看。藉由嚴氏的研究，我們除了能解釋早年曾爲僧，爛熟佛理的劉孝標爲何對鬼神志怪、神通靈異之事較不注重之外；也能解釋爲何《世說新語注》所徵引的志怪小說幾乎沒有佛教相關的靈異記載。蓋由於成書年代多在漢魏晉，最晚至南朝初，在此一時期佛教有神論尚未在中國完全發展成熟，並且佛教尚未完全普及庶民，而民間正是產生神祇靈異人物變化故事的主要源泉。

〔註237〕劉家杏認爲同是志怪小說，但志怪小說中帶有爲佛教宣教、輔教性質者，才堪符合魯迅所稱之「釋氏輔教之書」。而此類書都具有「宣揚教義」、「徵實見聞」、「起信人心」的一貫宗旨。參見劉家杏，〈釋氏輔教之書——《冥祥記》研究〉，頁2～5。

〔註238〕清代《四庫全書總目提要》將裴松之所用以注史的方法，分析爲六類：「一是引諸家之論，以辯是非；二是參諸家之說，以核僞異；三是傳所有之事，詳其委屈；四是傳所無之事，補其闕佚；五是傳所有之人，詳其生平；六是傳所無之人，附以同類。」筆者借四庫館臣評裴注之語，用以稱述劉孝標的注史態度。〔清〕乾隆敕撰，紀昀等纂，《四庫全書總目提要》卷四十五〈史部‧正史類一〉，頁265。

表 5-8　《世說新語注》徵引之志怪小說

徵引書	篇　目	世說新語本文	劉孝標引書注曰
《靈鬼志》	方正第 37 條	蘇子高事平。	明帝初，有謠曰：「高山崩，石自破。」高山，峻也；碩，峻弟也。後諸公誅峻，碩猶據石頭，潰散而逃，追斬之。
	容企第 23 條	石頭事故，朝廷傾覆。	明帝末有謠歌：「側側刀，放馬出山側。大馬死，小馬餓。」後峻遷帝於石頭，御膳不具。
	傷逝第 9 條	庾文康亡，何揚臨葬云：「埋玉樹箸土中，使人情何能已已！」	文康初鎮武昌，出石頭，百姓看者於岸歌曰：「庾公上武昌，翩翩如飛鳥；庾公還揚州，白馬牽旒旗。」又曰：「庾公初上時，翩翩如飛鴰；庾公還揚州，白馬牽旒車。」後連徵不入，尋薨，下都葬焉。
	忿狷第 7 條	王大、王恭嘗俱在何僕射坐。恭時為丹陽尹，大始拜荊州。	初，桓石民為荊州，鎮上時，民忽歌黃曇曲：「黃曇英，揚州大佛來上朋。」少時，石民死，王忱為荊州。
《搜神記》	傷逝第 9 條	庾文康亡，何揚臨葬云：「埋玉樹箸土中，使人情何能已已！」	初，庾亮病，術士戴洋曰：「昔蘇峻事，公於白石祠中許賽車下牛，從來未解。為此鬼所考，不可救也。」
《孔氏志怪》	方正第 18 條	士衡正色曰：「我父、祖名播海內，寧有不知？鬼子敢爾！」	原注頗長，為避免過占篇幅，故僅示大意：盧志的遠祖盧充曾因打獵而入鬼府，與崔少府的亡女結婚。
	自新第 1 條	（周處）聞里人相慶，始知為人情所患，有自改意。	義興有邪足虎，溪渚長橋有蒼蛟，並大噉人，郭四周，時謂郡中三害。
	巧藝第 4 條	鍾會是荀濟北從舅，二人情好不協。荀有寶劍，可值百萬，常在母鍾夫人許。會善書，學荀手跡，作書與母取劍，仍竊去不還。荀勖知是鍾而無由得也，思所以報之。	（荀）勖以寶劍付妻

		後鍾兄弟以千萬起一宅，始成，甚精麗，未得移住。荀極善畫，乃潛往畫鍾門堂，作太傅形象，衣冠狀貌如平生。二鍾入門，便大感慟，宅遂空廢。	於時咸謂（荀）勖之報會，過於所失數十倍。彼此書畫，巧妙之極。
	排調第19條	干寶向劉眞長敘其搜神記。	寶父有嬖人，寶母至妬，葬寶父時，因推著藏中，經十年而母喪，開墓，其婢伏棺上，就視猶煖，漸有氣息。輿還家，終日而蘇。說寶父常致飲食，與之接寢，恩情如生。家中吉凶，輒語之，校之悉驗。平復數年後方卒。寶因作《搜神記》，中云：「『有所感起』是也」。。
《幽明錄》	傷逝第16條	王子猷、子敬俱病篤，而子敬先亡……因慟絕良久，月餘亦卒。	泰元中，有一師從遠來，莫知所出。云：「人命應終，有生樂代者，則死者可生，若逼人求代，亦復不過少時。」人聞此，咸怪其虛誕。王子猷、子敬兄弟，特相和睦。子敬疾屬纊，子猷謂之曰：「吾才不如弟，位亦通塞，請以餘年代弟。」師曰：「夫生代死者，以己年限有餘，得以足亡者耳。今賢弟命既應終，君侯算亦當盡，復何所代？」
	傷逝第19條	桓玄當篡位，語卞鞠云：「昔羊子道恆禁吾此意。今腹心喪羊孚，爪牙失索元。」	元在歷陽，疾病，西界一年少女子姓某，自言爲神所降，來與元相聞，許爲治護。元性剛直，以爲妖惑，收以付獄，戮之於市中。女臨死曰：「卻後十七日，當令索元知其罪。」如期，元果亡。
	賢媛第20條	陶公少時作魚梁吏，嘗以坩鮓餉母。母封鮓付使，反書責侃曰：「汝爲吏，以官物見餉，非唯不益，乃增吾憂也。」	陶公在尋陽西南一塞取魚，自謂其池曰鶴門。

	術解第3條	人有相羊祜父墓,後應出受命君。祜惡其言,遂掘斷墓後,以壞其勢。相者立視之曰:「猶應出折臂三公」俄而祜墜馬折臂,位果至公。	羊祜工騎乘。有一兒五六歲,端明可喜。掘墓之後,兒即亡。羊時爲襄陽都督,因盤馬落地,遂折臂。於是士林咸歎其忠誠。
《列仙傳》	言語第17條	鄧艾口喫,語稱「艾艾」。晉文王戲之曰:「卿示艾艾?定是幾艾?」對曰:「鳳兮鳳兮,故是一鳳。」	陸通者,楚狂接輿也,好養性,遊諸名山。嘗遇孔子而歌曰:「鳳兮鳳兮,何德之衰!往者不可諫,來者猶可追。」後入蜀,在峨嵋山中也。
	巧藝第8條	戴安道中年畫行像甚精妙。庾道季看之,語戴云:「神明太俗,由卿世情未盡。」戴云:「唯務光當免此語耳。」	務光,夏時人也。耳長七寸,好鼓琴,服菖蒲韭根。湯將伐桀,謀於光,光曰:「伊尹何如?」務光曰:「彊力忍詬,不知其它。」湯克天下,讓於光,光曰:「吾聞無道之世,不踐其土。況讓我乎?」負石自沈於廬水。
	輕詆第15條	孫綽作《列仙》〈商丘子贊〉曰:「所牧何物?殆非眞豬。儻遇風雲,爲我龍攄。」	商丘子胥者,商邑人。好吹竽,牧豕,年七十,不娶妻而不老。問其須要,言「但食老朮、菖蒲根,飲水,如此便不饑不老耳。」貴戚富室,聞而服之,不能終歲輒止,謂將有匿術。

備註: 表5-8係根據劉義慶編,劉孝標注,余嘉錫箋疏,《世說新語箋疏》製作。

　　北朝佛教重信仰行爲,中心勢力在平民,佛學思想較不受重視,且僧人重禪法,神異是禪法的中心思想之一。[註239] 僧人爲了弘法護教,多重視佛教的靈驗神異;而南朝佛教的中心勢力在士大夫,僧人依附於皇室門閥,與名士交往,悠遊於佛學的討論、辯論,較少出現與社會群眾一起實踐、體悟的宗教行爲,故現存南北朝佛教徒的著作,大半出於南朝,反映在佛學研究的重視、投入上,南朝較北朝興盛。據此差異性,相對而言,佛教中的果報觀、業力說在北朝的靈驗事蹟中,較多是呈現宗教性意味;反觀南朝,則側重佛學角度的探討,故較爲理性。循此概念脈絡,或許便不難理解楊衒之和劉孝標兩位史家,儘管皆秉持徵實的精神在書中傳錄了當時佛教在中國社會

[註239] 任繼愈主編,《中國佛教史》第三卷,頁493。

傳播上傳述的靈驗之事,然而兩相對照下,楊衒之在《洛陽伽藍記》的敘述鮮少佛理的闡揚,而有較強的宗教神祕性,同時其中可看到佛教在北魏的流行情形,較屬於一般人民中間廣泛流行的狀況,〔註240〕意即庶民色彩較顯著。反觀劉孝標,一方面考量《世說新語》是志人小說,一方面受南朝佛教整體氛圍的影響,加上其自身具備佛教徒的背景,使得《世說新語注》當述及靈驗奇聞時,徵引志怪小說旁佐之,往往予人「徵實見聞」、「務在周悉」、「力求尋詳」的觀感,論理性較明顯,宗教迷信意味淡薄。

　　爬梳至此,雖多有疏漏、未盡之處,但從兩位同樣具有傳統史學素養的史家,其注史時,因受到不同地域之佛教特色的影響,以致造成史注上的差異,縱然微小,當也能略加分判。藉本文研究所得,過去探討南北朝時史注的區域性,普遍認爲東晉以後,南、北方走上了相對隔離的發展道路。在文化上,北方繼承漢代學術,而南方則偏重魏晉新說,「六朝以降,說經之書分北學、南學二派,北儒學崇實際,喜以漢儒之訓說經,或直質寡文。南儒學尚浮誇,喜以義理說經,故新義日出」。〔註241〕南、北間的差別逐漸顯露出來,《世說新語·文學》載褚裒與孫盛的對話反映了這種文化發展:

> 褚季野語孫安國云:「北人學問淵綜廣博。」孫答曰:「南人學問清通簡要。」支道林聞之,曰:「聖賢固所忘言。自中人以還,北人看書,如顯處視月;南人學問,如牖中窺日。」劉孝標注:「支所言但譬成孫、褚之理也。然則學廣則難周,難周則識暗,故如顯處視月。學寡則易核,易核則智明,故如牖中窺日也。」〔註242〕

北方學者學問特點是「淵綜廣博」,猶如「顯處視月」;而南方學者的學術風格是「清通簡要」,宛如「牖中窺日」。劉孝標在北方和南方都生活過,對兩地學風都很熟悉,他對此條的注釋是:「支所言,但譬成孫、褚之理也。然則學廣則難周,難周則識暗,故如顯處視月;學寡則易核,易核則智明,故如牖中窺日也。」無論是顯處視月還是牖中窺日,這樣以經學、玄學影響的深淺來概論南北朝兩地史注的特色,〔註243〕不免完備性不足。誠如本文的研究

〔註240〕業露華,《法海一得》,頁33。

〔註241〕劉師培,《中國中古文學史講義》(北京:中國人民大學出版社,2004年),頁167。

〔註242〕劉義慶編,劉孝標注,余嘉錫箋疏,《世說新語箋疏》上卷〈文學〉,頁216。

〔註243〕劉治立指出史注的區域性,是指史注的發展及其成就在不同的階段裡,因南北地域不同而產生的注釋內容、方法與風格的差異。劉治立認爲北儒學崇實際,喜以漢儒之訓說經,或直質寡文。南儒學尚浮誇,受玄學影響,多以魏

主軸，筆者從佛教影響史學的觀察視角，期能從不同面向重視審視南北朝時期的史學發展，就學界共識而言，史注在南北朝較前代有特殊的發展，其中以裴松之《三國志注》最富盛名；藉本文探討所得，可以進一步補充對南北朝時期史注學的認識。質言之，史注的表現因著區域空間的差異所致，南朝史注與北朝史注其實存在分歧性，因此史注在南朝、北朝發展的個殊性，實不能單純二分爲「南人約簡，得其英華；北學深蕪，窮其枝葉」。〔註244〕

　　綜上所述，本章將《世說新語注》與《洛陽伽藍記》並置研究，從兩本史書中對比性的差異來思考箇中緣由。筆者以佛教在南朝、北朝發展的差異，檢視劉孝標爲《世說新語》和楊衒之在《洛陽伽藍記》所作之注，得出兩人爲書作注時，皆受當時佛教盛行的時代、地域背景，以及個人接觸佛教的深淺程度所影響。儘管皆記載佛教相關人事物、運用佛經合本子注、載入志怪色彩等；然而受到南朝佛教偏重義理思辨的劉孝標，《世說新語注》的徵引史料不乏與佛教相關者，而且注曰有不少是側重佛經、佛學的引述和闡釋；再者，劉孝標在運用合本子注的方式上，較具思考上的層次推衍與條分屢析，以及同說一事而辭有乖雜者，劉孝標或兩說並存，或有存疑，也就是保留了自由彈性的論述空間。相較之下，楊衒之在在《洛陽伽藍記》中採用合本子注的注解方式，則顯得直接、簡明，缺少直探究竟，通盤理解的思辨性。至於佛教因果報應思想，兩書皆有不少記載，不過，劉孝標《世說新語注》的神奇靈異的宗教色彩較沒有《洛陽伽藍記》濃厚，《世說新語注》在徵實論述、客觀論理的成分上較爲顯著。

　　最後，一個耐人尋味的現象是，劉孝標滯留北魏十七年，自當受到北朝佛教的影響。然而當我們檢視《世說新語注》，卻發現其所呈現的，反而不是北朝佛教型態，而是南朝佛教的重義理，此誠值得深思求解者。筆者思考箇中原因，試申管見。首先，《世說新語》的主編劉義慶本是南朝士人，浸染的

　　　　晉之注說經，故新義日出，反映在史注上，北朝如顯處視月，南朝如牖中窺
　　　　日也。參見劉治立，〈南北朝史注的區域性特點〉，《信陽師範學院學報——哲
　　　　學社會科學版》2001 年 5 月總第 31 卷第 3 期，頁 129～133。
〔註244〕《隋書》卷七十五〈儒林列傳・序〉，頁 1706。另《北史・儒林列傳上》也
　　　　沿用這幾句話，說明是唐人公認的結論。這樣治學的畫分，與諸、孫對話是
　　　　一脈相通的。換言之，北方受兩漢以來章句訓詁之學的影響，治學偏於掌握
　　　　瑣細具體知識，涉及面廣，所謂淵綜廣博，窮其枝葉。南方則在魏晉玄學和
　　　　佛學的影響下，偏重於分析思辨，探求本原，研尋所以然的道理，即所謂清
　　　　通簡要，得其英華。

佛教原即爲偏重義理思辨的士大夫佛教,視釋家爲學問,談論相高。因此《世說新語》一書中涉及到和佛教相關的記載亦多高僧、名士的互動,其或是談玄論理,或是馳辯擒藻,偏重在記錄和重現魏晉時人的品貌風采、言語機鋒。劉孝標注《世說新語》必然要切合原著的主旨,不能偏離太甚。再者,據史書載劉孝標云:「齊永明中,俱奔江南,更改名峻字孝標。自以少時未開悟,晚更屬精,明慧過人。苦所見不博,聞有異書,必往祈借。清河崔慰祖謂之「書淫」。於是博極群書,文藻秀出。」〔註245〕二十五歲時回到南方的劉孝標,自覺學識不足,遂好學不倦,勤奮苦讀,〔註246〕大有急起直追之勢。既被稱爲「書淫」,足見他對書籍之博覽廣探,愛不釋手;其所涉獵之書必然包括佛經以及高僧、名士研讀佛理的相關著作。此外,南朝帝王對佛教思想的重視,活躍了當時的思想文化,在帝王義理佛教活動的影響下,南朝士族子弟、文人學士紛紛與高僧密切交遊,共同研討佛法,大力促進佛教思想的繁榮發展。〔註247〕以是之故,當劉孝標的學問與日精進的同時,正意謂南朝佛教上自君主,下至文士之注重佛理,看重思維形式之探討、士僧之間的相互詰難,此皆逐漸影響了劉孝標。至於劉孝標在北魏期間所受到佛教的影響,或如陳垣指出「以今日觀之,孝標之注《世說》及撰《類苑》,均受其在雲岡石窟寺時所譯《雜寶藏經》之影響」。〔註248〕從此角度,也許可以提供我們解釋爲何劉孝標要爲《世說新語》作注,此或許是因其在北魏時筆受《雜寶藏經》,故對同樣是故事集型態的《世說新語》特別有興趣,進而爲它作注。只是此一想法當有待更多的論據才能證成,此僅先提出而備一說,非本文所能盡矣。要之,本爲北僧的劉孝標,返回南方後受南朝佛教浸染、薰陶所致,注解《世

〔註245〕《南史》卷四十九〈劉懷珍列傳附劉峻傳〉,頁1219。

〔註246〕《南史》載:「宋泰始初,青州陷魏,峻年八歲,爲人所略至中山,中山富人劉實愍峻,以束帛贖之,書學。魏人聞其江南有戚屬,徙之桑乾。好學,家貧,寄人廡下,自課讀書,常燎麻炬,從夕達旦,覺而復讀,終夜不寐。」《南史》卷四十九〈劉懷珍列傳附劉峻傳〉,頁1218。

〔註247〕如吳郡張暢、南陽宗炳、劉虯等人與僧慧友善,而僧慧學通老莊,又善講《涅槃》、《法華》。又如廬江何點、汝南周顒、齊郡明僧紹、濮陽吳苞、吳郡張融等人,均禮敬僧遠。又何點曾請義學僧僧印爲法師,召集僧眾,講解「三論」、《法華》。何點之弟何胤受開善寺智藏交遊,親注《百論》和《十二門論》。汝南周顒泛涉百家,長於佛理,受宋明帝之召,入內殿侍講。陳郡謝靈運支持竺道生「頓悟」說,與慧嚴、慧觀改編北本《涅槃經》。見潘桂明,《中國居士佛教史》,頁206~207。

〔註248〕陳垣,〈雲岡石窟寺之譯經與劉孝標〉,收入氏著,《陳垣學術文化隨筆》,頁180。

說新語》的方式是偏向南朝佛教的內涵特色，據此應可說明地域之別對宗教，進而對史學中史注的影響。

第六章　結　論

　　周一良在〈略論南朝北朝史學之異同〉一文中舉范曄《後漢書》、沈約《宋書》和魏收《魏書》的序和論作爲南朝、北朝史學的比較，認爲南朝史學如牖中窺日，對歷史發展具有洞察能力，能綜觀全面，探求本源，總結歷史教訓；北朝史學則顯處視月，廣而難周，沒有通觀全局的評論，也沒有指出發展變化，更沒有宏觀地將以前的時代聯繫起來考慮觀察，議論的思辨性不強，因而也不能像南朝史家議論之較爲深入。本文承周一良的啓發，擴大並深入思考的面向，追溯造成南朝、北朝史學異同的原因，且不侷限於正史的序和論，而是將考察對象擴展至非正史的史學著作（其殆屬廣義之佛教史學），進一步探究南朝、北朝史學異同的原因與表現。

　　史學總會有時代的烙印，佛教勢張是南北朝時期一顯著的時代特色，時代刺激學術，故探討南北朝史學的發展，不能忽略此時期佛教興盛的影響，「佛教──史學──影響」乃爲本文核心主軸。需特別說明的是，雖然本文論述的研究對象爲廣義的佛教史學撰述，但並非專門探討佛教史學，而是站在中國史學史的角度，探究南北朝時期，「佛教」對中國「史學」所造成的「影響」，尤其重點聚焦於比較佛教在南朝、北朝發展之異，其是否、如何反映、呼應了史學在南朝、北朝發展之別。一般往往將南北朝佛教採用一種總體、印象式的觀察，並沒有將南朝佛教、北朝佛教作爲雙重視野來進行各自的考察，遑論將南、北佛教之異進一步應用於探討南、北史學之別。故筆者於本文先分析南朝、北朝佛教發展之不同，然後將此差異觀照南朝、北朝史學發展之差別，梳理其內在脈絡、聯繫，並且分別舉《南齊書》、《魏書》兩部正史，以及《世說新語注》、《洛陽伽藍記》兩部其他史書爲例，並置對照，進行具

體的考察、較析。

　　由於南、北分峙的影響，南朝和北朝的佛教發展也逐漸出現同中有異。同即佛教興盛的共同現象及流行的佛教教義觀念，異則是在南、北地域的作用下，南朝、北朝佛教有了分歧。就信仰方式而言，南北朝時期，南朝重義理思辨；北方則重宗教實踐，對理論研究不像南朝那樣有興趣。在政教關係上，帝王視佛教爲個人私領域的精神信仰，同時將佛教應用於公領域成爲輔贊王政的工具，使政教結合作爲治國之術，此點北朝較南朝表現顯著。由於北朝君權較爲強大，佛教表現較多爲主動依附、配合君權，從屬性強，故政教關係較爲緊密；相對地，南朝君權受制於世族門閥和沙門不敬王者的傳統，反而是君主必須主動適應南朝佛教強調超然於世俗之外的獨立性，與重視義理的學術性，建立一種以佛學爲基礎的政教結合政策。

　　由於佛教勢盛乃南北朝顯著的時代特徵，此反映在當時史學成果中，遂爲大量出現和佛教相關的著述。其中，筆者針對目錄、史注、地理等三種史學門類之發展與佛教的關聯性，進行深入探討。以目錄學而言，隨著佛教典籍增加，使一般圖書目錄開始附有佛經乃至使佛經成爲一個正式分類，豐富了中國的目錄學。此外，筆者從僧祐《出三藏記集》、王儉《七志》與阮孝緒《七錄》三者在撰寫體例上的相似性，認爲獨立的專科佛經目錄之編纂方式可能對一般圖書目錄的編纂方式有所影響，而《隋書·經籍志》蓋爲集其成。但筆者的看法礙於沒有直接史料佐證而難以推據，故持論僅能停留在「有此可能」，尚需進一步探究。從史注學來看，從學術史的角度切入，釐清「佛教——經注——史注」三者間的關聯，得知南北朝時期史注的發展，可直接受佛教影響，亦可藉由經學義疏作媒介，間接受到佛教影響。故此時期的史注受到佛教的影響，應可無疑。最後，就地理學而論，佛教逐漸衝擊（但並無瓦解）中國人固有的世界觀，豐富了中國人的地理知識，擴大了中國人的地理視野，知識的漸變積累促成思想上的轉變，從此時期的地理書種類、數量，抑或正史中所記載的有關當時人們的想法，以及對四夷傳（外國傳）的記載皆可得知。

　　南、北分而察之，兩相參照下，也突出注意到南、北佛教的差異對南、北史學的發展有所作用。基於弘法、護教的動機，再考量其執行、操作的難易度，遂造成佛教僧人在目錄、分類傳記、地理、靈異志怪等四類史學領域有所表現，成果多寡不同；而且南朝僧人史家及其史著的數量較北朝爲多，顯見北朝僧人在史學上的成就不及南朝僧人，學識涵養亦不如南朝僧人豐富

淵博。造成此種現象的原因，在於南、北二朝因民族、政治、文化及地理環境的不同，導致對佛教的信仰需求有所不同，進而呈現「南義」、「北禪」的差異。在此差異的影響下，使南朝和北朝僧人在弘法、護教的側重點並不相同，南朝偏義理論辯，講經說法風行；北朝則傾向坐禪誦經、修行實踐。僧人的學術成就能反映身處環境的文化氛圍或傾向，故北方僧人在學術涵養上的表現不若南方僧人；影響所及，即使是俗人史家，受到南、北各自宗教文化氛圍不同所致，南朝俗人史家所撰寫之和佛教相關的史著數量也較北朝多。

　　為具體瞭解佛教對中國南北朝史學發展的影響，筆者擇取劉孝標（462～521年）、蕭子顯（487～537年）、魏收（507～572年）和楊衒之（生卒不詳）四位史家進行深入探討。就時代而言，這四人的生存時代有所重疊，〔註1〕其反映出的時代心態相似，應不足為異；然而四人之間若有相異之處，則為值得注意的現象。筆者以區域空間的差別，依南、北地域將此四位史家作區分，蕭子顯和劉孝標為南朝史家，魏收和楊衒之是北朝史家；並且再依其所著史書為正史或其他史書分為兩組——〈佛教對南北朝正史的影響——以《南齊書》和《魏書》為例〉（論文第四章）、〈佛教對南北朝其他史書的影響——以《世說新語注》和《洛陽伽藍記》為例〉（論文第五章）來進行「舉證」式的研究、探討。「舉證」乃是一種個案的研究，本文擇取「正史」與「史注學」兩種個案進行對比分析，雖然以四部史書作為究明佛教對南北朝史學發展之影響，在涵蓋性上未免不足，但就「舉證」所達致的研究意義而言，實已充分。筆者研究所得，北方佛教常帶「政治性」，國家權力對佛教的支配較強大，而南方佛教則多帶「哲學性」，且較能保持獨立於世俗政權之外；北方佛教重在「外面的莊嚴」，缺乏思辨性；南方佛教重在「內部的探索」，論理色彩強，在實踐性上則較為不足。南朝、北朝佛教的差異各自對南朝、北朝史學家、史著造成影響。以南朝史家蕭子顯和劉孝標而言，撰述的史書內容的確偏向士大夫佛教。〔註2〕兩人對佛教、佛經皆有相當程度的熟稔，故在撰史時不乏對佛學義理的闡揚，例如蕭子顯在《南齊書》中處理儒、釋、道之爭的歷史

〔註1〕據《洛陽伽藍記》所述，東魏孝莊帝永安中（528～530年）楊衒之任職奉朝請；東魏孝靜帝武定五年（547年）楊衒之行役經過洛陽，依此推論，楊衒之的生存年代與蕭子顯、劉孝標、魏收三人有所重疊，應可無疑。

〔註2〕在佛教中國化的過程中，存在著側重教義理論與側重信仰實踐這兩種不同的發展趨向。筆者此處以「士大夫佛教」概稱蕭子顯與劉孝標，乃是著眼於於兩人的文化層次，與社會政治身份，其雖也重信仰實踐，但頗投入教義理論的鑽研和發揮，故有別於一般信徒。

課題時，是以當時文士學者間相互辯難所留下的作品，以及包括他自身的見解，來處理此一思想史的重大議題。並於《南齊書》中首度記載了釋、儒、道合流的「三教」之稱，可見蕭子顯多在思想層面上著力。劉孝標注解《世說新語》除了多處徵引僧傳、僧人著作、佛經之外，亦發表他個人對佛法的見解。使得劉孝標對佛學的心得、闡釋，在《世說新語注》的自注部分，是一相當顯著的特色。此外，劉孝標在運用佛經合本子注的注解方式於史注時，較具思考上的層次推衍與條分屢析，這與劉孝標早年出家爲僧，受到佛教的邏輯演繹訓練有關。

　　魏收和楊衒之身處北朝少數民族政權，除了使其嚴夷夏之防的民族意識較淡薄，且儒家所謂的正統思想也相對減弱之外，我們也不能忽略北朝佛教的國家性格對魏收、楊衒之的影響。自十六國以來，北方胡人君主皆有計畫運用佛教輔翼王政，以政教結合的方式推展佛教，使北朝佛教具有較爲明顯的國家性格，此從僧官制度、寺院經濟和王室領導鑿建大規模石窟佛像等可見一斑。以是之故，北朝佛教對國家政治、社會、經濟等層面的影響自然相對顯著，亦可說與國家興衰發展息息相關，於是自然容易刺激北朝史家關注佛教，將之載入史籍。從這個角度思考，我們便不難理解爲何《魏書》會特闢〈釋老志〉專篇介紹佛教，以及不管是魏收於〈釋老志〉文末，或楊衒之在《洛陽伽藍記》中皆語重心長吐露對北朝佛教過度興盛，寺像氾濫，勞民傷財的憂慮，表達了身爲史家關心現實的使命感，同時體現了史學經世致用的重要特質。再者，北朝佛教偏重坐禪、修行的實踐活動，禪僧爲數眾多，加上北朝政權對教權的支配力較強大，僧人往往配合國家的施政，故使其功能多樣，形象多元。僧人領導民眾組織邑義修寺造像，從事社會福利、公共建設等以積累功德，並且爲了弘法護教，多宣揚佛教的靈驗神異，這些現象在《魏書》和《洛陽伽藍記》皆有較多的著墨。最後，無論是魏收或楊衒之，其筆下所介紹、載錄的佛教相關詞彙教義，較傾向一般民眾耳熟能詳的佛教信仰和佛教知識；換言之，相對於《南齊書》和《世說新語注》，《魏書》和《洛陽伽藍記》涉及佛教相關的內容者，其較無深奧、抽象的佛學，陳述較平易近人，庶民色彩較明顯。

　　當然，我們也不能一味著重相異點，因爲佛教勢張，盛極一時是南北朝相同的時代背景，故《南齊書》、《魏書》、《世說新語注》和《洛陽伽藍記》在有關佛教的記載上仍有其一致性的表現，最明顯之處即皆記載了一些非經

驗事件，以及記敘了輪迴、果報等思想，凡此都是該時期社會流行的宗教風氣，是時代特色的反映。當時社會瀰漫、充斥著宗教神祕的靈驗之風，鬼神志怪、靈異神奇是當時人們的世界觀。身處此種時代氛圍的史家，這些無法用科學解釋的非經驗事件，是自然存在他們的生活中、思想裡，因而習以爲常地接受它們的存在，然後出自一種敘史存眞，保存實錄的史家意識，而非有意爲佛教宣傳，將之如實記載。換言之，這四位史家雖在撰史受到佛教的影響，但與僧人所寫的佛教史學著作，仍有本質上的不同，因爲後者較傾向爲佛教而佛教，呈現的乃是宗教性本質；〔註3〕而蕭子顯、劉孝標、魏收和楊衒之則是以史學爲出發點，指導他們撰史的仍然是本乎中國史學的基本原則，而不是護教弘法。

潘桂明將士階層以居士的身分來實踐佛法，概括其內容爲四個方面，包括：展開各種形式的護法活動；以各種形式的施捨，爲寺院的建立和發展，爲寺院經濟的形成和繁榮，都做出過重要的貢獻；與僧侶佛教聲氣相求、涵蓋相合，壯大佛教聲勢，擴大佛教影響；以及開展各種學術性活動，接受、改造、發展佛教教義、思想學說。在上述護法、宣教的活動當中，最能表現士階層的文化特色，也是歷來學界多所關注的便是士人以自己高度文化素養所展開的各種關於佛教義理的學術性辯證。〔註4〕就本文研究主旨，筆者聚焦

〔註3〕 例如佛教的僧傳傾向聖徒化，總是強化僧人超越世俗，體現神聖的一面，藉以弘教護法，故不會滿足於普通僧人的傳記。相對而言，俗人史家撰寫和僧人有關的記載時，則是傳錄蒐集到的僧人事蹟，傳眞傳實，不會刻意渲染、神聖化僧人。

〔註4〕 潘桂明以居士的身分來實踐佛法，內容有：第一，展開各種形式的護法活動。其中主要表現爲通過帝王、大臣、貴族、官僚等統治者上層的政治活動，保護和支持佛教的傳播，發展佛教的各項事業。……通過居士的護法活動，保證了佛教寺院和僧團的存在，並在此基礎上獲得發展。第二，……居士以各種形式的施捨，爲寺院的建立和發展，爲寺院經濟的形成和繁榮，都做出過重要的貢獻。寺院及其僧團的存在，以世俗信徒的物質供施爲基本前提；寺院經濟的營運，首先歸功於居士佛教。……第三，與僧侶佛教聲氣相求、涵蓋相合，壯大佛教聲勢，擴大佛教影響。僧侶佛教和居士佛教作爲佛教力量的兩個基本組成部分，雖然各有自己活動的範圍、活動形式和性格特點，但是在終極目標和思想理念方面是一致的。居士通過在家學佛、念佛，皈依禪師參禪求道，或通過結社、建齋等活動，與寺院的僧侶佛教密切配合，造成廣泛的社會影響。第四，開展各種學術性活動，接受、改造、發展佛教教義、思想學說。利用自己高度的文化素養，或參與翻譯經典、注釋經典，或獨立撰述論著以闡述和傳播佛教義理……又由於居士佛教與士俗社會的直接聯繫，當他們以世俗所喜聞樂見的形式傳播教義時，佛教也就加速著民族化、

者乃是奉佛的知識分子（或是與佛教接觸較密切的知識分子），他們以自己的文化素養，成爲佛教與中國史學的橋樑時，所扮演的角色和所受到佛教沾染熏陶的影響，是如何反映在史學著作中。藉由蕭子顯、魏收、劉孝標等三位明確奉佛的史家，以及有相當程度接觸佛教的楊衒之，他們執筆撰史，自覺或不自覺地介紹、融入佛教的相關思想，皆在一定程度上聯繫了佛教與史學的互動，有助於佛教成爲中國傳統文化的組成部分。

筆者論文中，論述南北朝時期佛教在南方、北方發展之異，所謂「南義」、「北禪」乃是站在一個大方向、大原則的相對性畫分，並非涇渭分明的絕對二分法。事實上，南方亦有禪修、立寺、造像等宗教行爲；北方同樣有講經論義者。〔註5〕在南北交流中，彼此差異性逐漸減少，且隨歷史演進，佛教在南朝、北朝亦各自有其變化，如北朝後期，僧官多爲律僧（之前多爲禪僧）。〔註6〕這是自湯用彤提出佛教有南統、北統之說，學術界幾乎多所沿襲、採

世間化、大眾化的進程，並最終成爲傳統文化的組成部分。潘桂明，《中國居士佛教史》，頁38～39

〔註5〕北朝僧人不乏有研究佛理者，《魏書》卷一百一十四〈釋老志〉載：「帝（高祖）幸徐州白塔寺。顧謂諸王及侍官曰：『此寺近有名僧嵩法師，受成實論於羅什，在此流通。後授淵法師，淵法師授登、紀二法師。朕每玩成實論，可以釋人染情，〔二二〕可以釋人染情 諸本「染」作「深」，冊府同上卷頁作「染」。按「染污」是佛教術語，「釋人染情」意爲「破除煩惱障」。「深情」用在這裏不適合，「深」乃「染」之形訛，今據改。故至此寺焉。』時沙門道登，雅有義業，爲高祖眷賞，恆侍講論。」北朝帝王如獻文帝、孝文帝、宣武帝、北周太祖宇文泰、北齊文宣帝不僅篤好佛理，聽僧說法，甚至能與僧徒談論佛義、親講經論。且在佛寺建築中除了有修禪的場所，也設有講經之地，〈釋老志〉載：「始作五級佛圖、耆闍崛山及及須彌山殿，加以績飾。別構講堂、禪堂及沙門座，莫不嚴具焉。」見頁3026。此外，北魏大臣亦有與沙門討論佛理者，如《魏書》卷七十七〈高崇傳附子謙之傳〉載：「涼國盛事佛道，爲論貶之，因稱佛是九流之一家。當世名士，競以佛理來難，謙之還以佛義對之，竟不能屈。」及《魏書》卷九十三〈恩倖列傳徐紇傳〉載：「（紇）長直禁中，略無休息。時復與沙門講論，或分宵達曙，而心力無息，道俗歎服之。」上引《魏書》分見頁3040、3026、1711、2008。又如《洛陽伽藍記》卷二「崇真寺條」所記比丘惠凝巡遊地獄故事，旨在提倡禪定和誦經，反對講經與造像，希望改變當時的宗教風氣。不過從此則記載，既可見南朝所熱衷的講經說法活動在北朝並不重視，卻也從中反映北朝仍有僧人從事講經。此外，本文第五章表5-7「《洛陽伽藍記》中述及佛經、佛義、宣揚佛法的記載」亦可見北朝佛教仍有講經說法。

〔註6〕北齊律學名僧紛紛出任重要僧職這一事實，反映出北朝統治者僧官政策的調整，從過去以禪僧爲主「綰攝僧徒」過渡到北齊以律僧爲主的「緝諧道政」。參見謝重光，《中古佛教僧官制度和社會生活》，頁80～81。

用，卻較少注意之處。伴隨「南義」、「北禪」差異性的漸泯，是否同樣在南朝、北朝史學有所呼應、呈現，這可作為今後持續探入研究的方向。其次，文化的交流中，回饋與影響是雙方面的。當佛教在魏晉南北朝迅速擴張，勢力鼎盛之際，並沒有因為印度不重視史學而逕自傳佈；相反地，佛教受到中國史學發達的影響，在中國傳播的同時逐漸發展出佛教史學。就不同文化接觸後的涵化過程而言，佛教影響史學，史學亦影響佛教，尤其在彼此「近似」的部分，影響性尤為顯著。周一良所謂「深義文化」，其實正是各文化領域交互作用、彼此交流影響，形成潛在的共同素質，貫串於各方面，呈現出自身特色，例如南文北質、南玄北經、南義北禪等。

限於篇幅與學力，筆者非探求中國史學對佛教的作用，本文著重探討於佛教因素對中國史學發展之影響，特別關注區域空間這項變因。治中國史學史往往偏重歷時性的研究，卻忽略共時性的重要。在同一時間，同一國度內區域間的差異性，實具研究的價值。誠如嚴耕望所論，唯有同時掌握核心地區時間性的一線發展，與區域間空間性的全面發展，方能稱之為「整體的中國歷史觀」。本文研究結果揭示佛教在南朝、北朝的發展同中有異，而此分歧儘管是大原則、大方向的區別，仍有一定程度的參考值；筆者嘗試據以概括觀照佛教在南、北地域空間上的差異，進而據以分析、探究南、北史學發展不同，在學術界具有開創性的貢獻。總括而言，深義文化表現於佛教在南、北的差異，頗能一以貫之，亦可與南朝、北朝史學的差異相互參照，有所關聯，意即佛教與史學各自在南朝、北朝發展所呈現的不同特色，頗為類似，並呼應、吻合了南、北各自深義文化的特質。筆者不恧固陋，就佛教對中國南北朝史學發展之影響試作研究探討，盼能為中國史學史的整體研究，略盡棉薄之力，其中闕漏之處，懇請博雅諸賢指正。

徵引文獻

壹、基本史料（按時代先後為序）

一、正　史（＊以下正史，皆使用臺灣鼎文書局新校標點本）

1. 〔漢〕司馬遷，《史記》，臺北：鼎文書局，1978 年。
2. 〔漢〕班固，《漢書》，臺北：鼎文書局，1978 年。
3. 〔南朝宋〕范曄撰，〔唐〕李賢等注，《後漢書》，臺北：鼎文，1978 年。
4. 〔南朝梁〕蕭子顯撰，《南齊書》，臺北：鼎文書局，1978 年。
5. 〔南朝梁〕沈約撰，《宋書》，臺北：鼎文書局，1978 年。
6. 〔北齊〕魏收撰，《魏書》，臺北：鼎文書局，1978 年。
7. 〔隋〕李百藥撰，《北齊書》，臺北：鼎文書局，1978 年。
8. 〔唐〕魏徵等撰，《隋書》，臺北：鼎文書局，1978 年。
9. 〔唐〕姚思廉等撰，《梁書》，臺北：鼎文書局，1978 年。
10. 〔唐〕姚思廉等撰，《陳書》，臺北：鼎文書局，1978 年。
11. 〔唐〕房玄齡等撰，《晉書》，臺北：鼎文書局，1978 年。
12. 〔唐〕令狐德棻等撰，《周書》，臺北：鼎文書局，1978 年。
13. 〔唐〕李延壽撰，《南史》，臺北：鼎文書局，1978 年。
14. 〔唐〕李延壽撰，《北史》，臺北：鼎文書局，1978 年。

二、其他古籍

1. 〔魏〕何晏集解，〔梁〕皇侃義疏，《論語集解義疏》，臺北：世界書局，

1972 年。

2. 〔晉〕袁宏撰，《後漢紀》，臺北：臺灣商務，1971 年。

3. 〔南朝宋〕劉義慶編，劉孝標注，余嘉錫箋疏，《世說新語箋疏》，上海：上海古籍，1996 年 8 月第三次印刷。

4. 〔南朝梁〕釋僧祐撰，蘇晉仁、蕭鍊子點校，《出三藏記集》，北京：中華書局，1995 年 11 月初版，2008 年 7 月重印。

5. 〔南朝梁〕釋僧祐，《弘明集》，收入《大正新修大藏經》第五十二冊，臺北：大藏經刊行會出版，新文豐發行，1987 年。

6. 〔南朝梁〕釋寶唱撰，《比丘尼傳》，臺北：佛教出版社，1983 年。

7. 〔南朝梁〕釋慧皎撰，湯用彤校注，《高僧傳》，北京：中華書局，1992 年 10 月第 1 版。

8. 〔北魏〕楊衒之撰，楊勇校箋，《洛陽伽藍記校箋》，臺北：正文書局，1982 年。

9. 〔北魏〕楊衒之撰，范祥雍校注，《洛陽伽藍記校注》，上海：上海古籍出版社，2006 年。

10. 〔北魏〕楊衒之撰，周祖謨校釋，《洛陽伽藍記校釋》，北京：中華書局，2010 年 9 月初版，2012 年 3 月重印。

11. 〔唐〕皮日休，《皮子文藪》，上海：上海古籍出版社，1981 年。

12. 〔唐〕孔穎達疏，《周易正義》，臺北：臺灣中華，1966 年。

13. 〔唐〕孔穎達疏，《禮記正義》，臺北：臺灣中華，1966 年。

14. 〔唐〕劉知幾著，〔清〕浦起龍釋，王煦華整理，《史通通釋》，上海：上海古籍出版社，2009 年 12 月出版，2013 年 1 月重印。

15. 〔唐〕釋道宣，《廣弘明集》，收入《大正新修大藏經》第五十二冊，臺北：大藏經刊行會出版，新文豐發行，1987 年。

16. 〔唐〕釋道宣，《續高僧傳》，臺北：文殊出版，1988 年。

17. 〔宋〕宋敏求，《長安志》，北京：中華書局，1991 年。

18. 〔宋〕司馬光撰，胡三省注，《資治通鑑》，臺北：天工書局，1988 年。

19. 〔明〕毛晉，《津逮祕書》，臺北：藝文印書館，1966 年。

20. 〔明〕胡應麟，《少室山房筆叢》，臺北：世界書局，1980 年。

21. 〔清〕王鳴盛撰，《十七史商榷》，臺北：樂天出版社，1972 年。

22. 〔清〕沈家本，《世說注所引書目》，臺北：新文豐，1996 年。

23. 〔清〕陳澧，《東塾讀書記》，北京：生活・讀書・新知三聯書店，1998 年。

24. 〔清〕錢大昭，《三國志辨疑》，臺北：藝文，1966 年。

25. 〔清〕錢大昕,《十駕齋養新錄》,北京:中華書局,1977。

26. 〔清〕孫文川,《南朝佛寺志》收入杜潔祥編《中國佛寺史志彙刊》,臺北:明文,1980 年。

27. 〔清〕乾隆敕撰,紀昀等纂,《四庫全書》,臺北:臺灣商務據國立故宮博物院藏本影印,1983 年。

28. 〔清〕乾隆敕撰,紀昀等纂,《四庫全書總目提要》,臺北:漢京文化,1981 年。

29. 〔清〕嚴可均校輯,《全上古三代秦汉三国六朝文》,北京:中華書局,1958 年。

30. 《大正新修大藏經》,臺北:大藏經刊行會出版,新文豐發行,1987 年。

貳、研究論著（按姓氏筆畫多寡爲序）

一、中文部分

（一）專　書

1. 丁鋼《中國佛教教育——儒佛道教育比較研究》,成都:四川教育出版社,1988 年。

2. 王力,《漢語史稿》,北京:中華書局,1980 年。

3. 王文進,《洛陽伽藍記——淨土上的烽煙》,臺北:時報文化,1987 年。

4. 王仲犖,《魏晉南北朝史》,臺北:頂淵文化,2004 年。

5. 王永平,《六朝江東世族之家風家學研究》,江蘇:江蘇古籍出版社,2003 年。

6. 王永會,《中國佛教僧團發展及其研究》,四川:巴蜀書社,2003 年。

7. 王志剛,《家國、夷夏與天人:十六國北朝史學探研》,北京:北京師範大學出版社,2013 年。

8. 王青,《魏晉南北朝時期的佛教信仰與神話》,北京:中國社會科學出版社,2001 年。

9. 王能憲,《世說新語研究》,南京:江蘇古籍出版社,1992 年。

10. 王重民,《中國目錄學史論叢》,北京:中華書局,1984 年。

11. 王重民,《敦煌古籍敍錄》,北京:中華書局,2010 年。

12. 王國瓔,《中國文學史新講》,臺北:聯經,2006 年。

13. 毛漢光《中國中古社會史論》,上海:上海書店出版社,2002 年 12 月第 1 版。

14. 毛漢光《中國中古政治史論》，上海：上海書店出版社，2002 年 12 月第 1 版。

15. 毛禮銳、沈灌群主編《中國教育通史》（第二卷），濟南：山東教育出版社，1995 年 7 月第 2 次印刷。

16. 方立天，《魏晉南北朝佛教》，收入《方立天文集》第一卷，北京：中國人民大學出版社，2006 年。

17. 方立天，《中國佛教文化》，收入《方立天文集》第三卷，北京：中國人民大學出版社，2006 年。

18. 方廣錩著，王志遠編，《佛教典籍百問》，高雄：佛光出版社，1995 年。

19. 任繼愈主編，《中國佛教史》，北京：中國社會科學出版社，1985 年 6 月第 1 版，1997 年 12 月第 3 次印刷。

20. 吳懷祺主編，龐天佑著，《中國史學思想通史──魏晉南北朝卷》，合肥：黃山書社，2003 年。

21. 余志挺，《裴松之《三國志注》研究》，臺北：花木蘭文化，2008 年。

22. 杜維運、陳錦忠、黃進興編，《中國史學史論文集（1）》，臺北：華世，1980 年。

23. 杜維運、黃俊傑編，《史學方法論文選集》，臺北：華世，1980 年。

24. 李小樹主編，《秦漢魏晉南北朝史學史稿察》，北京：中國人民大學出版社，2007 年。

25. 李正曉，《中國早期佛教造像研究》，北京：文物出版社，2005 年。

26. 李宗鄴，《中國歷史要籍介紹》，上海：上海古籍出版社，1982 年。

27. 李富華，《中國古代僧人生活》，臺北：臺灣商務印書館，1998 年。

28. 李建中、高文強合著，《日月清朗，千古風流：世說新語》，昆明：雲南人民出版社，2002 年。

29. 李劍國，《唐前志怪小說史》，天津：南開大學出版社，1984 年 5 月第 1 版。

30. 李瑞良，《中國目錄學史》，臺北：文津，1993 年。

31. 李傳印，《魏晉南北朝時期史學與政治的關係》，武漢：華中科技大學出版社，2004 年。

32. 阮忠仁，《魏書（釋老志）釋部撰述原因研究》，臺北：蘭臺，2010 年。

33. 金申，《中國歷代紀年佛像圖典》，北京：文物出版社，1994 年。

34. 胡寶國，《漢唐間史學的發展》，北京：商務印書館，2003 年。

35. 林登順，《魏晉南北朝儒學流變之省察》，臺北：文津，1996 年。

36. 季羨林，《季羨林佛教學術論文集》，臺北：東初出版社，1995 年。

37. 邱敏，《六朝史學》，南京：南京出版社，2003 年。

38. 姜望來，《謠讖與北朝政治研究》，天津：天津古籍出版社，2011 年。

39. 吳正嵐，《六朝江東士族的家學門風》，南京：南京大學出版社，2003 年。

40. 周一良，《魏晉南北朝史論集》，北京：北京大學出版社，2010 年 6 月第二版。

41. 紀贇，《慧皎《高僧傳》研究》，上海：上海古籍出版社，2009 年 3 月第一版。

42. 徐清祥，《門閥信仰：東晉士族與佛教》，北京：中國社會科學出版社，2010 年。

43. 許輝、邱敏、胡阿祥主編，《六朝文化》，南京：江蘇古籍出版社，2001 年。

44. 侯旭東《五、六世紀北方民眾佛教信仰：以造像記爲中心的考察》，北京：中國社會科學出版社，1998 年。

45. 姚名達，《中國目錄學史》，上海：上海古籍出版社，2011 年。

46. 孫述圻《六朝思想史》，江蘇：南京出版社，1992 年。

47. 馬戎，《西方民族社會學經典讀本・種族與族群關係研究》，北京：北京大學出版社，2010 年。

48. 馬世長、丁明夷，《中國佛教石窟考古概要》，北京：文物出版社，2009 年。

49. 唐長孺，《魏晉南北朝史論拾遺》，北京：中華書局，2011 年。

50. 萬繩楠，《魏晉南北朝文化史》，臺北：昭明出版社，2000 年。

51. 陶懋炳，《中國古代史學史略》，長沙：湖南人民出版社，1987 年。

52. 梁啓超，《佛學研究十八篇》，臺北：臺灣中華，1956 年。

53. 梁麗玲，《雜寶藏經研究》，臺北：法鼓文化，1988 年。

54. 陳垣，《中國佛教史籍概論》，臺北：新文豐，1983 年初版。

55. 陳垣，《陳垣學術文化隨筆》，北京：中國青年出版社，2000 年。

56. 陳明，《中古士族現象研究》，台北：文津，1994 年。

57. 陳昭郎《傳播社會學》，台北：黎明文化事業股份有限公司，1992 年。

58. 陳寅恪，《金明館叢稿初編》，上海：上海古籍出版社，1980 年。

59. 陳寅恪，《金明館叢稿二編》，北京：生活・讀書・新知三聯書店，2001 年。

60. 陳寅恪，《寒柳堂集》，上海：上海古籍版社社，1980 年版。

61. 陳智超，《陳垣來往書信集》，上海：上海古籍，1990 年。

62. 張少康編，《文心雕龍研究》，武漢：湖北教育出版社，2002 年。

63. 張弓主編，《敦煌典籍與唐五代歷史文化（上下卷）》，北京：中國社會科學出版社，2006年。

64. 張國良主編，《傳播學原理》，上海：復旦大學出版社，1995年。

65. 張曼濤主編，《中國佛教史論集》，臺北：大乘，1978年。

66. 賀昌群，《賀昌群文集》，北京：商務印書館，2003年。

67. 楊勇編著，《世說新語校箋論文集》，臺北：正文，2003年。

68. 趙超：《漢魏南北朝墓誌彙編》，天津：天津古籍出版社，1992年。

69. 曹仕邦，《中國佛教史學史——東晉至五代》，臺北：法鼓文化，1999年。

70. 曹仕邦，《中國沙門外學的研究——漢末至五代》，臺北：東初出版社，1994年。

71. 葛兆光，《中國思想史第一卷：七世紀前中國的知識、思想與信仰世界》，上海：復旦大學出版社，1998年4月第1版，2001年10月第3次印刷。

72. 業露華，《法海一得》，北京：宗教文化出版社，2007年。

73. 湯用彤，《漢魏兩晉南北朝佛教史》，臺北：臺灣商務，2012年11月，臺三版。

74. 楊新華《金陵佛寺大觀》，北京：方志出版社，2003年。

75. 雷家驥先生，《中古史學觀念史》，臺北：臺灣學生書局，1990年10月初版。

76. 榮新江，《中國中古史研究十論》，上海：復旦大學出版社，2005年。

77. 榮新江，《敦煌學十八講》，北京：北京大學出版社，2001年8月初版。

78. 潘桂明，《中國居士佛教史》，北京：中國社會科學出版，2000年9月。

79. 魯迅，《中國小說史略》，濟南：齊魯書社，1997年11月第1版。

80. 劉大杰，《中國文學發展史上冊》（臺北：華正書局，2004年8月）

81. 劉立夫《弘道與明教：《弘明集》研究》，北京：中國社會科學出版社，2004年。

82. 劉淑芬，《中古的佛教與社會》，上海：上海古籍出版社，2008年。

83. 劉貴傑等著，《佛學概論》，臺北：國立空中大學，2001年。

84. 劉進寶，《敦煌學通論》，蘭州：甘肅教育出版社，2002年。

85. 劉進寶主編，《百年敦煌學：歷史、現狀、趨勢》，蘭州：甘肅人民出版社，2009年。

86. 劉葉秋，《魏晉南北朝小說》，上海：上海古籍出版，1978年。

87. 劉湘蘭，《中古敘事文學研究》，北京：北京大學出版社，2011年。

88. 錢穆，《中國學術思想論叢（三）》，臺北：東大，1985年。

89. 錢穆，《中國史學名著》，臺北：三民書局，2005年8月重印二版三刷。

90. 錢穆，《中國文化史導論》，收入《錢賓四先生全集第 29》，臺北：聯經
    印書館，1994 年。

91. 戴君仁，《梅園論學三集》，臺北：學生書局，1979 年。

92. 鄭岩，《魏晉南北朝壁畫墓研究》，北京：文物出版社，2002 年。

93. 鄭鶴聲，《中國史部目錄學》，臺北：華世，1974 年。

94. 鄭樑生編著，《史學方法》，臺北：五南，2002 年。

95. 魏承思，《中國佛教文化論稿》，上海：上海人民出版社，1992 年。

96. 藍吉富，《佛教史料學》（臺北：東大，1997 年）

97. 謝保成，《中國史學史》，北京：商務印書館，2006 年。

98. 瞿林東，《中國史學史綱》，北京：北京師範大學出版社，2010 年。

99. 蕭艾，《《世說》探幽》，長沙：湖南出版社，1992 年。

100. 蕭登福，《漢魏六朝佛道兩教之天堂地獄說》，臺北：文津，1989 年六月
     版。

101. 嚴耀中，《江南佛教史》，上海：上海人民版社，2000 年。（2005 年版增
     補本，更名爲《中國東南佛教史》）

102. 嚴耕望著，李啓文整理，《魏晉南北朝佛教地理稿》，臺北：中研院史語
     所，2005 年。

（二）學位論文

1. 王淑嫻，〈蕭子顯與《南齊書》研究〉，嘉義：國立中正大學歷史學所碩
   士論文，1998 年。

2. 吳玲君，〈北朝婦女佛教信仰活動——以佛教造像銘刻爲例〉，嘉義：國
   立中正大學歷史學所碩士論文，1998。

3. 何亞宜，〈中國中古佛教造像活動〉，臺北：國立政治大學歷史所碩士論
   文，2010 年。

4. 杜正宇，〈西魏北周時期具官方色彩的佛教義邑〉，臺中：東海大學歷史
   學所碩士論文，2000 年。

5. 林盈翔，〈裴松之與劉孝標史注學比較研究〉，花蓮：國立東華大學中國
   語文學所碩士論文，2009 年。

6. 林育信，〈製作隱士：六朝隱逸史傳之歷史敘事研究〉，新竹：國立清華
   大學中國文學所博士論文，2006 年。

7. 林郁迢，〈北魏三書南北文化觀〉（臺北：國立政治大學中國文學研究所
   博士論文，2008 年）

8. 粘凱蒂，〈魏晉南北朝時期佛教傳播活動之研究〉，桃園：國立中央大學
   中國文學研究所碩士論文，2005 年。

9. 卓育如，〈北魏時期漢人士族的學思變遷〉，臺北：國立臺灣大學中國文學研究所碩士論文，2005 年。

10. 陳桂市，〈《高僧傳》神僧研究》〉，新竹：國立清華大學中國文學所博士論文，2007 年。

11. 游千慧，〈從學術交涉談六朝史學的形成與延展〉，臺北：臺灣大學中國文學研究所碩士論文，2007 年。

12. 黃志成，〈四至六世紀山東地區佛教之研究——以寺院、僧侶與義邑爲中心〉，嘉義：國立中正大學歷史所碩士論文，1995 年。

13. 黃浩彬，〈《洛陽伽藍記》中的人物形像研究〉，雲林：國立雲林科技大學漢學資料整理研究所碩士論文，2010 年。

14. 劉怡青，〈北魏團體造像研究〉，雲林：國立雲林科技大學漢學資料整理研究所碩士論文，2007 年。

15. 劉家杏，〈釋氏輔教之書——《冥祥記》研究〉，臺中：國立中興大學中國文學所碩士論文，2005 年。

16. 蔡衍廷，〈漢魏晉南北朝外國僧人來華活動史研究〉，花蓮：國立東華大學中國語文學所碩士論文，2007 年。

17. 蔡瑄瑾，〈裴松之家學傳承及六朝史學的演變〉，臺北：國立臺灣大學歷史所碩士論文，1995 年。

18. 戴榮冠，〈南朝儒經義疏之時代特色〉，臺南：國立成功大學中國文學所碩士論文，2004 年。

（三）期刊專書單篇論文

1. 丁敏，〈譬喻佛典之研究——撰集百緣經、賢愚經、雜寶藏經、大莊嚴論經〉，《中華學佛學報》1991 年 7 月總第 4 期，頁 75～120。

2. 王文新，〈略論南北朝國家佛教政策〉，《中國佛學院學報》2009 年總第 27 期，頁 188～192。

3. 王仲堯，〈都市寺院與文化中心——以東晉南北朝隋唐時期都市佛寺爲例〉，收入於覺醒主編，《都市中的佛教》，北京：宗教文化出版社，2004 年，頁 266～279。

4. 王記錄，〈北朝史學與北朝政治〉，《魯東大學學報（哲學社會科學版）》，1997 年第 1 期，頁 12～17。

5. 王朝暉，〈十五年來魏晉南北朝佛教研究〉，《歷史教學問題》1996 年總第 6 期，頁 55～58。

6. 古正美，〈北涼佛教與北魏太武帝發展佛教意識形態的歷程〉，《中華佛學學報》第 13 期，2000 年，頁 227～266。

7. 古正美〈梁武帝的彌勒佛王形象〉，《傳統中國研究集刊》（上海：上海社

會科學院編輯委員會編，2006 年）第二輯，頁 28～47。

8. 古正美，〈從《大慈如來告疏》說起——北魏孝文帝的雲岡彌勒佛王造像〉，《2005 年雲岡國際學術研討會論文集》研究卷，北京：文物出版社。2006 年，頁 7～40。

9. 孔定方，〈南北朝宗教文化之地域分野〉，《中州學刊》，1998 年第 1 期，頁 127～132。

10. 向燕南，〈《魏書·釋老志》的史學價值〉，《史學史研究》1993 年第 2 期，頁 57～61。

11. 牟潤孫，〈論儒釋兩家之講經與義疏〉，《新亞學報》總第四卷第 2 期，頁 89～155。

12. 朱思虎：〈佛教造像的中國化——一個逐步世俗化的過程〉，《湖北民族學院學報》，1998 年第十六卷第 5 期。

13. 呂謙舉，〈兩晉六朝的史學〉，收入杜維運、陳錦忠、黃進興編，《中國史學史論文集（1）》臺北：華世，1980 年。

14. 谷繼明，〈再論儒家經疏的形成與變化〉，收入曾亦主編，《儒學與古典學評論》（上海：上海人民出版社，2013 年）第二輯，頁 286～301。

15. 汪娟，〈關於「唱導」的歧義〉，《成大中文學報》2013 年 6 月總第 41 期，頁 47～76。

16. 宋道發，〈中國佛教史觀的形成與中國佛教史學的建立〉，《法音》1998 年第 12 期，頁 24～26。

17. 余沛翱，〈《太平廣記》報應故事的果報觀〉，《文學前瞻》2010 年 7 月總第 10 期，頁 39～52。

18. 汪增相，〈佛教與北朝史家的歷史撰述〉，《安徽史學》2010 年第 6 期，頁 16～21。

19. 汪增相，〈佛教與南朝史學〉，《學習與探索》2012 年第 10 期，頁 148～153。

20. 李小榮，〈疑偽經與中國古代文學關係之檢討〉，《哈爾濱工業大學學報：社會科學版》2012 年 11 月總第十四卷第 6 期，頁 86～94。

21. 李四龍，〈民俗佛教的形成與特徵〉，《北京大學學報》1996 年第 4 期，頁 55～60。

22. 李玉王民，〈北魏的造像〉，《故宮文物月刊》1984 年總第二卷第 10 期，頁 100～106。

23. 李峰，〈北朝史學的發展及特質〉，《晉陽學刊》2007 年 3 月第 3 期。

24. 李紀祥，〈中國史學中的兩種「實錄」傳統——「鑒式實錄」與「興式實錄」之理念及其歷史世界〉，《漢學研究》2003 年 12 月第二十一卷第 2 期，頁 367～390。

25. 李德輝，〈漢魏六朝行記三類兩體敘論〉，《東華漢學》，花蓮：東華大學中國語文學系，2011 年），第 14 期，頁 21～54。

26. 李豐楙，〈慧皎高僧傳及其神異性格〉，《中華學苑》1982 年 12 月總第 26 期，頁 127～137。

27. 邵穎濤，〈巡遊泰山地府題材小說流變與冥界觀的演進〉，《學術論壇》2011 年第 7 期，頁 90～95。

28. 周伯戡，〈姚興與佛教天王〉，《臺大歷史學報》2002 年 12 月總第 30 期，頁 207～242。

29. 林文月，〈《洛陽伽藍記》的冷筆與熱筆〉，《臺大中文學報》1985 年 11 月第 1 期，頁 105～137。

30. 林伯謙，〈出家到棲隱論劉孝標命定思想與宗教情懷的轉化〉，國立中山大學中文系編，《文與哲》2012 年 6 月總第 20 期，頁 127～164。

31. 林國妮，〈佛道二教的影響與魏晉史學的變化〉，《蘭州學刊》2009 年第 2 期，頁 58～60。

32. 吳永猛，〈佛教經濟研究回顧〉，《華岡佛學學報》1980 年總第 4 期，頁 274～283。

33. 施志諺，〈六朝佛教靈驗記之宗教文學特質探論〉，《中正大學中國文學研究所論文集刊》2008 年 5 月總第 10 期，頁 1～25。

34. 侯旭東，〈造像記與北朝社會史研究的回顧與展望〉，《中國史研究動態》1999 年第 1 期，頁 4～5。

35. 凌宏發，〈從『支遁傳』的成書看傳奇體制在唐前的確立〉，《上海師範大學學報（哲學社會科學版）》2004 年 1 月總第三十三卷第 1 期，頁 92～96。

36. 郎華芳，〈《史記》、《漢書》民族史的撰述及意義〉《溫州師範學院學報哲社版》2000 年 4 月總第 21 卷第 2 期，頁 42～45。

37. 高國抗，〈魏晉南北朝時期史學的巨大發展〉，《暨南學報》1984 年第 3 期，頁 49～56。

38. 馬豔輝，〈制度、興亡、人物評價：南朝北朝史論異同辨析〉，《江海學刊》2008 年第 2 期，頁 163～168。

39. 馬豔輝，〈魏晉南北朝史論的發展及其時代特點〉，《東北師大學報》2012 年第 2 期，頁 78～85。

40. 曹仕邦，〈太子晃與文成帝——英年早逝的天才父子政治家大力推廣佛教於北魏的功勳及其政治目的〉，《中華佛學學報》1996 年 7 月總第九期，頁 99～122。

41. 曹仕邦，〈《晉書》立僧傳之歷史意義〉，收入張曼濤主編，《中國佛教史論集》，臺北：大乘，1978 年，頁 347～356。

42. 曹虹，〈《洛陽伽藍記》新探〉，《文學遺產》1995 年第 4 期，頁 4～11。

43. 曹道衡，〈略論南北朝學風的異同及其原因〉，《河南大學學報社會科學版》2004 年 7 月總第四十四卷第 4 期，頁 78～83。

44. 張英莉、戴禾〈義邑制度述略——兼論南北朝佛道混合的原因〉，《世界宗教研究》1982 年第 4 期，頁 48～55。

45. 張樹卿、張洋，〈儒、釋、道的報應觀比較研究〉，《白城師範學院學報》2007 年 4 月第 21 卷第 2 期，頁 1～4。

46. 逯耀東，〈魏晉志異小説與史學的關係〉，《食貨月刊》（復刊）1982 年 8 月總第十二卷第 45 期，頁 134～156。

47. 陳金城，〈南朝四史「四夷傳」纂修原因之探討—兼論南朝與域外接觸的新視野〉，《空大人文學報》2010 年 12 月總第 19 期，頁 209～248。

48. 陳寒，〈略論六世紀前佛教入華的源頭、路線和語言〉，《唐都學刊》2002 年第 2 期，頁 66～69。

49. 陳華，〈王政與佛法——北朝至隋代帝王統治與彌勒信仰〉，《東方宗教研究》1988 年第 2 期，頁 53～70。

50. 陳寅恪，〈支愍度學說考〉，收入《金明館叢稿初編》，上海：上海古籍出版社，1980 年，頁 90～116。

51. 陳識仁，〈北魏崔浩案的研究與討論〉，臺灣大學歷史研究所《史原》1992 年 2 月總第 21 期，頁 111～145。

52. 陳識仁，〈誰的歷史——十六國北朝史學史研究回顧與討論〉，《九州學林》2007 年 4 月第五卷第 2 期，頁 162～201。

53. 張新民，〈司馬遷、班固的民族觀及史學實證精神異同論：從《史記》、《漢書》「西南夷傳」談起〉，《民族研究》1993 年第 6 期，頁 66～73。

54. 張火慶，〈重讀細論《冥報記》〉，《興大中文學報》2005 年 6 月總第 17 期，頁 115～1155。

55. 張端穗，〈天與人歸——中國思想中政治權威合法性的觀念〉，收入於黃俊傑主編，《中國文化新論——思想篇一：理想與現實》（臺北：聯經，1982 年），頁 97～107。

56. 張瑞芬，〈《觀世音應驗記》與《冥祥記》諸書〉，《逢甲中文學報》1996 年總第 4 期，頁 87～106。

57. 張瑞龍，〈從經注與史注的變奏看裴松之《三國志注》的學術史地位〉，《史學月刊》2006 年第 6 期，頁 96～100。

58. 詹秀惠，〈洛陽伽藍記的作者與成書年代〉，《國立中央大學文學院院刊》第 1 期，1983 年 6 月，頁 51～61。

59. 蒲慕州，〈神仙與高僧——魏晉南北朝宗教心態試探〉，《漢學研究》1990 年 12 月第八卷第 2 期，頁 149～175。

60. 黃永年，〈佛教爲什麼能戰勝道教？——讀《太平廣記》的一點心得〉，收入氏著《文史探微：黃永年自選集》，北京：中華書局，2000 年，頁486～491。

61. 湯用彤，〈漢魏佛教的兩大系統〉，《哲學評論》1936 年 9 月，總第七卷第 1 期。

62. 湯用彤，〈隋唐佛學之特點〉，收入氏著，《隋唐佛教史稿》（北京：北京大學出版社，2010 年），頁 253～257。

63. 華方田，〈南朝帝王與南朝佛教〉，《佛教文化》2003 年第 3 期，頁 43～47。

64. 曾聖益，〈古代藝術觀念與唐宋書目藝術類的內容〉，《國家圖書館館刊》2010 年 12 月第 2 期，頁 45～64。

65. 葛兆光，〈「周孔何以不言」——中古佛教、道教對儒家知識世界的擴充與挑戰〉，《史學月刊》2011 年第 1 期，頁 20～32。

66. 葛兆光，〈《魏書·釋老志》與初期中國佛教史的研究方法〉，《世界宗教研究》2009 年第 1 期，頁 25～38。

67. 趙建成，〈劉孝標《世說注》撰著時間考〉《古籍整理研究學刊》2009 年1 月總 137 期，頁 19～21。

68. 詹士模，〈《南史》、《北史》與南北朝正史之比較〉，《嘉義技術學院學報》1998 年總第 58 期，頁 73～90。

69. 楊惠如，〈1950 年以來兩岸三地魏晉南北朝史學史的研究〉，《景女學報》2002 年第 1 期，頁 85～106。

70. 楊秀麗，〈從雲岡曇曜五窟略探北魏的國家佛教政策〉，《史博館學報》2006 年 5 月總第 33 期，頁 43～54。

71. 郝春文，〈東晉南北朝時期的佛教結社〉，《歷史研究》1992 年第 1 期，頁 90～105。

72. 蔣義斌，〈《大智度論中的淨土觀》〉，收入藍吉富主編，《印順思想——印順導師九秩晉五壽慶論文集》，新竹：正聞出版社，2000 年，頁 221～244。

73. 蔣義斌，〈《大品般若經》與《大智度論》中的菩薩〉，收入張淑芳編，《佛教與中國文化國際學術會議論文集》（臺北：中華文化復興運動總會宗教研究委員會，1995 年），頁 171～192。

74. 鄭阿財，〈敦煌佛教靈應故事綜論〉，《佛學與文學——佛教文學與藝術學術研討會論文集、文學部份》（臺北：法鼓文化，1998 年），頁 121～152。

75. 鄭阿財，〈敦煌佛教靈應故事綜論〉，《佛教與文學》（臺北：法鼓文化，1998 年

76. 樊霞，〈南北朝時期中國佛教史學述論〉《安慶師範學院學報社會科學版》2013 年 8 月總第三十二卷第 4 期，頁 114～117。

77. 劉正平，〈國外敦煌學及敦煌佛教研究概述〉，《西北成人教育學報》2003
年第 2 期，頁 36～38。

78. 劉治立，〈兩晉時期的史注〉，《南陽師範學院學報社會科學版》2013 年 2
月總第十二卷第 2 期，頁 33～36。

79. 劉治立，〈魏晉南北朝隋唐史注三題〉，《寧夏社會科學學報》2007 年 11
月第 6 期，頁 125～129。

80. 劉治立，〈南北朝史注的區域性特點〉，《信陽師範學院學報——哲學社會
科學版》2011 年 5 月總第三十一卷第 3 期，頁 129～133。

81. 劉淑芬，〈五至六世紀華北鄉村的佛教信仰〉，《中央院史語所集刊》1993
年 7 月總第 63 本第 3 分，頁 497～544。

82. 劉淑芬〈北齊標異鄉慈石柱——中古時期佛教社會救濟的個案研究〉，《新
史學》1994 年 12 月總第五卷第 4 期，頁 1～49。

83. 劉湘蘭，〈兩晉史官制度與雜傳的興盛〉，《史學史研究》2005 年第 2 期，
頁 18～24。

84. 盧建榮，〈從造像銘記論五至六世紀北朝鄉民社會意識〉，《國立臺灣師範
大學歷史學報》1995 年總第 23 期，頁 97～131。

85. 謝明勳，〈近五十年來臺灣地區六朝志怪小說研究論著目錄〉，《東華漢學》
2004 年 5 月第 2 期，頁 293～309。

86. 簡修煒、夏毅輝，〈南北朝的寺院地主經濟初探〉，《學術月刊》1984 年 1
月第 1 期，頁 25～27

87. 簡修煒、莊輝明，〈南北朝寺院地主經濟與世俗地主經濟的比較研究〉，《學
術月刊》1988 年 11 月第 11 期。

88. 瞿林東，〈魏晉南北朝隋唐時期史學的發展〉，《史學史研究》1991 年第 2
期，頁 35～42。

89. 魏航，〈試論南北朝帝王對佛教發展的影響〉，《中華文化論壇》2004 年
第 1 期，頁 142～146。

90. 顏尚文，〈梁武帝「皇帝菩薩」的理念及政策之形成基礎〉，《師大歷史學
報》，1989 年總第 17 期，頁 1～58。

91. 顏尚文，〈北朝佛教社區共同體的法華邑義組織與活動——以東魏「李氏
合邑造像碑」爲例〉，《臺大佛學研究中心學報》1996 年，頁 167～184。

92. 顏尚文，〈梁武帝注解《大品般若經》與「佛教國家的建立」〉，《臺大佛
學研究中心學報》1998 年，頁 99～127。

93. 顏尚文，〈梁武帝受菩薩戒及捨身同泰寺與「皇帝菩薩」地位的建立〉，《東
方宗教研究》1990 年 10 月新 1 期，頁 43～89。

94. 饒宗頤，〈論僧祐〉《中國文化研究所學報》1997 年第 6 期，頁 405～416。

95. 饒宗頤，〈從石刻論武后之宗教信仰〉，《中央研究院歷史語言研究所集刊》1974 年，45：3，頁 397～415。

96. 顧偉康，〈論中國民俗佛教〉，《上海社會科學院學術季刊》1993 年 3 月總第 35 期，頁 73～83。

97. 龐天佑，〈佛教與魏晉南北朝時期的史學〉，《史學理論研究》2001 年第 2 期，頁 78～85。

98. 龔世學，〈論魏晉南北朝時期符瑞思想的整合〉，《蘭州學刊》2010 年第 12 期，頁 146～150。

99. 嚴耀中，〈試論佛教史學〉《史學理論研究》，2002 年第 3 期，頁 134～139。

100. 嚴耀中，〈關於《搜神記》中佛教內容的質疑〉，《中華文史叢論》2009 年第 3 期，頁 99～109。

101. 釋能融，〈早期佛教僧眾教育略談〉，《中華佛學研究》2000 年 3 月總第 4 期，頁 76～81。

（四）中文譯著

1. 于君方著，陳懷宇、姚崇新、林佩瑩譯，《觀音——菩薩中國化的演變》，臺北：法鼓文化，2009 年。

2. 〔日〕小林正美著，王皓月譯，《六朝佛教思想研究》，濟南：齊魯書社，2013 年。

3. 〔日〕中村元著，香光書鄉編譯組譯，《從比較觀點看佛教》，嘉義：香光書鄉，2003

4. 〔日〕池田溫著，張銘心、郝軼君譯，《敦煌文書的世界》，北京：中華書局，2007 年。

5. 〔日〕鎌田茂雄著，關世謙譯，《中國佛教通史》（一）（二）（三），高雄：佛光出版社，2010 年 10 月二版。

6. 〔日〕鎌田茂雄著，周淨儀譯，《中國佛教通史》（四），高雄：佛光出版社，2010 年 10 月二版。

7. 〔日〕佐藤智水，〈北朝造像銘考〉，收入許洋主等譯，劉俊文主編，《日本中青年學者論中國史·六朝隋唐卷》，上海：上海古籍，1995 年，頁 56～115。

8. 〔日〕塚本善隆著，林保堯譯，《魏書釋老志研究》，新竹：覺風佛藝基金會，2008 年。

9. 〔日〕塚本善隆著，〈魏晉佛教的展開〉，收入許洋主等譯，劉俊文主編，《日本學者研究中國史論著選譯·思想宗教》，上海：上海古籍出版社，1995 年，頁 235～247。

10. 〔日〕道端良秀著，關世謙譯，《中國佛教與社會福利事業》，高雄，佛光

出版社，1986 再版。

11. 〔日〕藤堂恭俊、塩入良道合著，余萬居譯，《中國佛教史（上）》，臺北：華宇，1985 年。

12. 〔荷〕Erik Zürcher（許理和）著，李四龍、裴勇等譯，《佛教征服中國：佛教在中國中古早期的傳播與適應》，江蘇：江蘇人民出版社，2003 年。

13. 〔荷〕Erik Zürcher（許理和）著，吳盧領譯，〈漢代佛教與西域〉，《國際漢學》（鄭州：大象出版社，1998 年 10 月第 1 版第 1 次印刷）第二輯，頁 291～310。

14. 〔法〕Jacques Gernet（謝和耐）著，耿升譯，《中國 5～10 世紀的寺院經濟》，上海：上海古籍出版社，2004 年。

（五）其 他（研究報告、網站刊布資料）

1. 王翠玲，〈中國疑偽佛典研究〉，收入國科會研究計畫報告，計畫編號 NSC95-2411-H-006-010、NSC95-2411-H-006-006 成果報告，2006 年，臺北。

2. 古正美，〈彌勒下生信仰與護法思想的經文發展〉，收入國科會研究計劃報告，計畫編號 NSC75-0301-H-007-03 成果報告，2007 年，臺北。

3. 商務印書館網站——湯用彤，《漢魏兩晉南北朝佛教史》介紹 http://www.cp1897.com.hk/product_info.php?BookId=7301033850. 下載日期 2014 年 7 月 8 日。

4. 侯坤宏，〈佛教史研究的視野、角度與方法〉，轉載自妙心全球資訊網「專題報導」2011 年 3 月，總第 128 期。網址：http://www.mst.org.tw/Magazine/magazinep/spc-rep/128-%e4%bd%9b%e6%95%99%e5%8f%b2%e7%a0%94%e7%a9%b6%e7%9a%84%e8%a6%96%e9%87%8e%e3%80%81%e8%a7%92%e5%ba%a6%e8%88%87%e6%96%b9%e6%b3%95.htm 下載日期為 2013 年 11 月 23 日。

二、外文部分

（一）專 書

1. 〔日〕山崎宏，《中国仏教・文化史の研究》，京都：法藏館，1981 年。

2. 〔日〕宮川尚志，《六朝史研究・宗教篇》，京都：平樂寺書店，1977 年。

3. 〔日〕塚本善隆，《北朝仏教史研究》，收入《塚本善隆著作集》，東京：大東出版社，1974 年，第二卷。

4. 〔日〕諏訪義純，《中國中世仏教史研究》，東京：大東出版社，1988 年。

5. 〔日〕諏訪義純，《中國南朝仏教の史研究》，京都：株氏會社法藏館，1997 年。

（二）期刊暨專書論文

1. 〔日〕山田慶兒〈梁武の蓋天説〉，《東方學報》1977 年總第四十八冊，頁 99-134。

2. 〔日〕小笠原宣秀，〈南齊佛教と蕭子良〉，《支那佛教史學》1939 年 7 月總第 3 卷第 2 期，頁 63～76。

3. 〔日〕松岡榮志，〈天監年間の劉峻——「世説」注の成立と注者の立場〉，收入東京大學中哲文學會編，《中哲文學會報》昭和 49～60 年，西元 1974～1985（第一～十號）），第三號，頁 46～66。

4. 〔日〕佐藤智水，〈雲岡仏教の性格北魏国家仏教成立の一考察〉，《東洋學報》1977 年 10 月總第五十九卷第 1～2 期，頁 27～66。

5. 〔日〕村上嘉實，〈高僧傳の神異〉，《東方宗教》1961 年總第 17 期，頁 1～17。

6. 〔日〕鈴木啓造，〈梁代仏徒的性格白衣僧正論爭を通して〉，《史觀》1957 年 8 月總第四十九冊，頁 89～98。

7. 〔日〕鈴木啓造，〈皇帝即菩薩と皇帝即如來について〉，《支那仏教史學》1962 年總第十卷第 1 期，頁 1～15。

8. 〔日〕塚本善隆，〈シナにおける仏法の王法〉，收入宮本正尊編，《仏教の根本眞理：仏教における根本眞理の歴史的諸形態》，東京：三省堂，1957 年，頁 683～706。

9. 〔日〕藤堂恭俊，〈江南と江北の仏教—菩薩戒弟子皇帝と皇帝即如来觀〉，《仏教思想史》1981 年總第 4 期，頁 1～18。

10. 〔日〕桑原騭藏，〈仏教の東漸と歴史地理學上における仏教徒の功勞〉，收入《桑原騭藏全集》，東京：岩波書店，1968 年，第一卷，頁 293～334。

參、工具書

1. 丁福保，《佛學大辭典》，台北市：佛陀教育基金會，2002 年。

2. 慈怡主編，《佛光大辭典》，高雄：佛光山出版社，1989 年。

3. 慈怡主編，《佛教史年表》，高雄：佛光出版社，1987 年。

4. 藍吉富主編，《中華佛教百科全書》，臺南：中華佛教百科文獻基金會，1994 年。

5. 譚其驤主編，《中國歷史地圖集》，北京：中國地圖出版社，1996 年。